SUCESSO
COMO OBTÊ-LO

As lições dos 20 líderes que mudaram o mundo

RICHARD KOCH

SUCESSO
COMO OBTÊ-LO

*As lições dos 20 líderes
que mudaram o mundo*

Título Original: *Unreasonable success and how to achieve it: 20 people who changed the world*
Copyright © 2022 – Richard Koch

Os direitos desta edição pertencem à LVM Editora, sediada na
Rua Leopoldo Couto de Magalhães Júnior, 1098, Cj. 46
04.542-001 • São Paulo, SP, Brasil
Telefax: 55 (11) 3704-3782
contato@lvmeditora.com.br

Gerente Editorial | Chiara Ciadarot
Editor-chefe | Marcos Torrigo
Editor de aquisição | Marcos Torrigo
Tradução | Fernando Silva
Revisão | Alexandre Ramos da Silva
Preparação | Márcio Scansani/ Armada
Projeto gráfico/capa | Décio Lopes
Diagramação | Décio Lopes

Impresso no Brasil, 2023

Dados Internacionais de Catalogação na Publicação (CIP)
Angélica Ilacqua CRB-8/7057

K88s	Koch, Richard	
	Sucesso: como obtê-lo: 20 líderes que mudaram o mundo / Richard Koch; tradução de Fernando Silva. – São Paulo: LVM Editora, 2023. 320 p.	
	ISBN 978-65-5052-065-6	
	Título original: *Unreasonable Success and How to Achieve It: Unlocking the 9 Secrets of People Who Changed the World*	
	1. Autoajuda 2. Sucesso I. Título II. Silva, Fernando	
23-0811		CDD 158.1

Índices para catálogo sistemático:

1. Autoajuda

Reservados todos os direitos desta obra.

Proibida a reprodução integral desta edição por qualquer meio ou forma, seja eletrônica ou mecânica, fotocópia, gravação ou qualquer outro meio sem a permissão expressa do editor. A reprodução parcial é permitida, desde que citada a fonte.

Esta editora se empenhou em contatar os responsáveis pelos direitos autorais de todas as imagens e de outros materiais utilizados neste livro. Se porventura for constatada a omissão involuntária na identificação de algum deles, dispomo-nos a efetuar, futuramente, as devidas correções.

*"O futuro é uma terra para a qual
não existem mapas"*[1]
A. J. P. Taylor, historiador & biógrafo prolífico

*"O homem não pode criar a corrente de eventos.
Ele só pode flutuar com ela e manobrar"*[2]
Otto von Bismarck

*"As pessoas loucas o suficiente para pensar
que podem mudar o mundo
são aquelas que o fazem"*[3]
Comercial *"Think Different"*
[Pense Diferente] da Apple, 1997

---

1 TAYLOR, A. J. P. *Bismarck: o Homem e o Estadista*. Londres: Hamish Hamilton, 1955, p. 70.
2 Idem, *Ibidem*.
3 Citado em ISAACSON, Walter. *Steve Jobs*, Londres: Little, Brown, 2011, início do livro, antes da página de Índice.

SUMÁRIO

PARTE I: O MAPA DO SUCESSO EXTRAORDINÁRIO 11
   1. Podemos Mapear o Sucesso? 13
   2. O Mapa Desenrolado 19
   3. Os participantes 23

PARTE II: O MAPA SECRETO 37
   1. Autoconfiança 39
   2. Expectativas Olímpicas 61
   3. Experiências Transformadoras 85
   4. Uma Conquista Revolucionária 129
   5. Faça seu Próprio Caminho 151
   6. Encontre & Dirija seu Veículo Particular 173
   7. Prospere com Contratempos 195
   8. Adquira uma Intuição Única 215
   9. Distorça a Realidade 235

PARTE III: LIÇÕES APRENDIDAS 251
   1. Autoconfiança 253
   2. Expectativas Olímpicas 257
   3. Experiências Transformadoras 263
   4. Uma Conquista Revolucionária 267
   5. Faça Seu Próprio Caminho 271
   6. Escolha e Dirija seu Veículo Particular 273
   7. Prospere com Contratempos 279
   8. Adquira Intuição Única 283
   9. Distorça a Realidade 287

CONCLUSÃO 291
   Posicionando-se para um Sucesso Extraordinário 293
   Leituras Adicionais 299
   Agradecimentos 309

Sucesso extraordinário *n.* **1.** Tamanho sucesso em mudar o mundo, que poderia parecer inacreditável para qualquer indivíduo ter tamanho impacto; **2.** sucesso que é inesperado, e não foi previsto quando o indivíduo era jovem ou no início de sua carreira; **3.** sucesso que vai muito além do que as habilidades e desempenho do indivíduo parecem garantir; **4.** sucesso baseado em saltos de intuição, em vez de lógica e razão.

PARTE I

O MAPA DO SUCESSO EXTRAORDINÁRIO

1
PODEMOS MAPEAR O SUCESSO?

Em seu deslumbrante livro *Fora de Série*, Malcolm Gladwell nos apresenta uma teoria de sucesso notável baseada no acúmulo inicial de habilidades – as famosas "10.000 horas" – no desenvolvimento de novas áreas de especialização. Foi assim que Bill Gates ganhou vasta experiência em programação de computadores, muito antes de qualquer outra pessoa. Ele foi capaz de fazer isso não apenas porque estava obcecado com o novo campo, mas também porque o acesso privilegiado a computadores na escola lhe deu uma vantagem sobre seus colegas. Em 1960, os Beatles eram apenas uma banda medíocre de colégio – o que os transformou em sucesso foi tocar oito horas por dia, sete dias por semana, nos clubes de *striptease* de Hamburgo. "Melhoramos e adquirimos mais confiança", disse John Lennon (1940-1980). "Não podíamos evitar, com toda a experiência de tocar a noite toda"[1].

---

[1] Cf. GLADWELL, Malcolm. *Outliers*. Nova York: Little, Brown, 2008, p. 49. No Brasil encontramos a seguinte edição: *Fora de série – Outliers: Descubra por que algumas pessoas têm sucesso e outras não*. Rio de Janeiro: Editora Sextante, 2008. (N. E.)

E assim por diante. Talento bruto é uma coisa, entretanto, as circunstâncias permitem um rápido acúmulo de experiência; sem essas circunstâncias particulares, poderíamos nunca ter ouvido falar deles.

O problema com esta teoria não é que ela seja errada para as pessoas citadas por Gladwell. Entretanto, existem muito mais casos de sucessos extraordinários que não se enquadram no modelo de "acumulação precoce de experiência". Recentemente, enquanto eu relia seu livro, um pensamento me ocorreu: e se *pudéssemos* mapear o sucesso, de forma a isolar as causas do sucesso notável de quase todos os que foram muito bem sucedidos?

Seria possível construir um mapa de sucesso, que funcionasse para quase qualquer pessoa eminente, em qualquer área, a qualquer momento? Algo aplicável a Leonardo da Vinci (1452-1519), Marie Curie (1867-1934) e Albert Einstein (1879-1955), Bob Dylan e Madonna, Helena Rubinstein (1872-1965) e Steve Jobs (1955-2011), Paulo de Tarso (c. 5-72 d. C.) e Walt Disney (1901-1966), John Maynard Keynes (1883-1946) e Jeff Bezos, J. K. Rowling e Walt Disney[2], e até mesmo Vladimir Lenin (1870-1924), Winston Churchill (1870-1965), Margaret Thatcher (1925-2013) e Nelson Mandela (1918-2013)?

Absurdo.

Porém, é aqui que aparece a ideia de um mapa. A vida de qualquer indivíduo contém uma infinidade de particularidades. A história de cada pessoa é diferente. Entretanto, por trás do borrão das circunstâncias locais e idiossincrasias pessoais, existiria um mapa comum seguido por eles, que mostre o caminho a seguir? Levei muito tempo para encontrá-lo, mas acho que há.

Comecei com cerca de cinquenta possíveis "marcos" – experiências ou razões ao sucesso – para o mapa. Em seguida, experimentei-os um-por-um, em um pequeno número de casos de

---

2 Essa repetição acontece também no original. (N. E.)

pessoas muito bem-sucedidas, cujas histórias de vida eu conhecia intimamente. Se a explicação não funcionasse em quase todos os casos, eu a descartava.

Fiquei surpreso ao descobrir – embora, em retrospecto, eu devesse ter imaginado isso – que havia alguns pontos de referência tão poderosos que estavam quase universalmente presentes. Entretanto, eles não estavam todos presentes desde o início, nem estavam especialmente relacionados com as características pessoais inerentes das pessoas de sucesso. Qualquer pessoa que tenha estudado história sabe: a maneira como os indivíduos reagem às estranhas e inesperadas correntes cruzadas de eventos em sua vida, influencia muito no sucesso ou no fracasso.

Normalmente, pessoas de sucesso simplesmente não planejam os seus sucessos. Em vez disso, desenvolvem uma filosofia ou atitude única que funciona para eles. Elas tropeçam em estratégias que são atalhos para o sucesso e se agarram a elas. Os eventos oferecem oportunidades que elas não poderiam ter previsto. Frequentemente seus colegas, com talento igual ou maior, falham enquanto eles têm sucesso. É muito fácil atribuir o sucesso a um gênio inerente e imparável. Normalmente isso é uma ilusão. Às vezes, tão somente uma caricatura da verdade.

Então, o que me empolga é o seguinte: se pudermos construir um mapa útil de sucesso – baseado em uma teoria e estrutura, e que possa ser testado historicamente – torna-se possível para *qualquer pessoa* ver os processos e eventos pelos quais precisa passar, se quiser ter o tal sucesso. Se quisermos imitar tal êxito, devemos tentar adquirir as poucas condições indispensáveis para isso – e tomar conhecimento das experiências ou circunstâncias que podem nos impulsionar para uma grande fortuna. Algumas dessas experiências podem ser adquiridas deliberadamente. Outras, porém, são uma questão de reagir à maneira certa – mas inteiramente específica e previsível – de reagir aos eventos, assumindo o controle deles, conforme eles se desdobram.

O que é sucesso?
O que é sucesso extraordinário?

As dimensões do sucesso são inúmeras. Por exemplo, criar grande obra de arte, música ou um novo negócio revolucionário, mudar o curso da história local ou mundial, descobrir e demonstrar uma importante verdade científica ou espiritual, aliviar a pobreza ou o sofrimento e, talvez o menos importante de tudo – a menos que seja usado para um grande propósito filantrópico – fazer fortuna.

O sucesso também é um *continuum*. Você não precisa se tornar rico ou famoso para ter sucesso, e existem graus para o mesmo. Eu defino sucesso como alcançar algo que você considera valioso – como chegar a um ponto que o faça se sentir orgulhoso e realizado. Por este critério, todos podem iniciar a caminhada em direção ao sucesso e navegar com inteligência para ter a melhor chance de alcançá-lo.

Porém, o que é *sucesso* ? Eu o defino através de quatro características:

- É um alto grau de êxito em mudar o mundo da maneira que um indivíduo deseja, de um modo que possa parecer notável, ou mesmo inacreditável, para uma pessoa ter tal impacto;
- Vai muito além do que suas habilidades e desempenho parecem sugerir;
- Não é razoável, no sentido de que o sucesso da pessoa parece resultar não tanto do uso da lógica e da razão, mas de inexplicáveis saltos de intuição. As ações das pessoas ilogicamente bem-sucedidas parecem se harmonizar bem com as formas estranhas como o mundo funciona – as pessoas neste livro obtiveram sucesso não tanto por serem incrivelmente talentosas ou produtivas, mas porque sua abordagem produziu resultados surpreendentes. Seu extraordinário sucesso não é totalmente "merecido", em um sentido convencional. Elas vencem por uma combinação fortuita de experiências, características pessoais e

julgamento, que alavancam suas ações enormemente, causando imenso impacto para um mero mortal;
- O sucesso extraordinário tem um elemento de surpresa, desproporcional ao que teria sido previsto pela pessoa quando ela era jovem – ou, às vezes, no início de sua carreira. O fracasso, seja precoce ou tardio, é muitas vezes o precursor de um sucesso imoderado.

Embora tal sucesso extraordinário possa parecer arbitrário, isso significa, antes de mais nada, que há esperança para todos nós. Quem poderia ter previsto que Nelson Mandela (1918-2013), um advogado outrora obscuro, poderia ter evitado o temido banho de sangue na África do Sul e reconciliado todos os sul-africanos uns com os outros enquanto estabelecia uma democracia viável? Ou que Helena Rubinstein (1870-1965), uma jovem crescida no sujo gueto de Cracóvia, Polônia, poderia ter mudado a face da beleza em todo o mundo? Ou que o filho ilegítimo de um tabelião se tornaria um dos maiores pintores do mundo, conhecido universalmente por seu primeiro nome, Leonardo (1452-1519)? Eu poderia continuar e continuar, porque quase todas as pessoas famosas neste livro vieram do nada, e ainda estão vindo – há muitas pessoas ao nosso redor que ainda são desconhecidas, e que deixarão sua marca na riqueza e diversidade do mundo, para o espanto e o deleite de quem os conhecia quando eram aparentemente insignificantes, ou sem sorte.

No entanto, se o sucesso é um *continuum*, também é "fractal". Fractal significa que o padrão é infinitamente variado, mas também infinitamente semelhante. A pequena escala é uma versão em miniatura da grande escala. As linhas costeiras são fractais – todas as costas do mundo têm semelhanças, com baías, enseadas e curvas imprevisíveis, a menos que você conheça o terreno ou tenha um mapa. Entretanto, assim são as carreiras – todas elas têm linhas irregulares para cima e para baixo, períodos de sucesso e fracasso, de voltas erradas e caminhos inesperados para a glória, de alternância entre euforia e exaustão. Cada menina ou menino no parquinho ou na sala de aula, experimenta o mesmo tipo de cobras e escadas que os maiores músicos, artistas, cientistas ou líderes mundiais. Contudo, embora a escala do mapa seja diferente, os pontos de referência e o processo de colocar um pé na frente do outro são os mesmos.

A natureza humana também é a mesma. A maneira como o universo o trata pode ser maravilhosa ou terrível, mas está sempre sujeita a reversões da sorte. Este livro existe para revelar os poucos marcos universais que podemos procurar para nos ajudar nesse caminho.

Agora é hora de desenrolar o mapa do sucesso. Em breve você poderá iniciar sua jornada em direção a um futuro novo, e imoderadamente bem-sucedido.

2
O MAPA DESENROLADO

O mapa tem nove pontos de referência, lugares a serem visitados.

Cada marco é um atributo dos participantes– minha palavra para os vinte personagens essenciais para este livro –, ou uma ou mais experiências de mudança de vida que eles tiveram, ou uma plataforma que criaram ou encontraram ao acaso para impulsioná-los para frente, ou um estado de espírito que lhes permitiu progredir, mesmo em terrenos difíceis.

Como veremos na *Parte Dois*, o coração deste livro, nossos participantes "visitaram" a maioria dos nove marcos ou todos eles. Não foi por genialidade, cálculo ou firmeza de sua parte. Em vez disso, eles tiveram sucesso, porque tiveram a sorte de ter as atitudes, experiências, e estratégias que levam ao sucesso. Eles visitaram os marcos, sem saber que estavam situados no mapa da fama ou da fortuna. Em alguns casos, eles simplesmente tiveram sorte de se deparar com os tais marcos. Em outros, eles tinham os atributos ou a inclinação que os levaram a fazer a coisa certa. E, claro, eles não tinham a vantagem, que você logo terá, de ter acesso a este mapa!

No século XIX, o historiador e filósofo Thomas Carlyle (1795-1881) alegou existirem certos "grandes homens" que teriam marcado sua grandeza na história, independentemente das circunstâncias. Vejo as evidências de forma diferente. Acidentes da história e pequenos incidentes de eventos locais decidem quem será elevado à grandeza. Steve Jobs (1955-2011), por exemplo, apenas vislumbrou o futuro da computação em 1979, através de uma visita casual ao laboratório de pesquisa do Xerox PARC. Como veremos, Margaret Thatcher (1925-2013) deve seu sucesso, em grande parte, ao ditador fascista da Argentina, General Leopoldo Galtieri (1926-2003), e à sua resposta à invasão dele às Ilhas Malvinas[3], em 2 de abril de 1982.

Os caprichos da vida limitam nossa capacidade de planejar o futuro. Isso pode parecer desanimador, mas há outra maneira de ver as coisas. Se entendermos como o sucesso e o fracasso são medidos, e se ajustarmos nossas mentes para estarmos alertas ao fracasso iminente ou às oportunidades ausentes, podemos melhorar muito nossas chances.

Os marcos se enquadram em duas categorias amplas: "atitude" e "estratégia". "Atitude" engloba as principais características psicológicas que podem facilitar o sucesso extraordinário. Essas características não são imutáveis. Os participantes podem ajustar algumas de suas atitudes (e o fazem) na busca por grandes resultados.

"Estratégia" compreende as experiências, filosofias pessoais e objetivos perseguidos pelos participantes, assim como a assistência que eles planejaram obter de suas próprias organizações e colaboradores.

Uma das descobertas mais estimulantes e encorajadoras deste livro é que a maneira como nos posicionamos para o sucesso é muito mais importante do que nosso talento ou competência. Melhorar nosso desempenho tem muito menos probabilidade de produzir os resultados que desejamos do que ter as atitudes e estratégias adequadas.

Aqui estão três exemplos rápidos do poder dos marcos.

---

3 O nome original do arquipélago é *Falklands*, e assim consta no original de Richard Koch. Porém, uma vez que são conhecidas na Argentina como Malvinas, nesta obra o nome foi vertido à versão argentina pelo simples motivo de também no Brasil as ilhas serem conhecidas por esse nome. (N. R.)

O primeiro marco é a *Autoconfiança*. Se não tivermos uma forte autoconfiança, é quase impossível nos tornarmos verdadeiramente bem-sucedidos. Entretanto, rastreando como a autoconfiança se desenvolveu para nossos participantes, podemos descobrir como adquiri-la. Lembre-se de que Steve Jobs só acreditou plenamente em si mesmo e em sua equipe quando eles resolveram o problema que os especialistas da Xerox não conseguiram resolver, isto é: como construir um computador pessoal realmente simples e barato. Margaret Thatcher só se tornou confiante de que seria capaz de "salvar" a Grã-Bretanha após seu triunfo arriscado nas Malvinas. Existem várias fontes para uma autoconfiança impossível de erradicar, entretanto, você deve perceber o quanto isso é vital para o seu sucesso, e estar atento aos eventos que irão criar completamente essa autoconfiança ou consolidá-la.

Outro marco são as *Experiências Transformadoras*. Nossos participantes normalmente tiveram uma ou duas dessas experiências e, sem elas, não teriam alcançado sucesso e notoriedade. Se você sabe disso, e não teve essa experiência, torna-se importante projetar uma.

Uma *Conquista Importante* é outro marco. Nossos participantes, em sua maioria, tiveram *uma* conquista que mudou o mundo ao seu redor, levando-os a um grande destino. Não várias conquistas: apenas uma. Se você sabe disso, deve decidir qual é, ou poderia ser, sua grande conquista e como aprimorá-la. Saber que você só precisa de uma dessas conquistas – e do tipo capaz de fazer maravilhas – economiza muito tempo, esforço e frustração.

Na Parte Três, para dar vida à jornada, direi como encontrei cada marco, e as lições aprendidas no caminho. Então, vou convidá-lo a desenhar seu próprio mapa.

Uma palavra de aviso. Ninguém pode garantir grandes realizações. As probabilidades são sempre contra o grande sucesso. Só um tolo se atreveria a dizer como isso poderia acontecer.

3
OS PARTICIPANTES

Estamos prestes a percorrer os marcos, um por um. Antes disso, porém, vou listar as personalidades centrais do livro. Eles aparecerão intermitentemente nos capítulos de referência, para ilustrar como os marcos podem ser "visitados" e, assim, nos colocar no caminho certo para um sucesso extraordinário.

Albert Einstein
(14 DE MARÇO DE 1879 – 18 DE ABRIL DE 1955).

Físico alemão, suíço e mais tarde americano. Com pouca formação ou apoio acadêmico, formulou a teoria da relatividade, que junto com a mecânica quântica (na qual a relatividade era parcialmente baseada), revolucionou a física, resultando na energia nuclear, bombas nucleares e muitas outras invenções. Solitário amável, fez suas descobertas com a imaginação e seus experimentos mentais, não com mineração de dados intensiva ou experimentos práticos. Seu histórico acadêmico era medíocre, além de relativamente fraco em matemática. Não importava: sua intuição e percepção da natureza do universo eram incomparáveis. Ele acreditava em uma divindade impessoal que ordenou um mundo racional e plantou segredos para os cientistas compreenderem. Mais tarde na vida, essa crença não poderia explicar o mundo estranho que ele mesmo ajudou a descobrir.

Bill Bain

(30 de julho de 1937 – 16 de janeiro de 2018)

Você pode não ter ouvido falar de Bill Bain. Então, por que ele está aqui? Simples: ele foi um dos meus dois grandes mentores e, junto com Bruce Henderson (1915-1992), mudou a forma como os negócios globais são conduzidos. Bain fundou a Bain & Co. em 1973, agora uma das três maiores empresas de consultoria mundiais, com cinquenta e seis escritórios em todo o mundo e receitas de US$ 4,5 bilhões. Fundou também a Bain Capital, em 1984, uma das empresas de investimento alternativo mais bem-sucedidas do mundo, com ativos sob gestão de US$ 90 bilhões. Por meio da influência de suas duas empresas de consultoria, da Bain Capital e, depois, de outras empresas de *private equity*, os líderes empresariais foram fortemente influenciados pelo "paradigma da estratégia" – as virtudes da participação de mercado dominante, da escala global, de custos e preços continuamente mais baixos, e da inovação de produto.

Bob Dylan

(nascido em 24 de maio de 1941).

Lendário cantor, compositor e poeta. Dylan chegou a Nova York como um desconhecido e inexplicavelmente autoconfiante cantor *folk* adolescente. Começou a escrever seu próprio material e obteve um contrato de gravação com a Columbia Records, apesar de sua incapacidade de cantar. Tornou-se "a voz de uma geração", com canções políticas como *Blowin' in the Wind*, mas se recusou a ser rotulado e explorou muitos gêneros diferentes da música americana, confundindo e confrontando seus fãs. Escritor supremo, seguiu seu próprio caminho ao longo de muitas décadas com arrogância encantadora. Exerceu influência muito além de suas vendas de discos, relativamente modestas. Um conservador em roupas radicais.

Bruce Henderson
(30 DE ABRIL DE 1915 – 20 DE JULHO DE 1992).

Pensador brilhante, mudou o foco dos experientes chefes corporativos, da maximização do lucro de curto prazo para o domínio dos mercados e, portanto, à eventual maximização de caixa. Demitido por aumentar a impertinência na Westinghouse, depois, na Arthur D. Little, fundou o que se tornou o Boston Consulting Group, em 1963, com, como ele costumava dizer, "uma sala e uma mesa, sem telefone e sem secretária"[4]. Inventou o território virgem da "consultoria estratégica", uma bela mistura de teoria de *marketing* e financeira, destilada em um gráfico simples e prático – a "Matriz BCG", de vacas, abacaxis, pontos de interrogação e, o mais valioso de tudo, estrelas. Ele insistiu que ter uma maior participação de mercado, além de experiência acumulada em um mercado estritamente definido, levaria a custos mais baixos do que os concorrentes ao desconforto destes – também ao fluxo de caixa de longo prazo. Contratou grandes jovens, principalmente das melhores escolas de negócios, e os desafiou constantemente, motivando-os com reclamações gélidas, baseadas em uma lógica irrefutável. "Poucas pessoas", disse o *Financial Times* sobre Henderson, "tiveram tanto impacto nos negócios internacionais, na segunda metade do século XX"[5].

---

[4] Lembrança pessoal.
[5] Carl W. Stern e George Stalk, Jr. (editores). *Estratégia em Perspectiva – Boston Consulting Group*. Nova York: John Wiley, 1998, p. 3.

Helena Rubinstein
(25 DE DEZEMBRO DE 1872 – 1 DE ABRIL DE 1965)

Nascida no bairro judeu de Cracóvia, Polônia, Helena Rubinstein saiu de casa quando sua mãe queria casá-la. Quando tinha vinte e quatro anos, emigrou para a Austrália. Cinco anos depois tornou-se garçonete em Melbourne, onde fez amizade com quatro clientes e, sob suas orientações, abriu um salão de beleza, para vender seu creme facial exclusivo. Ela inventou a indústria da beleza feminina moderna, transformando-se na rica "Madame" que sempre sonhara em ser. Marqueteira pioneira e fantasiosa, foi uma das empreendedoras mais comerciais e inovadoras da época, construindo um grande, e altamente lucrativo, império global.

J. K. Rowling
(NASCIDA EM 31 DE JULHO DE 1965).

Joanne Rowling é mundialmente famosa como a criadora do garoto bruxo Harry Potter. Nascida em Gloucestershire, Inglaterra, estudou francês e clássicos na Universidade de Exeter, antes de se mudar para trabalhar como secretária, em Londres. Em junho de 1990 ficou presa em um trem quebrado, durante quatro horas. Viu em sua mente um menino magricela de cabelo preto, com óculos redondos, que não sabia ser bruxo, até que viajou em um trem para uma escola de bruxos. Ela se sentiu recebendo uma espécie de *download* de seu personagem e história. Ficou tremendamente animada, e começou a escrever a história do menino naquela mesma noite. Entretanto, levou sete anos de dificuldades e trabalho intermitente para escrever o primeiro livro de Harry Potter e publicá-lo. Em 1991, mudou-se para o Porto, Portugal, para dar aulas de inglês. Casou-se com um homem local. Eles tiveram um bebê, Jessica, mas logo sofreram uma separação acrimoniosa. Em 1993 deixou Portugal rumo a Edimburgo, onde viveu de benefícios do governo e de um pouco de trabalho de secretária. Terminou *Harry Potter e a Pedra Filosofal* em 1995 e o publicou após mais dois anos, era o primeiro de sete livros. Harry Potter despertou a imaginação das crianças em todo o mundo, tornando Rowling a mulher mais bem-paga da Grã-Bretanha. Ela vendeu mais de 500 milhões de livros. Os direitos dos filmes de Hollywood, e outras receitas, levaram seus ganhos ao longo da vida a cerca de 1,2 bilhão de libras esterlinas[6]. A imagem de J. K. Rowling lutando para escrever sua história à mão nos cafés de Edimburgo, amamentando sua filha pequena e com um único café durante horas, tornou-se uma lenda, e uma inspiração para mães solteiras e aspirantes a escritoras em todos os lugares.

Jeff Bezos
(NASCIDO EM 12 DE JANEIRO DE 1964)

Filho adotivo de um artista de circo, Bezos é ferozmente competitivo desde jovem. Ele queria ganhar uma pilha de dinheiro e, agora, é a pessoa mais rica do mundo, com um patrimônio líquido de US$ 111 bilhões, no momento da escrita deste[7]. Ele percebeu o potencial da *Internet* muito cedo e desenvolveu um plano para uma "loja de tudo" eletrônica, marcada por preços imbatíveis e com o objetivo de se tornar a "empresa mais centrada no cliente da Terra". Intransigente, *nerd* e ditatorial, o sumo sacerdote da Amazon sempre fez o que se propôs a fazer. Ele também tem a virtude suprema da sorte extraordinária.

---

6 *The Sunday Times Rich List 2019* [Lista dos Ricos do *Sunday Times* de 2019], p. 63.
7 Cf. www.forbes.com/profile/jeff-bezos/#580859421b23, acesso em 13/jan/2023.

John Maynard Keynes
(5 DE JUNHO DE 1883 – 21 DE ABRIL DE 1946).

Sumo sacerdote da economia do século XX, forneceu um caminho para a "salvação" durante a Grande Depressão dos anos 1930, evitando a "cruz do capitalismo irrestrito" e a espada da ditadura[8]. *Gay* voraz e predatório, casou-se e se tornou devoto de uma bailarina russa. Conseguiu manter um equilíbrio delicado entre a decadência boêmia e ser um membro altamente respeitado e bem pago da classe dominante britânica. Uma das maiores influências intelectuais e práticas do século XX.

Leonardo da Vinci
(15 DE ABRIL DE 1452 – 2 DE MAIO DE 1519).

A epítome de um homem da Renascença – pensador, artista, escultor, cientista e engenheiro –, mais conhecido por suas pinturas incomparáveis, esboços anatômicos e desenhos de dispositivos imaginários, como o helicóptero, o paraquedas e o tanque de guerra. Filho ilegítimo de um tabelião, praticamente não teve educação formal. Aos quatorze anos tornou-se aprendiz do artista e engenheiro Andrea del Verrocchio (1435-1488), que dirigia uma das principais oficinas de Florença, um centro de artes, artesanato, tecnologia e comércio. Amigável e gentil, bonito, gracioso e forte quando jovem, e homossexual, dizia-se que era uma boa companhia. Entretanto, também era sombrio e, às vezes, perturbado, com traços de um

---

[8] Um contraponto à visão de Keynes como "Sumo sacerdote da Economia do século XX" pode ser visto nas obras de Ludwig von Mises (1881-1973), dentre elas *As Seis Lições*, *Liberdade e Propriedade*, *Lucros e Perdas*, *Sobre Moeda e Inflação*, *Caos Planejado*, *A Mentalidade Anticapitalista* e, particularmente, *Estado Onipotente*, todas publicadas pela LVM em 2018; em cada uma dessas obras há trechos demonstrando que a economia planificada não pode ter bons resultados.
Há ainda o fundamental *O Caminho da Servidão*, de Friedrich A. von Hayek (1899-1992), com quem Keynes manteve longa rivalidade no período da Segunda Guerra Mundial e igualmente publicado pela LVM em 2022. (N. R.)

lado maníaco-depressivo, quando se refugiava na introspecção em seus cadernos. Perfeccionista, pintou relativamente poucas obras, revisou-as constantemente e deixou muitas inacabadas. Era um observador perspicaz da natureza, mas também, como ele mesmo disse, imaginava "coisas infinitas, que a natureza nunca criou".

Madonna
(nascida em 16 de agosto de 1958).

Aos 26 anos, Madonna vendeu um milhão de discos. Cantora, compositora, estrela de cinema, produtora de vídeos e discos, modelo, comerciante de moda, autora e empresária, a carreira de Madonna continua inabalável aos 60 anos, impulsionada por um fluxo constante de publicidade e controvérsia. Seus talentos podem ser comuns, mas ela conhece seu público. Os resultados que alcançou são bastante extraordinários – sucesso grandioso, de fato.

Margaret Thatcher
(13 de outubro de 1925 – 8 de abril de 2013)

Thatcher quebrou o molde da política britânica. Foi a primeira mulher a desafiar a liderança de um grande partido político e a ganhar, a primeira a se tornar primeira-ministra, a primeiro-ministro[9] com o mandato mais longo do século XX, o primeiro líder britânico – desde Churchill – a tentar evitar o declínio nacional e ganhar uma guerra e a ser universalmente conhecido pelo primeiro nome (ou um diminutivo dele), o primeiro primeiro-ministro a enfrentar os mineiros e vencer, e o primeiro no século XX a vencer três eleições consecutivas. Também foi o primeiro primeiro-ministro a ser deposto por seu partido, sem perder uma eleição. A chamada Dama de Ferro era, na verdade, uma massa de contradições. Ela

---

9 Aqui o autor se refere especificamente ao cargo, por isso não há flexão de gênero. (N. E.)

só se transformou, e começou sua conquista revolucionária, três anos depois de se tornar premiê. Se não fosse por essa descoberta, e por sua extraordinária bravura e disposição para apostar em probabilidades baixas, ela teria entrado para a história como um dos primeiros-ministros mais inglórios. Sucesso extraordinário? Quase um estudo de caso[10].

Marie Curie
(7 DE NOVEMBRO DE 1867 – 4 DE JULHO DE 1934)

Nascida em Varsóvia, Polônia, sob o domínio opressor da Rússia, Marie Curie superou a pobreza, a discriminação e repetidos infortúnios para se tornar a primeira mulher a ganhar um prêmio Nobel, bem como a única mulher a ganhar dois prêmios Nobel, um de física e outro de química. Barrada na universidade na Polônia, trabalhou três anos como governanta para economizar dinheiro antes de ir para Paris e estudar física na Sorbonne. Formou-se em primeiro lugar em sua classe, em 1893. No ano seguinte, apaixonou-se por Pierre Curie (1859-1906), professor da Escola de Física e Química. Eles se casaram em 1895. Ela conduziu uma pesquisa original na nova área em alta, a de raios X e radioatividade – palavra que ela cunhou. Em julho de 1898, Marie e Pierre anunciaram a existência de um novo elemento, o polônio, 330 vezes mais radioativo do que o urânio, antes considerado o único mineral a gerar radiação. Em dezembro de 1898 eles anunciaram a descoberta de um segundo

---

10 Convém examinarmos um pouco mais de perto o governo Thatcher no contexto de sua época: ela introduziu uma série de iniciativas políticas e econômicas destinadas a reverter o alto desemprego e as dificuldades do país na sequência de uma recessão, incentivou a livre iniciativa e o empreendedorismo, a flexibilidade nas relações entre empresários e colaboradores, a desestatização e a redução do poder dos sindicatos, mas uma avaliação bastante equilibrada foi feita em 1991 por Murray N. Rothbard por ocasião de sua saída do poder e publicada no site do Instituto Mises Brasil em 27/fev/2012 sob o título de "Adeus à Dama de Ferro": https://www.mises.org.br/article/1234/adeus-a-dama-de-ferro, acesso em 19/jan/2023. (N. R.)

novo elemento, o rádio, 900 vezes mais radioativo do que o urânio. Em 1903, Pierre Curie demonstrou que o rádio poderia curar crescimentos anormais, tumores e certos tipos de câncer. Em 1914, Marie fundou o Instituto do Rádio. Na Primeira Guerra Mundial operou uma frota de unidades móveis para radiografar os soldados feridos, ajudando a salvar cerca de um milhão de vidas. Morreu em 1934 como resultado de exposição prolongada à radiação.

Nelson Mandela
(18 DE JULHO DE 1918 – 5 DE DEZEMBRO DE 2013).

Mais influenciado pelo metodismo do que pelo marxismo[11], a maior conquista deste terrorista virtuoso surgiu após ser preso na Ilha Robben, perto da Cidade do Cabo. Na prisão, Mandela tornou-se o líder *de facto* do Congresso Nacional Africano (ANC), fazendo com que os líderes mais inteligentes do regime do *apartheid* passassem a acreditar que Mandela poderia ser confiável para fazer um acordo: democracia na África do Sul, em troca da garantia de nenhum banho de sangue subsequente pelos antigos opressores brancos. Funcionou sob Mandela, o primeiro presidente negro, de 1994 a 1999.

---

11 É sabido que Mandela foi um terrorista revolucionário originalmente sob influência marxista e que sua prisão não foi propriamente injusta, pois no histórico das atividades de seu grupo constam vários atentados a bombas e minas terrestres contra civis inocentes, incluindo negros considerados traidores, com o particularmente cruel *"necklace"*, a pilha de pneus embebidos em gasolina em que torturavam os considerados colaboradores do regime. Em sua autobiografia *Um Longo Caminho Para a Liberdade* (São Paulo: Planeta, 2012) ele assumiu a autoria do atentado em Church Street, Pretória, em 20/mai/1983, que provocou a morte de 19 pessoas, com mais de 200 feridos. Há ainda o excelente artigo intitulado "A verdadeira face de Nelson Mandela", publicado pelo Instituto Mises Brasil no *site JusBrasil*: https://mises.jusbrasil.com.br/noticias/112558072/a-verdadeira-face-de-nelson-mandela, com acesso em 14/jan/2023.
Por outro lado, é sabido que depois de reabilitado, assumiu a presidência da África do Sul já não como um radical de esquerda; assim, a conclusão é que ele foi reabilitado por interesses políticos, não humanitários. (N. R.)

Otto von Bismarck
(1 DE ABRIL DE 1815 – 30 DE JULHO DE 1889)

Ele foi o mais bem-sucedido estadista europeu do século XIX. Como Chanceler da Prússia, derrotou a Áustria e a França e fundou o Império Alemão. Foi um político notável, que permaneceu extremamente poderoso durante 27 anos. Combinou objetivos estratégicos ferrenhos com extrema flexibilidade tática. Sua estratégia, copiada por mim, era esperar pacientemente até que os eventos caíssem em suas mãos, e então atacar com decisão. Uma ótima pessoa a ser imitada por alguém que busca um sucesso extraordinário em qualquer área.

Paulo de Tarso
(C. 5-67 D. C.)

Judeu e cidadão romano comprometido, Paulo apreciava a cultura helênica e escrevia em grego vigoroso e elegante. A vida de Paulo foi virada de cabeça para baixo, por volta de 33 d. C., por uma visão do Cristo Vivo, na qual ele ouviu "palavras indizíveis" e viu os mistérios do universo. Acreditava ter sido chamado para espalhar as boas novas de Jesus para "os Gentios"[12] por todo o mundo romano. Após anos de reflexão, e alimentado pelo poder de Jesus dentro dele, Paulo surge, no final dos anos 40 d. C., em todas as cidades romanas na Europa e no Oriente Próximo como um missionário-exorcista-curador-mágico. Sem Paulo, o que acabou surgindo como cristianismo não teria alçado voo, nem transcendido suas raízes judaicas. A visão exótica, mas sublimemente romântica e libertadora de Paulo definiu, em

---

12 Os não-judeus. (N. E.)

grande parte, o cristianismo inicial; lançando assim Jesus, Deus e a humanidade sob uma nova luz.

Steve Jobs
(24 DE FEVEREIRO DE 1955 – 5 DE OUTUBRO DE 2011).

Talvez o mais importante criador de produtos do final do século XX e do início do século XXI, Jobs foi o inventor do computador pessoal Mac, do iTunes, iPad, iPhone e de muitos outros dispositivos digitais incríveis. Ele abandonou a faculdade, era romântico e obcecado por si mesmo. Sua autoconfiança e suas exigências, totalmente imoderadas aos colegas, moviam montanhas. Suas habilidades técnicas eram fracas, mas seu talento artístico, imaginação e capacidade de hipnotizar e inspirar seguidores, mais fortes do que ele em muitos aspectos, eram incomparáveis. Ele intimidava suas equipes brilhantes, enquanto sua busca pela perfeição e simplicidade do produto inspirava-os a fazer o impossível.

Viktor Frankl
(26 DE MARÇO DE 1905 – 2 DE SETEMBRO DE 1997).

Médico, psicoterapeuta, e sobrevivente de campo de concentração, desenvolveu a "terceira onda" da psicologia, depois de Freud (1856-1939) e Adler (1870-1937). Afirmou que todos estão em busca de um significado pessoal, que saúde mental e uma vida feliz eram impossíveis sem encontrar isso. Frankl foi imensamente influente e o primeiro dos filósofos existenciais a insistir no livre arbítrio – mesmo em um campo de concentração.

Vladimir Lênin
(22 DE ABRIL DE 1870 – 21 DE JANEIRO DE 1924).

Nascido Vladimir Ilyich Ulyanov, inventou o comunismo prático. Liderou o golpe de 25 de outubro de 1917, esmagando a democracia incipiente na Rússia, transformando a velha e decrépita tirania czarista em uma tirania eficiente e mais terrível. Inventou o Estado de partido único e os campos de extermínio para dissidentes e "inimigos do povo", que foram imitados por Hitler.

Walt Disney
(5 DE DEZEMBRO DE 1901 – 15 DE DEZEMBRO DE 1966).

Pioneiro dos desenhos animados antropomórficos, criador do Mickey Mouse, Pato Donald, Dumbo, Bambi e de muitos outros personagens que entraram na psique do mundo. Foi o produtor de cinema de maior sucesso de todos os tempos, por número de Prêmios da Academia (Oscar). Criou também a Disneylândia e seus sucessores, um tipo de parque de diversões perfeito, higienizado, controlado e saudável, que agradou a todas as idades e atingiu profundamente a consciência de como a vida da comunidade americana poderia ser em seu melhor. Foi ainda o único magnata do cinema a fazer uma transição perfeita para a televisão. Uma figura incrivelmente imaginativa, divertida e, nos últimos anos, avuncular[13].

---

13 Referente à sua postura de tio da família. Uma das herdeiras de seu patrimônio foi Abigail Disney, ativista americana que se notabilizou por doar milhões de sua herança familiar e dizer que sentia vergonha de seu sobrenome. (N. E.)

Winston Churchill
(30 DE NOVEMBRO DE 1874 – 24 DE JANEIRO DE 1965).

Estadista, aventureiro do exército em sua juventude, o mais improvável primeiro-ministro britânico a surgir nos dias desesperados de 1940 e o campeão no consumo de álcool ("Eu tirei mais do álcool do que ele tirou de mim"). Porém, Churchill ficou famoso, acima de tudo, por uma determinada coisa: era a única pessoa no planeta capaz de enfrentar Adolf Hitler (1889-1945), reunindo os britânicos através de um desafio, incomparavelmente confiante e de palavras edificantes. Ele foi um fracasso terrível em quase toda a sua carreira política. Entretanto, seu exemplo fornece a melhor evidência de que uma crença ridícula no destino, uma capacidade de inspirar seguidores, e a adoção de uma estratégia ousada podem ser mais importantes do que competência ou qualquer outra coisa.

PARTE II

O MAPA SECRETO

1
AUTOCONFIANÇA

"Claro que sou um egoísta. O que você ganha se não for?"
WINSTON CHURCHILL[14]

*"Magia é acreditar em você mesmo.
Se você pode fazer isso, pode fazer qualquer coisa acontecer".*
JOHANN WOLFGANG VON GOETHE[15]

O que é Autoconfiança?

O ponto de partida essencial para o sucesso – o primeiro marco – é a autoconfiança. Todos os nossos estudos de caso de grande sucesso manifestaram, mais cedo ou mais tarde, uma base firme de autoconfiança.

Autoconfiança é a coragem de prosseguir em sua busca por um sucesso extraordinário. Autoconfiança significa iniciar a jornada, evocando a confiança de que encontrará seu caminho para o sucesso, mesmo ainda sem saber a rota final ou o destino.

A autoconfiança pode começar – como aconteceu em cerca de metade das pessoas que estudei – com uma vaga crença geral em sua sorte ou destino. Essa sensação era emocional e não racional. Muitas das pessoas neste livro sentiram isso cedo na vida, antes de poderem ter qualquer base razoável para essa crença.

---

14 Cf. ROBERTS, Andrew. *Churchill: Walking with Destiny*. Londres, Allen Lane, 2018, p. 462. No Brasil encontramos a seguinte edição: *Churchill: Caminhando com o destino*. São Paulo: Companhia das Letras, 2020. (N. E.)
15 Ver: www.goodreads.com/quotes/68691, acesso em 13/jan/2023.

Winston Churchill
– Autoconfiança da Herança

Às vezes, a confiança irrefletida no futuro parece ter sido encorajada pelas conquistas dos pais, ou mesmo de antepassados distantes. É mais óbvio no caso de Winston Churchill. Ele sempre teve consciência de sua linhagem não apenas aristocrática, mas como descendente do duque de Marlborough, um dos mais nobres da Inglaterra[16]. O quanto isso era importante na mente do jovem Winston? Não podemos dizer. Roy Jenkins, seu ilustre biógrafo, assegura-nos que a

> [...] devoção de Churchill à sua carreira, e sua convicção de que era um homem predestinado a um propósito grandioso, eram muito mais fortes do que qualquer lealdade de classe ou tribal[17].

Talvez sim. Entretanto, sua procedência provavelmente não era insignificante em incubar aquele sentido de destino.

Considere a educação de Churchill. Seu pai, Lord Randolph Churchill (1849-1895), era um proeminente – embora um tanto dissidente – membro do *establishment* conservador, do final da era vitoriana, e chanceler do Tesouro. Quando tinha 19 anos, Winston conheceu a maioria dos principais estadistas da época no conforto de sua casa, onde foi tratado por eles como um igual. A autobiografia de Churchill, *Minha Mocidade*, é em si uma prova de sua crença em seu próprio destino. Foi escrita em 1930, dez anos antes dele se tornar primeiro-ministro – muito poucas pessoas escrevem uma autobiografia antes de sua vida estar madura. Nela, Churchill escreveu que, quando estava no final da adolescência, "a política parecia muito importante e vívida, aos meus olhos, naquela época".

---

[16] John Churchill, primeiro Duque de Marlborough, Príncipe de Mindelheim, Conde de Nellenburg (1650-1722). (N. R.)
[17] JENKINS, Roy. Churchill, London: Macmillan, 2001, p. 3.

AUTOCONFIANÇA

Só em 1893, ele conheceu três futuros primeiros-ministros do outro lado da mesa, no almoço ou jantar[18].

Podemos rastrear o desdobramento gradual da autoconfiança de Churchill, revelado por ele com grande charme em sua autobiografia. Em termos que poderiam se aplicar a você ou a mim, ele conta como foi colocado na classe mais atrasada de sua escola, mas viu isso como uma vantagem. Ao contrário dos alunos mais brilhantes, que aprendiam latim e grego, os demais aprendiam inglês. Churchill teve um professor inspirador, e disse, "assim eu coloquei em meus ossos a estrutura essencial da frase comum em inglês – o que é uma coisa nobre"[19].

Seu sucesso inicial com o inglês na escola parece ter dado a ele uma autoconfiança enorme para um "idiota". Ele ganhou um prêmio por recitar perfeitamente de cor mil e duzentos versos de um poema épico. Mais tarde, seus grandes discursos foram proferidos sem anotações, pois Churchill havia memorizado cada linha.

Quando tinha apenas dezesseis anos, disse a um amigo que previa um futuro mundo de guerra, no qual Churchill viria em socorro quando Londres fosse atacada – "na alta posição que ocuparei, caberá a mim salvar a capital"[20].

Ele não foi para a universidade e tentou três vezes entrar em Sandhurst, a academia militar. Depois, o Exército para ele foi tido como uma "grande diversão". Na Guerra dos Bôeres (1899-1902), ele foi capturado pelos Bôeres, na África do Sul. Ele escapou – uma longa saga que transformou num grande gerador de dinheiro, contando suas aventuras em lugares lotados, na Inglaterra e América.

Vamos passar para outra pessoa cuja autoconfiança ilimitada deu resultado e ajudou a tirar o mundo do pior trauma econômico do século XX.

---

[18] CHURCHILL, Winston S. *My Early Life*, Londres: Thornton Butterworth, 1930, Eland Publishing, 2012, p. 30-31. No Brasil encontramos a seguinte edição: *Minha mocidade*, São Paulo: Harper Collins, 2021. (N. E.)
[19] *Ibid.*, p. 15-16.
[20] ROBERTS, Andrew, *op. cit.*, p. 22-23.

John Maynard Keynes – O Economista como Sacerdote e Salvador

Hoje, acreditamos viver em uma democracia. Entretanto, temos presidentes, primeiros-ministros, políticos, escritores, locutores, e até estrelas *pop*, quase hereditários, cuja autoconfiança, muitas vezes, decorre da osmose familiar. Um caso interessante é o de John Maynard Keynes, economista, cujo pai, o professor de economia de Cambridge John Neville Keynes (1852-1949), claramente deu ao filho uma vantagem inicial. Maynard Keynes foi uma das grandes figuras do século XX, cujas ideias pouco ortodoxas forneceram uma rota de fuga da Grande Depressão da década de 1930, mostrando como garantir que não houvesse repetição daquele terrível acontecimento.

Por alguma razão, o jovem Maynard Keynes acreditava excepcionalmente em suas próprias capacidades. Seu biógrafo, Robert Skidelsky, disse que "a vida de Keynes, à medida que se desenrolava, era a confirmação contínua de seu talento supremo [...]. Ele tinha todos os motivos para ser colossalmente confiante, e assim era"[21].

Skidelsky também nos diz que essa autoconfiança já era evidente quando Keynes era adolescente. Ele se considerava um membro da classe dominante, assim como Churchill era. Essa confiança baseada em classe, diz Skidelsky, começou a se desintegrar após a Primeira Guerra Mundial. Na era da democracia, a autoconfiança, embora agora esteja aberta a todos pode, paradoxalmente, ser mais evasiva para qualquer pessoa. Não há nada mais propício à autoconfiança do que pertencer a uma elite homogênea. No entanto, a autoconfiança também pode surgir de ter um pai – como Keynes teve – ou outro mentor como um exemplo de como ter sucesso.

E agora para alguém completamente diferente, mas igualmente certo de sua importância.

---

21 SKIDELSKY, Robert. *John Maynard Keynes, Volume Two, The Economist as Saviour 1920-1937*. Londres: Macmillan, 1992, p. 422.

Bob Dylan – O Crente que Escolhe seu Próprio Mentor

Para dezessete dos nossos vinte participantes, herança e experiência são irrelevantes para sua autoconfiança[22]. Em vez disso, ocorre de forma aleatória, mas natural, geralmente quando o indivíduo começa sua carreira. Considere Bob Dylan. Ao que tudo indica, assim que chegou a Nova York, no meio do inverno de 1961, como um desconhecido, mas aspirante a cantor *folk* adolescente, ele exalava autoconfiança. Mais tarde, em suas memórias brilhantes, mas não confiáveis, Dylan foi categórico:

> Do lado de fora da Mills Tavern, o termômetro estava rastejando para cerca de dez graus negativos. Minha respiração congelou no ar, mas eu não sentia frio. Eu estava indo para as luzes fantásticas. Nenhuma dúvida sobre isso... Eu vim de muito longe e comecei de muito longe. Mas o destino estava prestes a se manifestar. Eu senti que ele estava olhando diretamente para mim, e mais ninguém[23].

Contra todas as probabilidades, incluindo as limitações de sua própria voz, depois de ter sido rejeitado por todas as gravadoras de *folk*, Dylan consegue assinar um contrato de gravação com a *blue chip* Columbia Records. Seu primeiro álbum homônimo não é muito bom e não vende. Porém, a autoconfiança de Dylan nunca vacila. Como diz Ian Bell, biógrafo de Dylan: "Sua ambição é vasta, ampliando o pequeno talento que ele parece possuir em 1961 e 62"[24].

O que se torna óbvio, através de todas as anedotas, todas as meias-verdades e fatos esquecidos de Dylan, é que ele

---

[22] As exceções são Churchill, Keynes e Bismarck.
[23] DYLAN, Bob. *Chronicles*. Nova York: Simon & Schuster, 2004, p. 22. No Brasil encontramos a seguinte edição: *Crônicas*. 2ª ed., São Paulo: Planeta, 2016. (N. E.)
[24] BELL, Ian. *Once Upon a Time: The Lives of Bob Dylan*. Edinburgo: Mainstream Publishing, 2012, p. 40.

começou a viver dentro de sua cabeça, em uma tenra idade. Algo o atraiu e algo o assustou. Ele se sentia apartado de seus pais [...] por nenhuma razão óbvia, ou clara. Ele se sentia atraído pela música com uma intensidade que mostrava uma necessidade[25].

Dylan era um romancista, um sonhador, um poeta, alguém que encontrou sua própria alma nas diferentes tradições musicais da América. Isso se tornava aparente não tanto através de seu canto, mas de sua composição, de suas conexões profundas, mas ambíguas, com a história americana – a música e a política – e, acima de tudo, através de seu *ato*, onde sua personalidade era seu desempenho e seu desempenho era sua personalidade – por vezes, melancólica, truculenta e causticamente perceptiva.

Dylan sabia de tudo isso desde muito jovem. "Havia muitos cantores e músicos melhores nesses lugares", escreveu ele no *Crônicas*,

> [...] mas não havia ninguém próximo ao que eu estava fazendo. As canções folclóricas foram a maneira como explorei o universo, eram imagens, e as imagens valiam mais do que qualquer coisa que eu pudesse dizer. Eu conhecia a substância interna da coisa. Eu podia conectar facilmente as peças[26].

Mesmo com esse grau de certeza interna, beirando o messiânico e o delirante, um modelo de comportamento era importante. Dylan acreditava que deveria seguir os passos do cantor e compositor *folk* Woody Guthrie (1912-1967). Ele teve a ousadia de procurá-lo em sua cama, no Hospital Greystone Park, de Nova Jersey, onde Guthrie estava sofrendo com a Doença de Huntington, uma terrível doença terminal. Dylan cantou as canções de Guthrie para Guthrie, "porque ele conhecia duzentas delas". Como se entregue em mãos, Dylan assumiu o *status* único de Guthrie como um cantor e compositor

---

[25] *Ibid.*, p. 100.
[26] DYLAN, Bob, *op. cit.*, p. 18.

– uma combinação muito incomum na época, porque a maioria dos cantores *folk* cantava o cânone folclórico tradicional e não pretendia acrescentar nada– que se transformou num fenômeno filosófico e de protesto[27]. *Song to Woody*, de Dylan, é uma das duas únicas faixas originais de seu álbum de estreia, porém suas gravações logo se tornam quase exclusivamente composições próprias.

Se Guthrie sabia ser o mentor de Dylan, não está claro, mas isso é curiosamente irrelevante. Hoje, tendemos a pensar no relacionamento com o mentor como algo bem definido, quase contratual. Isso pode ser um pouco exagerado. Seria melhor definir um mentor como alguém que tem um impacto profundo na vida de uma pessoa e serviu como modelo ou instrutor – quer o mentor esteja totalmente, parcialmente, ou nem um pouco, ciente de sua influência sobre nós. O que podemos chamar de "mentor de fantasia" pode ser mais útil – e certamente mais fácil de organizar – do que um real[28].

O lendário investidor, e atualmente a quarta pessoa mais rica do mundo, Warren Buffett, teve o investidor britânico Benjamin Graham (1894-1976) como seu mentor original. Lenin tinha os escritos do falecido Karl Marx (1818-1883) para inspirá-lo a fazer a revolução na Rússia.

Bruce Henderson (1915-1992), fundador do Boston Consulting Group, e Bill Bain, fundador da Bain & Company, foram meus mentores, embora nenhum deles tenha passado muito tempo comigo,

---

[27] Guthrie era uma confecção deliberada, tanto quanto Dylan. Não está claro se Guthrie realmente sabia quem Dylan era, ou se o endossava pessoalmente. Porém, isso não importava para Dylan. Em sua própria mente, ele mesmo era o sucessor ungido de Guthrie. Ver BELL, Ian, p. 57-60.

[28] O ponto de virada na carreira de Dylan foi o álbum *Highway 61 Revisited*, de 1965 (pouco tempo antes ele havia causado furor entre os fãs mais tradicionalistas da *folk music* ao assumir uma guitarra elétrica). Uma das portas de entrada da contracultura dos anos 60, o sexto álbum de estúdio de Bob Dylan foi o primeiro onde ele trabalhou com músicos de *rock*. O nome é o da estrada que passava por sua cidade natal, Duluth, em Minnesota, no caminho para o delta do Mississippi – é, assim, uma espécie de álbum *country/folk* com nítidas influências de *blues* – e era onde ele se sentia em casa. Desse álbum saíram as conhecidas "Like a Rolling Stone", "Positively 4th Street" e "Queen Jane Approximately". (N. R.)

nem soubesse de sua importância para mim. Então, selecione um mentor da mesma forma que Bob Dylan fez, por escolha consciente e sem necessariamente pedir sua permissão. A coisa mais importante que um mentor pode fazer é nos estimular e nos infundir com seu espírito, de modo a aprimorar nossa autoconfiança, focando-a nos fins semelhantes ou maiores que podemos alcançar. Um mentor pode fazer tudo isso sem nos conhecer.

Albert Einstein – Sem Formação Científica, Sem Mentores, Apenas Curiosidade

Em outros casos – como Paulo de Tarso, Marie Curie, Leonardo da Vinci, Einstein, Bruce Henderson, Steve Jobs, Bill Bain, Bismarck, Walt Disney, J. K. Rowling e Helena Rubinstein – parece não ter havido nenhum modelo importante, familiar ou não. Ainda assim, um claro sentido de autoconfiança emergiu de qualquer maneira, muitas vezes quando jovem.

O caso de Albert Einstein é fascinante e encorajador. Nem a história da família de sua mãe, nem de seu pai, ostentava qualquer distinção acadêmica ou mundana – eles eram comerciantes e mascates judeus ganhando a vida modestamente, no Sudoeste da Alemanha rural. Seu pai e tio eram pequenos negociantes.

Albert demorou a aprender a falar. A empregada da família o chamou de "o retardado" e eles pensaram que ele poderia ter dificuldades de aprendizado. Até os dezesseis anos, suas notas na escola eram ruins – ele se ressentia quando lhe diziam para aprender por repetição e era silenciosamente rebelde. Ele não conseguiu entrar na Politécnica de Zurique – que nem mesmo era a escola mais prestigiada da cidade – quando fez o exame de admissão, aos dezesseis anos. Embora nunca se gabasse, mesmo nessa idade Einstein acreditava totalmente em seu futuro como cientista. Ele era implacavelmente curioso sobre o universo, imaginando como seria cavalgar ao longo de um feixe de luz. Um ano depois, após mudar para uma escola mais progressista, que incentivava os alunos a aprenderem de forma independente, ele refez o vestibular. Questionado sobre seus "planos para o futuro", ele escreveu:

> Se eu tiver sorte e passar nos exames, vou me inscrever na Politécnica de Zurique. Ficarei lá quatro anos para estudar matemática e física. Acho que vou me tornar um professor nessas áreas da ciência [...].
>
> Aqui estão as razões que me levaram a este plano. Elas são, acima de tudo, meu talento pessoal para o pensamento abstrato e matemático... Isso é bastante natural; todo mundo deseja fazer aquilo para o que tem talento[29].

Aqui podemos ver a autoconfiança de Einstein brilhando; ele foi admitido na Politécnica. No entanto, ele se formou entre os últimos de sua classe.

Quatro anos depois, sem conseguir encontrar um emprego permanente como professor, ele se tornou professor substituto. Então precisou se contentar com um emprego mal pago, avaliando invenções no escritório de patentes suíço, em Berna. Ainda assim, ele era capaz de completar suas tarefas lá, em duas ou três horas por dia, passando o resto do dia totalmente absorto nas novas ideias da física. Estas levariam à revolução às avessas da mecânica quântica. Ele se apaixonou e, quando soube que Mileva Maric (1875-1948), sua parceira (que também era estudante de física), havia engravidado, escreveu imediatamente para ela. Em vez de começar com a notícia da concepção, ele afirmou que estava feliz, porque:

> Acabei de ler um artigo maravilhoso de Lenard sobre a geração de raios catódicos pela luz ultravioleta. Sob a influência deste belo texto, estou tão feliz e alegre que devo compartilhar um pouco com você.

---

[29] Citado em ISAACSON, Walter, *Einstein: Sua Vida, Seu Universo*, Londres: Simon & Schuster, 2007, p. 31.

Só então Einstein fez uma breve referência à sua paternidade iminente[30].

Embora Einstein estivesse perdidamente apaixonado, era a parceria científica com Mileva Maric que ele parece ter valorizado ainda mais. Ela era melhor matemática do que Einstein e verificava os cálculos em seus trabalhos científicos, além de ser uma caixa de ressonância para seus experimentos mentais. Seu primeiro filho foi uma menina nascida fora do casamento. Então se casaram e tiveram mais dois filhos. Por fim, a paixão acabou. Einstein pediu o divórcio, alegando que um dia ganharia o Prêmio Nobel. Então, ela poderia receber o dinheiro como um acordo. Ela aceitou o acordo e, afinal, recebeu.

Apesar da falta de sucesso acadêmico, o jovem Einstein tinha fé suprema em seu próprio julgamento intuitivo. Deixando a parceria com Maric de lado, ele trabalhou em grande parte por conta própria. Assim que chegou a um avanço – com a Teoria Especial da Relatividade, em 1905 – ele se agarrou à sua conclusão, mesmo diante de aparentes contradições. Um de seus professores da Politécnica de Zurique disse a ele: "Você é um menino muito inteligente, Einstein. Um menino extremamente inteligente. Porém, você tem um grande defeito: você nunca vai se deixar ensinar"[31].

A autoconfiança avassaladora de Einstein vinha de sua fé em um universo racional. Seus segredos podem ser descobertos através da matemática e experimentos mentais que apenas os cientistas mais intuitivos, e não convencionais, poderiam descobrir. Ele nunca duvidou que fosse um dos eleitos. Ele leu tudo o que poderia ser relevante para suas investigações e adorava debater conceitos, compartilhar ideias, com os melhores cérebros da mecânica quântica. Entretanto, ele nunca precisou de patrocínio ou da concordância deles para chegar a seus *insights*.

---

30 *Ibid.*, p. 65.
31 Esse era o Professor Weber. Citado em *ibid.*, p. 34.

Walt Disney – Autoconfiança Genérica se Transforma em uma Missão Única

Existem duas outras categorias em nossos estudos de caso. Uma é onde a autoconfiança se constrói gradualmente, fundamentada em um sentido geral de ser especial, mas se torna cada vez mais pronunciada, à medida que o *feedback* positivo se acumula de uma forma progressivamente mais focada. Neal Gabler, biógrafo de Walt Disney, conta que, quando tinha dezoito anos, Walt

> [...] pousou em Kansas City, durante o outono de 1919, determinado a ter sucesso. Então, quase todos os seus conhecidos comentaram sobre sua determinação e fé absoluta em si mesmo, manifestada [...] em uma exuberante ebulição [...] ele transbordava de uma autoconfiança que não era inteiramente justificada, nem particularmente bem dirigida, pois ele chegou sem um plano. Ele era um empreendedor: não sabia aonde chegaria, apenas que chegaria a algum lugar[32].

Inicialmente, Disney tinha duas ambições diferentes. Sua primeira ideia foi se tornar um ator ou ator-comediante. Ele adorava Charlie Chaplin (1889-1977). Com seu amigo Walt Pfeiffer (1901-1976), ele fez um esquete – Disney como Chaplin, e Pfeiffer como o inimigo de Chaplin, o Conde. Aparentemente, eles receberam muitos aplausos, e Disney ficou viciado nisso. Então, em seu último ano de escola, ele floresceu como artista. Foi para aulas noturnas, na Academia de Belas Artes de Chicago, e novamente recebeu elogios, embora mais por suas caricaturas do que por seu desenho simples. O maior deleite de Disney foi assistir a um curso de desenho animado de um artista do *Chicago Herald*. Aos dezessete anos, ele se tornou um artista profissional e ilustrador comercial, desenvolvendo habilidades no campo em rápida expansão da animação de desenhos.

---

[32] GABLER, Neal. *Walt Disney: o Triunfo da Imaginação Americana*, Nova York: Alfred A. Knopf, 2006, p. 44.

Quando mal tinha dezenove anos, montou seu próprio estúdio de arte com um colega, Ubbe Iwerks (1901-1971)[33], e conseguiu fazer negócio vendendo arte. Em pouco tempo, porém, o trabalho acabou e Disney dissolveu o negócio, declarando falência. Quando tinha 21 anos, Disney decidiu se mudar para Hollywood – a "fábrica mais florescente de mitologia popular desde os gregos", de acordo com Alistair Cooke (1908-2004), o icônico comentarista britânico.

Neal Gabler diz que

> Walt Disney foi feito para Hollywood. Ele amava se arrumar e se fantasiar, era turbulento, extrovertido, se autoexaltava, e ansiava por atenção. Hollywood era seu destino espiritual [...]. Ele chegou no início de agosto de 1923, em seu terno emprestado, com nada além de coragem e sua autoconfiança peculiar [...] tinha viajado de primeira classe, porque "ele sempre queria a melhor maneira[34].

Em pouco tempo, montou um estúdio de animação adequado, em parceria com seu irmão Roy (1893-1971) e o fiel Iwerks.

Depois de um início difícil, o negócio prosperou, estabelecendo novos padrões na animação de desenhos. A descoberta veio em 1928, quando Walt e Iwerks criaram o Mickey Mouse.

Ele é tão onipresente que hoje é difícil perceber o quanto Mickey Mouse foi inovador, e a apreciação que o roedor gerou. Quando o primeiro desenho animado de Mickey foi mostrado ao público em Los Angeles, atraiu aplausos espontâneos fantásticos, muito mais do que os filmes, que deveriam ser a atração principal.

Mickey Mouse tinha um caráter adulto genuinamente distinto, baseado, diz Gabler, na "engenhosidade crua e em uma determinação sádica"[35].

---

33 Originalmente Iwwerks – ele posteriormente simplificou seu nome para Ub Iwerks. Eu uso "Iwerks" do início ao fim.
34 *Ibid.*, p. 76-77.
35 *Ibid.*, p. 115.

A outra coisa que impulsionou Mickey e Disney à fama global foi a ideia de Walt de dar voz ao personagem de desenho animado. Isso nunca havia sido feito antes. Um dos jovens artistas da Disney formulou uma pergunta comum: "Por que uma *voz* deveria sair de um personagem de desenho animado?". O artista respondeu à sua própria objeção, insistindo que a voz precisaria refletir a ação, "como se o ruído viesse direto do que o personagem estava fazendo". O público enlouqueceu, exigindo bis após bis: "o próprio som deu a ilusão de algo emanando diretamente da tela", disse Iwerks. "Walt estava exultante", conta seu biógrafo. "Ele ficava dizendo: 'É isso! Conseguimos!'"[36].

Em um campo diferente, em um momento diferente, podemos traçar o mesmo processo – de autoconfiança geral se tornando cada vez mais focada – com a jovem cientista pesquisadora e advogada, Margaret Thatcher. Mudando para a política em 1959, ela foi uma das primeiras mulheres a se tornar uma ministra do Gabinete do Reino Unido. Então, em 1975, teve a audácia de desafiar o líder de seu partido, Ted Heath (1916-2005) e, contra todas as probabilidades, substituí-lo como líder de oposição do Partido Conservador.

Thatcher foi originalmente vista como uma líder de segunda categoria. Era improvável que se tornasse primeira-ministra. Mesmo quando se tornou, ela estava tentando trilhar pela primeira vez o seu caminho "thatcherita". Parece que ela só teve coragem de fazê-lo depois de apostar tudo na expedição para recapturar as Ilhas Malvinas, a 13 mil quilômetros de distância, vencer a guerra e as subsequentes Eleições Gerais, em 1983. A autoconfiança floresceu gradualmente e com força cada vez mais acelerada, ao longo de três décadas. Então, sua intensidade brilhante ultrapassou as margens do bom senso e a derrubou.

---

36 *Ibid.*, p. 117-118.

Em contraste, se ele não tivesse passado três anos nos campos de concentração de Hitler, provavelmente nunca teríamos ouvido falar de Viktor Frankl, um dos psicoterapeutas mais influentes do mundo. Frankl sobreviveu aos campos imaginando um propósito na vida além deles. Ele se imaginou depois da guerra dando palestras, propondo sua filosofia existencial de que um significado pessoal na vida é essencial para a saúde mental. Para Frankl, a autoconfiança era uma questão de vida ou morte.

Seu comovente livro, *Em Busca de Sentido*[37], sobre seu tempo nos campos e sua filosofia, foi votado, por um estudo da Biblioteca do Congresso, como um dos dez livros mais influentes dos Estados Unidos. Já vendeu dezenas de milhões de cópias. Eu o releio frequentemente; ele me revigora.

Resumindo: a autoconfiança é essencial para o sucesso imoderado. Todas as pessoas neste livro não apenas tinham, ou passaram a ter, autoconfiança, elas também receberam uma dose particularmente potente. Entretanto, você pergunta, que opções estão abertas para alguém que tem uma sede genuína de sucesso, mas que atualmente carece de uma forte autoconfiança?

O que você faz se sua autoconfiança não for forte?

As histórias neste livro sugerem três soluções possíveis:

- Busque experiências transformadoras (veja capítulo 3);
- Atraia elogios bem merecidos; desenvolva uma conquista revolucionária (capítulo 4);
- Restrinja seu foco até que seu trabalho seja único e você tenha definido seu destino (capítulo 5).

---

[37] No Brasil encontramos a seguinte edição: FRANKL, Viktor. *Em Busca De Sentido: Um psicólogo no campo de concentração*. Petrópolis: Editora Vozes, 2021. (N. E.)

Busque por experiências transformadoras

Todos os nossos participantes tiveram uma ou mais "experiências transformadoras" em suas vidas – ou seja, um interlúdio incomum e intenso, geralmente de um ano ou mais, que os mudou. Eles entraram em cada experiência como uma pessoa e saíram como outra, mais bem equipados para pesquisar e percorrer o caminho rumo a realizações notáveis.

Atraia elogios bem merecidos

Feedback positivo de algum tipo é quase sempre essencial ao desenvolvimento humano. Se você duvida disso, veja como pessoas famosas, de Churchill a Einstein, se lembravam dos poucos professores que os elogiavam. Somos todos muito mais frágeis e dependentes de aprovação do que imaginamos ou admitimos. A autoconfiança é difícil se você recebe poucos aplausos. Hoje, as crianças recebem muitos, e os adultos, muito poucos.

Todos nós merecemos elogios em graus bem diferentes, em circunstâncias bem diferentes. Portanto, você precisa encontrar o campo onde possa se destacar. Existe um para cada um de nós. Você precisa encontrá-lo.

Experimente uma variedade de ambientes – lugares, empresas, equipes, empregos, funções, projetos, colegas de trabalho e centros com ostensivas conexões com o mundo exterior – até encontrar o certo, onde você receba grande elogio.

Os elogios alimentam a autoconfiança. Esta, por si só, leva ao sucesso. Porém, o elogio também é uma forma de *feedback* do mercado, um sinal de que nossa autoconfiança é justificada.

A aclamação *precisa* ser genuína e merecida. Por uma geração, educadores e pais esbanjaram elogios às crianças indiscriminadamente, acreditando que isso elevaria sua autoestima e sua motivação.

Entretanto, as crianças não são estúpidas. Elas sabem quando o elogio é merecido e quando não é. E o elogio pode gerar expectativas, que elas sabem que nem sempre irão atender. Isso se torna uma armadilha.

Um pai foi extravagante com elogios quando sua filha venceu em um jogo de tabuleiro que ela nunca tinha jogado antes. "Você é tão talentosa", disse ele. No dia seguinte, eles jogaram novamente e ela perdeu. Ela começou a chorar, dizendo: "Pai, acabei de perder meu talento?"[38]. O elogio inflado é desmotivador ou, então, leva a delírios que, mais cedo ou mais tarde, serão destruídos.

Tanto para adultos quanto para crianças apenas um *feedback* positivo *genuíno* é útil. Entretanto, isso não significa que quem não recebe muito *feedback* positivo e não tem muita autoconfiança deve aceitar isso como algo permanente. Embora seja provavelmente apócrifo, Albert Einstein teria dito: "Todo mundo é um gênio. Porém, se você julgar um peixe por sua habilidade em subir em uma árvore, ele viverá toda a sua vida acreditando ser estúpido". Peixes fora d'água devem encontrar o riacho mais rico em resultados e apreciação.

Restrinja seu foco até que seu trabalho seja único

Uma terceira chave para desbloquear a autoconfiança é perceber que ela é concebida em corredores estreitos. Tal como acontece com Walt Disney ou Margaret Thatcher, ou com todos os que alcançam um sucesso marcante, eles passam a acreditar que podem fazer coisas específicas melhor do que seus rivais, ou que ninguém mais pensou em fazer.

Para um sucesso incomum, a ampla experimentação resulta, mais cedo ou mais tarde, em um extremofoco, a que, em seguida, um caminho inteiramente original seja desvelado. Em última análise, a autoconfiança precisa ser particularmente vinculada ao alcace de um objetivo incomum. Você não pode acreditar razoavelmente em si mesmo, exceto no contexto do que deseja alcançar. Entretanto, se você puder dar a si mesmo uma missão única que valha a pena

---

[38] BRUMMELMAN, Eddie. "The Praise Paradox" ["O Paradoxo do Elogio"], *Behavioral Scientist*, 22/jan/2018.

– algo que valorize seu ponto mais forte – será muito mais fácil vir a acreditar em si mesmo. Mesmo não havendo uma autoconfiança genérica inicial, nunca é tarde demais para se definir um alvo ousado e passar a acreditar que é alcançável. A crença no destino pode se tornar a crença em si mesmo.

O valor da dúvida

A dúvida não exclui a autoconfiança; nem o contrário. Enquanto algumas personalidades deste livro não parecem ter sofrido – ou se beneficiado – da dúvida, muitos outros o fizeram. A dúvida manifesta a pergunta: "Estou realmente no caminho certo ao meu destino? Vou encontrar o meu caminho?" A dúvida é tipicamente construtiva.

O mais famoso da história em duvidar de si mesmo

Talvez o exemplo mais dramático tenha sido a experiência do (quase) apóstolo Paulo de uma "revelação de Jesus Cristo". Embora Tintoretto (c. 1518-1594) retrate Paulo cego e caindo do cavalo, a caminho de Damasco, e o autor dos Atos dos Apóstolos diga que Paulo ficou cego por três dias e ouviu uma voz do céu, o próprio relato de Paulo é mais direto – ele percebeu que estava agindo de maneira gravemente errada. Paulo escreve aos seguidores de Jesus na Galácia:

> Pois quero que saibais, irmãos e irmãs, que o evangelho que anunciei não é de origem humana: porque [...] o recebi através de uma revelação de Jesus Cristo.
>
> Sem dúvida, vocês já ouviram falar de minha vida anterior, no judaísmo. Eu estava perseguindo violentamente a igreja de Deus e tentando destruí-la [...]. Mas quando Deus [...] teve o prazer de revelar seu Filho a mim e que eu pudesse proclamá-lo entre os gentios [não-judeus], eu não conversei com nenhum ser humano [...] mas eu fui à Arábia e, depois, voltei para Damasco[39].

---

39 Carta de Paulo aos Gálatas 1: 11-17.

Paulo tinha sido um membro da Polícia do Templo de Jerusalém, contratado pelo sumo sacerdote judeu para eliminar os seguidores de Jesus. Estes eram vistos como zelotes judeus: portanto, eram uma ameaça tanto às autoridades romanas quanto à casta sacerdotal judaica[40].

A visão de Paulo sobre o Cristo ressuscitado mudou tudo isso. Paulo não apenas girou cento e oitenta graus para se tornar o mais poderoso promotor de Jesus, mas também mudou a mensagem e o mercado-alvo. Jesus comissionou Paulo para salvar "os gentios" – romanos e gregos – e transformar um movimento que ameaçava as autoridades romanas em um amigo de Roma.

A dúvida exigiu anos de reflexão na Arábia. Quando Paulo retornou à civilização urbana, tinha uma perspectiva inteiramente original da vida, do universo e de tudo. De forma gradual e inesperada, essa visão tomou o mundo romano de assalto. A dúvida mais profunda culminou na crença e autoconfiança mais intensas que se tem conhecimento.

Steve Jobs – A Dúvida Impulsiona uma Ambição Singular

Para Paulo, a dúvida foi comprimida em – ou pelo menos descrita como – um único evento. Normalmente, um sentimento moderno de dúvida sobre si mesmo ocorre não como um evento, embora possa ser desencadeado ou trazido à superfície por um, mas uma conspiração de emoções relacionadas a experiências anteriores ou a interpretações delas.

---

40 O número de discípulos escolhidos por Jesus correspondia às doze tribos de Israel e provavelmente teve motivação política. Dois deles – Simão, o Zelote, e Judas Iscariotes – tinham uma "forma" subversiva. Portanto, era natural que o sumo sacerdote e seus guardas entregassem Jesus aos romanos para a crucificação, e quisessem caçar os seguidores de Jesus que permanecessem depois. Veja WILSON, A. N. *Paul: The Mind of the Apostle* [Paulo: A Mente do Apóstolo], Londres: Pimlico, 1997, especialmente p. 15, 58-60.

Steve Jobs é um bom exemplo. Uma única causa – que ele era um filho adotivo muito querido – alimentava tanto a autoconfiança quanto a dúvida. Jobs sempre pensou no casal que o adotou simplesmente como "meus pais" e se lembrou muito especificamente do que eles disseram:

> Eles estavam muito sérios e me olhavam diretamente nos olhos. Eles disseram, "nós escolhemos você, especificamente". Ambos os meus pais disseram isso e repetiram para mim, lentamente. E eles colocam ênfase em cada palavra dessa frase[41].

Walter Isaacson, biógrafo de Jobs, comenta: "Abandonado. Escolhido. Especial. Esses conceitos se tornaram parte de quem Jobs era, e de como ele se considerava"[42].

Isaacson também cita um amigo de Jobs:

> Steve falou muito sobre ser abandonado [por seus pais biológicos] e a dor que isso lhe causou. Isso o tornou independente. Ele acompanhava a batida de um baterista diferente, que veio a romper em um mundo diferente daquele onde nasceu[43].

Quando Isaacson contou a Jobs sobre o comentário, Steve negou a parte "abandonada", mas reiterou o comentário "especial": "Nunca me senti abandonado. Sempre me senti especial. Meus pais me fizeram sentir especial"[44].

Que Jobs se sentia especial – que tinha um sentimento peculiarmente agudo de autoconfiança desde a infância – é indiscutível. Um colega muito próximo dele, Andy Hertzfeld, disse:

---

41 ISAACSON, Walter, 2011, *op. cit.*, p. 4.
42 Idem, *ibid.* 4.
43 *Ibid.*, p. 5. O amigo era Greg Calhoun, um amigo próximo, de logo após a faculdade.
44 *Ibid.*, p. 5.

> Ele acha que existem algumas pessoas que são especiais – pessoas como Einstein e Gandhi e os gurus que ele conheceu na Índia – e ele é um deles [...]. Uma vez, ele até me disse ser iluminado[45].

Na década de 1980, Jobs se tornou muito próximo da ex-diretora de relações humanas da Intel, Ann Bowers. Ela deixou a Intel depois de se casar com seu cofundador, o grande Bob Noyce. Bowers ingressou na Apple em 1980 e se tornou uma das poucas pessoas capazes de acalmar o famoso fogo de Jobs. Jobs também se tornou amigo de Bob – ele costumava chegar sem avisar para jantar em sua casa. Ann disse de Jobs, "Ele era tão inteligente e carente. Ele precisava de um adulto, uma figura paterna, que Bob se tornou, e eu me tornei como uma figura materna"[46].

Outro colega de longa data disse sobre Jobs,

> Seu desejo de controle total sobre tudo o que faz deriva diretamente de sua personalidade e do fato de ter sido abandonado ao nascer. Ele quer controlar seu ambiente e vê o produto como uma extensão de si mesmo[47].

Para Jobs, parece que a autoconfiança e a dúvida eram duas cerejas siamesas no mesmo caule. Sua adoção, que o fez acreditar em si mesmo com apaixonada intensidade, também o impeliu a desenvolver produtos perfeitos e a obter controle sobre colegas e clientes[48].

---

45 *Ibid.*, p. 119.
46 *Ibid.*, p. 121.
47 *Ibid.*, p. 4-5.
48 Jobs insistiu que os produtos da Apple combinassem *hardware* e *software* proprietários, com os quais o cliente não poderia se intrometer – bem diferente da filosofia de "código aberto", por trás da maioria dos produtos digitais. Quando levadas ao extremo, ambas as abordagens funcionam bem.

Resumo e Conclusão

A autoconfiança é a base do sucesso. Este é um preceito férreo. Ninguém nunca se tornou um sucesso extraordinário sem nutrir forte crença em si mesmo.

A autoconfiança pode começar com uma vaga, mas profunda sensação de ser especial. Às vezes essa sensação surge, simplesmente, por termos nascido com privilégios ou pelo incentivo de modelos comportamentais ao nosso redor, como pais e parentes. Igualmente, porém, a convicção no destino de alguém pode surgir da vulnerabilidade desafiadora ou do isolamento na infância, quando o *eu* é jogado de volta sobre *si mesmo*, e cultiva um futuro imaginário a fim de compensar um presente estéril.

A crença precoce na própria sorte pode levar alguém a muito longe. No entanto, nossos estudos de caso também mostram que nunca é tarde demais para desenvolver uma densa autoconfiança.

A autoconfiança deve, em última análise, restringir-se ao campo no qual você finalmente triunfará. A crença em seu destino irá fracassar e desaparecer sem uma visão clara do palco onde seu sucesso será representado. Ninguém atinge um alvo sem defini-lo e acreditar – às vezes, ingenuamente e para um ridículo quase imperativo – que é atingível.

Por exemplo, durante seu tempo de árida influência política, durante os anos 1930, Churchill, quando fora do cargo e isolado, não era amplamente respeitado por seus colegas conservadores no governo. Com sua carreira aparentemente destruída, quase não hesitou em sua crença de que deveria se tornar primeiro-ministro, não por engrandecimento pessoal, mas por sua capacidade, ele acreditava, de frustrar Hitler.

Destacando a necessidade de enfrentar o ditador alemão e argumentando com grande veemência que qualquer consideração a ele seria imoral e autodestrutiva, Winston Churchill se posicionou como a escolha inevitável para líder, caso uma guerra com a Alemanha acontecesse[49].

A dúvida pode, ou não, surgir ao longo do caminho – até mesmo Churchill teve seus momentos de depressão: o "cachorro preto" que o perseguia. A dúvida é, geralmente, uma vantagem – não anula a autoconfiança, mas a purifica e a destila.

A dúvida e a autoconfiança são compreendidas num ritmo de *yin* e *yang*. Uma dialética na qual a dúvida se cristaliza, reforça, refina ou transmuta a missão do duvidoso absolutamente, conduzindo-o, paradoxalmente, a uma confiança poderosa e, por fim, alcançável. A dúvida só é prejudicial se reprimida ou inundar a mente de forma permanente.

Consciente e inconscientemente, em consonância à nossa razão e emoções, uma autoconfiança forte e muito inerente – a convicção absoluta de que podemos alcançar algo único, unindo nossos talentos e personalidade a brechas boas ou más fornecidas pelo universo – é o primeiro e maior dos marcos a ser obtido. Também é o mais raro. A razão pela qual a maioria das pessoas não atinge resultados extraordinários é que elas não acreditam poder ou querer o suficiente – em resumo, é a mesma coisa. Os participantes deste livro eram, a este respeito, acima de tudo, bastante singulares.

---

[49] Ver JENKINS, Roy, *op. cit.*, especialmente p. 469-77 e 493-96. Churchill "foi mais rápido do que qualquer outra pessoa em acreditar na ameaça de Hitler [...] já em 13 de abril de 1933 [menos de três meses após Hitler se tornar chanceler], ele falava na Câmara dos Comuns sobre as "condições odiosas" que agora governam na Alemanha, e da ameaça de 'perseguição e *pogrom* de judeus' sendo estendida a áreas (notadamente a Polônia) para as quais a influência ou conquista nazista se espalhou", p. 469-70. "Além de um pequeno círculo, Churchill estava muito isolado", p. 472.

2
EXPECTATIVAS OLÍMPICAS

"Padrões elevados são contagiosos. Traga uma pessoa nova para uma equipe de alto padrão e ela se adaptará rapidamente. O oposto também é verdade".
Jeff Bezos[50]

O segundo fator comum entre os nossos participantes é que todos eles tinham expectativas altíssimas tanto em relação a si próprios quanto às pessoas com quem escolheram trabalhar. Como acabamos de lidar com a autoconfiança, você pode estar se perguntando de que maneira as expectativas olímpicas são diferentes.

A autoconfiança, como vimos, é a convicção que uma pessoa tem de ser especial, excepcional e destinada a realizar grandes feitos. Ela fica cada vez mais bem definida e clara à medida que sua vida se desenvolve. É também a sensação, presente desde o início ou crescendo ao longo da vida, até a quase certeza, de que se está destinado ao sucesso. A autoconfiança é, essencialmente uma emoção, uma sensação pulsante e energizante que não só se agarra ao indivíduo como também se conecta com outras pessoas e as influencia, mas, de forma alguma, depende delas.

---
[50] Jeff Bezos, carta aos acionistas da Amazon, 2018.

As expectativas olímpicas são diferentes. Certamente, têm a ver com o indivíduo, mas também dizem respeito a seus subordinados e colegas de trabalho. As expectativas olímpicas são mais claramente definidas do que a autoconfiança – têm a ver com resultados gravemente incomuns e excepcionais esperados pela pessoa. As expectativas explicam *como e por que* o indivíduo está mudando a natureza da realidade. Existem cinco componentes interligados das expectativas olímpicas:

- As expectativas são *muito mais altas* do que o normal; – não se preocupar com os detalhes, mas com a mudança do quadro geral;
- *Exigências excessivas* consigo mesmo e com os outros – os padrões devem ser muito bem cumpridos, sem exceções ou desculpas;
- *Escalada progressiva* de expectativas ao longo do tempo – sem descansar sobre os louros da conquista; algo como uma afiada lasca de gelo[51] crescendo na alma e exigindo sucesso exponencial;
- As expectativas são *exclusivas* do Indivíduo e podem ser expressas de forma sucinta. Por exemplo, Leonardo – "pinturas perfeitas"; Churchill – "parar Hitler"; Thatcher – "reverter declínio nacional".

Expectativas Manipulam Resultados

De todas as histórias verdadeiras do livro, esta é a mais chocante, mas também a mais libertadora:

Os pesquisadores Robert Rosenthal e Lenore Jackson testaram dezoito classes de crianças em idade escolar quanto ao seu QI. Então, eles deram os resultados não para os alunos, mas para seus

---

[51] Felix Dennis fala sobre isso, a respeito das pessoas que querem ficar ricas, mas é verdade para o sucesso em qualquer esfera: "Em algum lugar do coração invisível, de todos os homens e mulheres que se fizeram por si próprios, existe uma lasca de gelo [...]. Se você não quiser que cresça, então desista de todos os sonhos [...] agora". DENNIS, Felix. *Fique Rico! Você Pode!*, Londres: Random House, 2006.

professores, identificando as crianças com excelente potencial intelectual. Apesar dos resultados, os professores foram instruídos a tratar as crianças com imparcialidade.

Oito meses depois, eles foram testados novamente. Entre as crianças *não* identificadas como excepcionalmente dotadas, cerca de metade teve um desempenho melhor. A outra metade teve desempenho pior no teste de QI, como seria de se esperar. Entretanto, quatro quintos das crianças "extraordinariamente dotadas" tiveram uma pontuação significativamente melhor na segunda vez, ganhando, pelo menos, dez pontos de QI. E um quinto delas ganhou mais trinta pontos – uma transformação significativa e surpreendente.

O estudo é impressionante, porque não houve diferença real no desempenho da primeira vez entre as crianças "excepcionalmente dotadas" e as demais. As identificadas como superdotadas foram selecionadas pelos pesquisadores precisamente porque, na verdade, tinham pontuações *médias*. Os pesquisadores enganaram os professores. E, no entanto, essas falsas expectativas do potencial dos alunos haviam gerado resultados excelentes na segunda vez[52].

O experimento – repetido muitas vezes – mostra a importância das expectativas, e como elas operam em nossas mentes inconscientes. As expectativas do desempenho das crianças tornaram-se autoexecutáveis mesmo sem qualquer comunicação consciente. As crianças não receberam suas notas, e os professores foram instruídos a não tratar os alunos "superdotados" de maneira diferente. Inconscientemente, no entanto, os professores devem ter comunicado algo do potencial das crianças a elas próprias, e estas absorveram uma lição sobre sua inteligência e potencial.

Muitas vezes, na vida, as pessoas veem o que esperam ver e isso aumenta a expectativa, tornando-a real.

---

[52] ROSENTHAL, Robert & JACKSON, Lenmore. "'Teachers' Expectations: Determinants of Pupils' IQ Gains" [Expectativas dos Professores: Determinantes dos Ganhos de QI dos Alunos]. *Psychological Reports* 19 (ago/1966), p. 115-18.

As expectativas positivas dos outros, em relação a nós, podem fazer com que tenhamos um desempenho excepcionalmente bom.

Nossas expectativas também determinam nosso desempenho. Se esperamos ter sucesso, provavelmente teremos.

Nossas expectativas pessoais também afetam as pessoas ao nosso redor. A menos que tenhamos uma reputação de nos gabarmos, as pessoas serão fortemente influenciadas por nossas próprias expectativas. Elas vão considerar nossa própria avaliação genuína e inconsciente.

Uma pequena vantagem no desempenho se tornará maior e exponencial com o tempo. Mesmo se uma "aura" de exorbitante performance for inicialmente mal compreendida pelos sentidos, esta, com o tempo, conduzirá a uma medida verdadeira e ampla de atuação superior.

Quanto mais altas definirmos nossas expectativas, maior será a probabilidade de chegarmos ao topo. Há limites, é claro – não podemos nos tornar Napoleão ou Jesus imaginando que o somos. Existe um bom equilíbrio entre otimismo e delírio. Entretanto, se alguns alunos podem ganhar trinta pontos de QI através da manipulação das expectativas de um professor, podemos fazer um progresso bastante inesperado elevando nossas próprias expectativas a um nível que, uma vez alcançado, nos impulsiona neste contínuo processo de "elevação". Um degrau de cada vez, seguido de sucesso, pode nos levar a outro degrau, depois a outro...

Isso é o que parece ter acontecido com nossos participantes. Eles não só foram capazes de aumentar suas expectativas sobre si mesmos, mas também se tornaram mais poderosos aumentando as expectativas de seus seguidores, tanto do que eles quanto do que seu líder poderiam fazer. Os casos de Vladimir Lenin, Winston Churchill e Steve Jobs mostram que há uma linha muito tênue entre o delírio coletivo e a realização coletiva por meio de altas expectativas "irrealistas". Poderíamos dizer o mesmo sobre muitos outros líderes carismáticos, mas sociopatas, como Adolf Hitler

(1889-1945) e Mao Zedong (1893-1976), que escolheram agir além das limitações e restrições do comportamento civilizado.

Vamos começar com outra pessoa, cujas expectativas eram muito altas.

Paulo de Tarso – Salvar a Humanidade

Nenhum dos participantes, e eu duvido que qualquer indivíduo em qualquer lugar, a qualquer momento, tinha expectativas maiores do que Paulo.

Quer você considere Paulo – como ele fez – como a personificação do Cristo Vivo, quem conhecia a Mente de Deus porque ela lhe foi revelada, ou se você acha que ele estava simplesmente delirando ou louco, não pode haver melhor ilustração do poder das expectativas olímpicas.

A extraordinária experiência transformadora de Paulo foi sua visão de Cristo, em seu caminho para Damasco – tocaremos nisso novamente no próximo capítulo. O que importa aqui é o impacto nas expectativas de Paulo. "Seja qual for a natureza da experiência", diz A. N. Wilson, "ela o alterou para sempre. Ele escreve, não como um homem que busca, mas como alguém que encontrou: não como alguém que luta pela verdade, mas como alguém que a ouviu. Ele conheceu a Cristo, e está em Cristo"[53]. Após sua visão, Paulo teve um alto grau de certeza sobre a vida, o universo e sobre tudo.

Ele acreditava que a morte e ressurreição de Jesus trouxeram uma nova realidade cósmica. Todos podiam ser salvos e desfrutar da vida eterna, mas o tempo era curto. Logo, Cristo apareceria nas nuvens e carregaria seu povo ao Céu. Paulo precisava salvar tantas pessoas quanto possível, antes do fim do mundo.

Paulo absorveu a visão mantida pelos *cognoscenti* (grupo de crentes, conhecido como os gnósticos) de que os humanos eram feitos

---

53 WILSON, A. N., *op. cit.*, p. 77-78.

de corpo e espírito. O corpo era irremediavelmente defeituoso, e o lado espiritual e divino da humanidade estava irremediavelmente comprometido, aprisionado na carne maléfica. "Pois o que a carne [corpo] deseja se opõe ao Espírito", escreveu Paulo, "e o que o Espírito deseja se opõe à carne: pois estes se opõem um ao outro para impedir que você faça o que quer"[54]. A luta de homens e mulheres para serem bons – o clichê da religião e da filosofia, ao longo dos tempos – era absolutamente fútil.

De acordo com Paulo, Cristo ofereceu a saída desse impasse: a entrega da vontade humana a Deus, e a ativação de Cristo dentro do crente, poderia levar a uma espécie inteiramente nova de humanidade, vivendo no amor de Deus. Pessoas que estão "em Cristo" experimentam a presença mística de Cristo em suas vidas diárias, convertendo a maldade em bondade, o ódio em amor. O crente com "Cristo em seu interior" pode atingir padrões de comportamento muito além do potencial humano.

Paulo estava errado sobre muitas coisas. Ele não viu Cristo chegar às nuvens, dar corda ao mundo e levar seus seguidores à vida eterna. Entretanto, Paulo impulsionou seu evangelho por todo o Império Romano, e a crença em Cristo eventualmente suplantou todos os deuses anteriormente reverenciados pelos romanos.

Paulo é único na história, e os valores espirituais não são diretamente comparáveis aos dos mundos da ciência, da arte, da literatura, dos negócios e do entretenimento. E, no entanto, esses mundos, no seu melhor, também podem demonstrar padrões incrivelmente elevados de verdade e beleza, além da a capacidade de inspirar seguidores e alimentar nossa imaginação coletiva. Quanto mais altos os padrões, maior a capacidade de elevar nossas mentes e enriquecer o mundo. Poderiam os *desenhos animados* ter esses efeitos? Um homem pensou assim.

---

[54] Carta de Paulo aos Gálatas 5:17.

Walt Disney – "Reverência Quase Religiosa"

Desde o início de sua carreira, Disney tinha "grandes sonhos e amplas aspirações"[55]. Mesmo aos 20 anos, ele era "muito independente, para se considerar empregado de outra pessoa"[56]. Uma secretária que conheceu Walt disse: "Ele tinha o ímpeto e a ambição de dez milhões de homens"[57]. Quando foi para Hollywood, ele se encaixou perfeitamente na maior e melhor fábrica dos sonhos do mundo. Ele sempre foi um sonhador em grande escala.

Como Steve Jobs e Leonardo, Walt queria produtos de qualidade perfeita. Embora adorasse ter seu próprio estúdio, Disney "nunca esteve tão interessado em construir uma operação [...] quanto estava em melhorar o produto [...] por uma questão de orgulho pessoal e necessidade psicológica"[58]. Como Dylan e Jobs, Walt via o produto como uma extensão de si mesmo e, por mais duro que estivesse – nos primeiros anos, ele estava com falta crônica de dinheiro – ele exigia a mais alta qualidade, mesmo às custas do lucro. De acordo com um biógrafo,

> [...] ele era inflexível em não abrir mão do controle, não importa o quanto precisasse de receita [...]. Ele queria ser o rei da animação [...]. Fervorosa como sempre, essa qualidade era sua única vantagem real. Walt estava determinado a gastar tanto em seus desenhos quanto os produtores gastavam em suas comédias ao vivo[59].

Na Grande Depressão, começada em outubro de 1929, "em vez de cortar custos, ele continuou a aumentá-los"[60].

---

55 GABLER, Neal, *op. cit.*, p. 46.
56 *Ibid.*, p. 60.
57 *Ibid.*, p. 68.
58 *Ibid.*, p. 85.
59 *Ibid.*, p. 128.
60 *Ibid.*, p. 166.

Disney acreditava em ter os melhores animadores e em inspirá-los com suas demandas incansáveis pelo melhor. Eles sabiam que o estúdio da Disney era proeminente e parecia pioneiro, "como se fôssemos membros da mesma classe em West Point"[61]. Em uma ocasião, ele contratou um animador muito procurado, Ben Sharpsteen, pagando mais do que o dobro do próprio salário de Walt[62].

Como Bruce Henderson, Walt estava

> [...] dominado por sua própria obsessão pela excelência, o que o deixava compulsivamente insatisfeito. Todos pareciam reconhecer que a Disney não apenas produzia as melhores animações consistentemente, mas também começara a reinventar a animação [...]. Os animadores da Disney gostavam de ser pioneiros[63].

A Disney reinventou a animação, em 1931, de forma paralela a como Steve Jobs reinventou o computador pessoal, em 1983. A essência do Lisa, precursor do Mac, era tornar o uso de um computador intuitivo e fácil, um sistema de magnitude mais simples e menos intimidante do que o "padrão ouro" anterior da IBM. Um aspecto fundamental da simplicidade e facilidade de uso dos produtos Apple era a "rolagem suave" – a maneira como você pode mover para baixo entre parágrafos e páginas rapidamente e sem saltos abruptos. Antes de 1931, os desenhos animados mudavam de pose para pose. Os animadores da Disney inventaram a "ação sobreposta" para que ela fluísse suavemente de uma cena a outra. Os desenhos animados da Disney pareciam diferentes e elegantes[64].

Walt maravilhava as pessoas criativas que trabalhavam para ele. Os animadores se viam como deuses, trazendo seus personagens à

---

61 *Ibid.*, p. 157.
62 *Ibid.*, p. 133.
63 *Ibid.*, p. 168.
64 *Ibid.*, p. 170.

vida e determinando sua sorte. Disney, no entanto, era mais como o Deus Todo-Poderoso — os animadores falavam dele "em termos quase religiosos". Um membro de sua equipe disse que "quando ele entrava em uma sala, seu cabelo ficava em pé na nuca. Ele tinha esse efeito em você. Você sentia a presença. Era assustador". Outro disse: "ele tinha um poder avassalador sobre as pessoas e a voz de um profeta". Como resumiu o biógrafo Neal Gabler: "Em meados da década de 1930, o estúdio da Disney funcionava como um culto, com uma figura messiânica inspirando um grupo de acólitos devotos, às vezes, frenéticos [...] discípulos em uma missão"[65].

Disney e sua equipe venerados no altar da qualidade do produto. E assim fez, em um campo completamente diferente, mas de uma forma notavelmente semelhante, um herói mais recente do negócio-arte e aqueles de sua equipe, ambos fortes o suficiente para prosperar com seu estilo de liderança extremamente exigente.

Steve Jobs – Exigente, Imoderado, Extremamente Ambicioso

Jobs tinha expectativas incrivelmente altas de si mesmo. Vimos anteriormente que, como Keynes, ele pensava ser do calibre de algumas das grandes pessoas da história. Talvez Jobs tenha ido ainda mais longe. "Ao longo de sua carreira", diz Walter Isaacson, "Jobs gostava de se ver como um rebelde esclarecido, um guerreiro Jedi ou um samurai budista lutando contra as forças das trevas", como a IBM[66].

Por esse motivo, ansiava pela perfeição em seus produtos: ele não se contentaria com menos. Também explica sua política muito incomum de insistir que a Apple controlasse o *design* e a integração tanto do *hardware* quanto do *software*. Assim, era rival

---

65 *Ibid.*, p. 212.
66 ISAACSON, Walter. *Steve Jobs, op. cit.*, p. 136.

da IBM e de outros fabricantes de computadores; da Microsoft e de outras empresas de *software*. Isso tornava difícil para Jobs vencer suas batalhas, mas era parte integrante de sua vasta ambição. Sem um sistema unificado, sem controle de ponta a ponta do *design* e da execução do produto, ele não teria sido capaz de criar dispositivos tão intuitivos e fáceis de usar[67].

É uma regra clássica da estratégia não lutar contra inimigos poderosos em duas frentes diferentes. Jobs desconsiderou essa regra – ele lutou tanto com a IBM quanto com a Microsoft e, mais tarde, com os principais fabricantes de *hardware* alternativo para *smartphones*, que estavam usando o *software* Android dominante, desenvolvido pelo Google. Às vezes, Jobs tinha dificuldades, mas suas expectativas olímpicas, beirando a megalomania, acabavam vencendo. Ele finalmente conseguiu construir a empresa (por vezes) mais valiosa do mundo, e alguns dos produtos mais magníficos de nossa época.

Jobs inspirou seus seguidores a erguer os olhos às colinas, apesar de ser, em termos convencionais, um dos piores administradores de pessoas da história recente. Ele exigia que as expectativas deles correspondessem às suas para que pudesse fazer coisas que não poderia fazer sozinho. Ao contrário de seu grande rival, Bill Gates, o próprio Jobs era um péssimo programador e *designer* de produto. Mesmo assim, a Apple conseguia projetar produtos melhores e mais simples. Se a sua visão é a perfeição, exija e receba. Como Ann Bowers, a figura materna de RH, que tinha autoridade pessoal para chamar a atenção de Jobs por seu tratamento terrível com outras pessoas, explicou que seu protegido "tinha essas expectativas enormes e, se as pessoas não conseguissem cumprir, ele não suportava"[68].

---

67 *Ibid.*, p. 172, 315, 497, 561.
68 *Ibid.*, p. 121.

Embora algumas pessoas excelentes tenham desistido após os ataques pessoais implacáveis de Jobs, a maioria não o fez. Como Joanna Hoffman, cuja família era refugiada da Europa Oriental e tinha a índole – e o temperamento – para enfrentar Jobs, disse: "Seu comportamento pode ser emocionalmente desgastante, mas se você sobreviver, funciona".

Agora, vamos a outra pessoa rabugenta e imoderada que também mudou o mundo dos negócios para melhor. Ele não inventou produtos, mas um modelo superior de estratégia para qualquer negócio, (também forneceu um modelo de como eu passaria minha vida).

Bruce Henderson – Invente a Estratégia, Mude a Forma como os Negócios são Executados

Bruce Henderson, fundador do Boston Consulting Group (BCG), mudou a maneira como os Estados Unidos e o mundo faziam negócios.

Bruce era uma figura imponente, impressionante e intimidadora. Ele raramente sorria, escolhia as palavras com cuidado e, francamente, era um pouco assustador. Quando o conheci, em uma conferência do BCG em New Forest, na Inglaterra, ele me fez uma pergunta sobre estratégia de negócios, o que me deixou perplexo. Bruce então me deu um sermão por um longo tempo. Isso foi cativante, embora eu estivesse tão nervoso que imediatamente esqueci de tudo o que disse.

Na conferência, o BCG apresentou suas teorias a uma grande sorte de líderes empresariais britânicos e europeus. Achei que nos apresentamos muito bem. Bruce ficou sentado em silêncio, observando, sem dizer nada. O evento certamente gerou novos negócios. Entretanto, depois que os convidados foram embora, Bruce nos fez em pedaços. "Eu estava dizendo tudo isso *há três anos*", disse ele, como se uma idade do gelo estivesse sendo prenunciada naquele momento. "Vocês não aprenderam nada novo desde então?"

Ele era extremamente exigente. Nunca o ouvi elogiar nada ou ninguém. Ele sempre nos conduzia ao próximo grande *insight*. Você pode imaginar que essa dieta – um prato cheio de críticas, uma expectativa de algo muito melhor vindo de nós e uma completa ausência de elogios – seria desmotivadora.

Porém, não era. Estávamos trabalhando bem nos limites dos conceitos de negócios recebidos, e até mesmo os estúpidos que dirigiam a América corporativa estavam começando a nos ouvir. Sentíamo-nos à beira de uma nova descoberta a cada dia.

Aos 48 anos, e com uma carreira variada atrás dele, sua ambição e intenção beiravam o ridículo.

Começando com ninguém além de si mesmo, ele criou uma das três melhores empresas de consultoria do mundo. Desde o início, a missão da empresa era criar uma nova maneira de pensar sobre "estratégia de negócios" – um conceito inventado por Bruce.

O BCG contratava apenas os cérebros mais brilhantes das melhores escolas de negócios. O BCG foi, provavelmente, a primeira empresa no mundo a colocar o intelecto acima de todas as outras qualidades. Desde então, outras empresas roubaram essa estratégia e a aplicaram de forma eficaz em diferentes esferas, notadamente bancos de investimento e capital de risco.

Antes de Bruce, os empresários queriam que sua empresa fosse líder de mercado a que pudessem extrair altos preços e altos lucros dos clientes. "Errado, errado, errado", disse Bruce. A participação de mercado era valiosa, porque reduzia custos. Portanto, para ganhar participação de mercado, as empresas líderes devem *reduzir* os preços, aumentando a participação de mercado, reduzindo os custos e dificultando a vida dos concorrentes com vendas menores e custos mais altos. O resultado final da redução de custos e preços, prometia Bruce, seria lucros maiores e maior valor de mercado. Pura heresia na época de Bruce, mas é o que a Amazon tem feito hoje com um efeito incrível, mudando o cenário global do varejo para sempre.

Jeff Bezos: Padrões Olímpicos
– a Fronteira Final

Jeff Bezos (pronuncia-se 'Bay-Zos') é notável por duas ideias simples, aplicadas com grande dedicação e pureza. E, por causa de seu extraordinário sucesso, talvez devêssemos levar suas ideias a sério.

Uma dessas ideias – que buscar vendas e participação no mercado é extremamente mais importante do que buscar lucros em qualquer coisa que não seja em longo prazo – é a razão pela qual Bezos é o herdeiro espiritual de Henderson. Na verdade, Bezos levou a ideia ainda mais longe, com audácia e sucesso surpreendentes. Esta fórmula será explorada mais tarde no livro – veremos a jornada contundente da história da Amazon e a recusa de Bezos em se afastar de seus pontos de vista – e como deixar de agarrar lucros facilmente disponíveis levou o empreendimento quase à beira de falência. Aqui, porém, quero voltar os holofotes a outro grande princípio de Bezos: os Padrões Olímpicos.

Primeiro, algumas informações sobre o próprio homem. Seu pai biológico era artista de circo, mas Bezos o viu pela última vez aos três anos. Disseram-lhe que foi adotado aos dez anos. Como Steve Jobs, Bezos cresceu em uma família amorosa– seu pai cubano, belo como um astro do cinema, escapou do paraíso socialista de Fidel, através de um programa de resgate da Igreja Católica, e chegou a Miami sozinho, quando tinha dezesseis anos, sem falar inglês[69]. Jeff Bezos foi rapidamente visto como excepcionalmente talentoso e ferozmente competitivo, um modelo, quase uma caricatura, de autoconfiança e aspiração capitalista. Ele tinha uma queda por *Jornada nas Estrelas*, e seu desejo de ganhar dinheiro, disse sua namorada do colégio, era devido à sua ambição de "chegar ao espaço sideral".

---

[69] Miguel Bezos saiu de Cuba em 1962 e foi para os Estados Unidos. Em 1968 casou-se com a americana Jacklyn Gise, que tinha um filho de 4 anos, Jeffrey, que veio a adotar e a dar seu sobrenome espanhol. (N. R.)

Desde o início, Bezos foi dominado por um princípio central, a necessidade de construir "a empresa mais centrada no cliente da Terra", e pela principal forma de fazê-lo: por meio de "padrões implacavelmente elevados". "Muitas pessoas", disse Bezos, "podem pensar que esses padrões são excessivamente altos". Que pena. Em seu relatório de 2018 aos acionistas, Bezos dedica as primeiras quatro páginas à classificação consistentemente alta da Amazon – a melhor nos últimos oito anos – no American Customer Satisfaction Index. Também faz um discurso sobre a principal maneira de "ficar à frente das expectativas cada vez maiores dos clientes", que é o "*alto padrão*" – amplamente implantado e em todos os níveis de detalhe "[...]. Tivemos alguns sucessos em nossa busca para atender às altas expectativas dos clientes. Também tivemos bilhões de dólares em falhas, ao longo do caminho".

No que acredita Bezos?

- Padrões elevados podem ser ensinados. Se você começar com uma equipe de alto padrão, os novatos se adaptarão rapidamente;
- Os altos padrões são específicos do domínio. "Quando comecei a Amazon", diz Bezos, "tinha altos padrões de invenções, atendimento ao cliente e contratação. Entretanto, eu não tinha altos padrões no processo operacional [...]. Precisei aprender e desenvolver altos padrões em tudo isso (meus colegas foram os meus tutores)";
- Padrões elevados resultam em melhores produtos e serviços aos clientes. Porém, menos óbvio, "as pessoas são atraídas por padrões elevados – eles ajudam no recrutamento e retenção";
- "E, finalmente, padrões elevados são divertidos! Depois de provar os padrões elevados, não há como voltar atrás".

Chega de teoria. Como isso funciona na prática?

Nem tudo era um mar de rosas. Há uma história sobre as férias de Natal de 2000, quando a demanda estava explodindo. O departamento de atendimento ao cliente estava cada vez mais sobrecarregado com ligações de clientes. Em uma reunião de trinta executivos seniores, Bezos perguntou ao chefe de atendimento ao cliente quanto tempo precisavam esperar para obter ajuda.

"Bem, menos de um minuto".

"Sério?", disse Bezos. "Vamos ver". Ele discou o número do serviço da Amazon no viva-voz. Música alegre de Natal. Muita música. Bezos ficou com o rosto vermelho enquanto esperava. Uma veia em sua testa começou a pulsar. Silêncio tenso na sala. Depois de quatro minutos e meio – que pareceram uma eternidade – uma voz alegre vibrou, "Olá, Amazon.com!" Bezos, em seguida, desligou o telefone e atacou o chefe de atendimento ao cliente[70]. Ele não durou muito.

Todos os participantes exigiram muito de seus seguidores. Ainda assim, as expectativas olímpicas não requerem *necessariamente* um efeito sobre estes. Elas podem ser tão grandes que o impacto principal ou exclusivo é sobre os participantes, e não sobre quaisquer seguidores. Aqui estão quatro exemplos: Einstein, Leonardo, Keynes e Dylan. Pode não ser coincidência que eles fossem pensadores e artistas, ao invés de empresários ou políticos. Talvez as pessoas de ação precisem que seus padrões olímpicos sejam compartilhados pela equipe que deve executar o trabalho – mais de quinhentas e sessenta mil pessoas na Amazon. Em contraste, artistas e pensadores definem padrões, primária ou exclusivamente, para si próprios, pois são necessariamente os grandes criadores de seu trabalho.

Einstein – Busca por Harmonia Oculta no Universo

Ao sondar as expectativas de Einstein, descobrimos um jogador muito incomum: o arquétipo, não do cientista ou pensador normal do dia a dia, mas do homem ou mulher perfeitamente escalado(a) a descobertas monumentais. Os ingredientes necessários são a

---

70 STONE, Brad. *A Loja de Tudo*. Nova York: Little, Brown, 2013, p. 146.

curiosidade insaciável, a inteligência peculiar, a combinação paradoxal de confiança e admiração – a qual chamo de "arrogância modesta" – e uma filosofia orientadora particular.

Ainda adolescente, Einstein parece ter tido duas expectativas extraordinariamente férteis. Já tocamos em uma delas – que a natureza exibe harmonias ocultas que falam a linguagem da matemática e são precisas, invariáveis e perfeitas. Em segundo lugar, que ele havia sido colocado no planeta para erguer o manto da realidade oculta. Em um momento de estresse emocional, quando tinha dezoito anos, Einstein encontrou consolo em sua busca: "Trabalho intelectual extenuante e um olhar à natureza de Deus são os anjos reconciliadores, fortalecedores, mas implacavelmente rígidos, que me guiarão através de todos os problemas da vida"[71].

Três anos depois, ele escreveu: "Estou cada vez mais convencido de que a eletrodinâmica dos corpos em movimento, como é apresentada hoje, não corresponde à realidade e que será possível apresentá-la de uma forma mais simples"[72]. No ano seguinte, enquanto estava desempregado, Einstein disse: "É uma coisa gloriosa descobrir a unidade de um conjunto de fenômenos que, à primeira vista, parecem estar completamente separados" – algo não notado por cientistas muito mais qualificados[73]. E novamente em 1901, com a idade de vinte e dois anos, ele escreveu: "Eu fui absorvido pelo trabalho de Boltzmann sobre a teoria cinética dos gases" – Boltzmann (1844-1906), professor da Universidade de Leipzig, era o melhor físico estatístico da Europa – "e, nestes últimos dias, escrevi um pequeno artigo fornecendo a pedra angular que faltava na cadeia de provas começada por ele"[74].

---

71 Einstein para Pauline Winteler, maio de 1897, citado em ISAACSON, Walter. *Einstein*, *op. cit.*, p. 41.
72 Einstein para Mileva Maric, 13 de setembro de 1900, citado *ibid.*, p. 46.
73 Citado *ibid.*, p. 67.
74 Einstein para Marcel Grossmann, 6 de setembro de 1901.

Essas são afirmações extraordinárias feitas em um tom prático: Einstein está afirmando ter ido além de todos os cérebros mais importantes da física. Isso é o que quero dizer com "arrogância modesta" – há empolgação, mas não exultação; há certeza e confiança absoluta. Sem essa presunção, que estudante politécnico desempregado, sem qualquer credencial acadêmica, teria ousado jogar nesta liga da descoberta? Sem essas expectativas "chocantes", Einstein nunca teria decifrado o código do micromundo.

Leonardo – Conhecer Tudo sobre o Mundo

Walter Isaacson diz que "Leonardo quase não tinha escolaridade e mal conseguia ler latim ou fazer divisões longas". Ainda assim, esperava "saber tudo o que havia para saber sobre o mundo"[75]. Leonardo tinha uma qualidade de "arrogância modesta" muito semelhante à de Einstein, movida por uma curiosidade implacável.

Leonardo escreveu em seu caderno:

> O bom pintor precisa pintar duas coisas principais: o homem e a intenção de sua mente. O primeiro é fácil e o segundo é difícil, porque precisa ser representado por meio de gestos e movimentos dos membros.

Como diz Isaacson,

> [...] no final de sua carreira, sua busca de como o cérebro e os nervos transformavam as emoções em movimentos tornou-se quase obsessiva. Foi o suficiente para fazer a Mona Lisa sorrir[76].

Leonardo também foi o primeiro artista a capturar totalmente a arte da perspectiva, marcando a transição da arte medieval à arte moderna.

---

75 ISAACSON, Walter. *Leonardo da Vinci*, *op. cit.*, p. 2-3.
76 *Ibid.*, p. 88.

Leonardo esperava que os pintores não apenas registrassem a natureza, "mas também coisas infinitas que a natureza nunca criou"[77] – incluindo canhões, veículos blindados, máquinas voadoras (uma das quais se parecia com o helicóptero moderno), lagartos que se transformavam em dragões, e dezenas de outras fantasias.

Por causa de suas enormes expectativas e perfeccionismo, Leonardo deixou muitas de suas obras-primas, como a *Adoração dos Magos* e *São Jerônimo*, inacabadas. Apenas quinze pinturas atribuídas a Leonardo sobrevivem agora, mas elas o colocam entre os maiores pintores de todos os tempos.

Agora, da grande arte à grande economia, e um economista com uma inclinação distintamente artística e intelectual.

Maynard Keynes
– Somente Interessado em Ser Grande

O biógrafo Robert Skidelsky acerta o ponto: "Como muitos que aspiram a isso, Keynes pensou muito sobre a grandeza – como ela surgiu e em que consistia"[78]. Keynes não estava interessado em ser um bom economista, ele queria ser o melhor. Em um ensaio sobre Alfred Marshall (1842-1924), o maior economista inglês de sua época, Keynes escreveu que

> [...] o mestre economista deve possuir uma rara combinação de dons [...] matemático, historiador, estadista, filósofo [...] tão indiferente e incorruptível quanto um artista, mas, às vezes, tão perto do chão quanto um político[79].

Keynes claramente acreditava possuir todas essas qualidades e, dada essa expectativa, ele as tinha.

---

77 *Ibid.*, p. 263.
78 SKIDELSKY, Robert, *op. cit.*, p. 410.
79 *Ibid.*, p. 410-11.

Escrevendo sobre um gênio anterior, Isaac Newton (1643-1727), Keynes elogiou sua "intuição divina" e seus "poderes incomuns de introspecção contínua e concentrada", bem como muitas outras qualidades – "capacidade lógica, sensibilidade para os fatos de destaque, estilo, multifacetação, dons teóricos e práticos em combinação" – que Keynes afirmava serem vitais a um grande economista[80]. De acordo com Skidelsky, Keynes

> [...] percebeu que, por trás do conhecimento, com o qual ele negociou publicamente, havia um conhecimento esotérico aberto apenas a alguns iniciados, cuja busca o fascinou, como fez a Newton[81].

Talvez Newton fosse o "mentor da fantasia" de Keynes, um gênio intuitivo e um modelo para Keynes. "O pensamento de que ele [Keynes] estava dizendo algo novo parece ter estado com ele desde o início", Skidelsky nos diz, "juntamente com a convicção de que seus mais velhos eram muito estúpidos ou convencionais para entender isso"[82]. Keynes recusou-se a se limitar ao papel de economista, escrevendo como convinha a um historiador, filósofo, teólogo e estadista. "Keynes", observa Skidelsky, "sempre teve ambições intelectuais, ou gostos, excedentes às necessidades de qualquer problema econômico"[83].

As "autoexpectativas" de Keynes eram boas para o mundo. Alguém mais teria descoberto um meio-termo prático entre o capitalismo *laissez-faire* de um lado e o governo totalitário do outro – ou teria resolvido o problema do desemprego em massa sem recorrer à servidão, escravidão ou guerra?

Passamos agora de um intelectual a outro, um compositor capaz de expressar o espírito de sua época em palavras inesquecíveis.

---

80 *Ibid.*, p. 411.
81 *Ibid.*, p. 423.
82 Idem, *ibid.*
83 *Ibid.*, p. 425.

Bob Dylan – Consolidando Grandes Ideias

"Eu nasci na primavera de 1941", Dylan nos conta em seu livro *Crônicas*.

> Se você nasceu nessa época... você podia sentir o velho mundo ir embora e o novo começar. Era como atrasar o relógio para quando a. C. tornou-se d. C. Todos os nascidos na minha época eram parte de ambos. Hitler, Churchill, Mussolini, Stalin, Roosevelt – figuras imponentes que o mundo jamais veria de novo, homens que confiaram em sua própria determinação, para o bem ou para o mal, cada um deles preparado para agir sozinho, indiferente à aprovação – indiferente à riqueza ou ao amor, todos presidindo o destino da humanidade e reduzindo o mundo a escombros[84].

Não satisfeito com a companhia de governantes mundiais, Dylan também se sente parte da história anterior e de seus grandes pensadores.

> Foi dito que a Segunda Guerra Mundial significou o fim da Era do Iluminismo, mas eu não saberia disso. Eu ainda estava nela [...] eu tinha lido essas coisas. Voltaire, Rousseau, John Locke, Montesquieu, Martin Luther – visionários, revolucionários... era como se eu conhecesse esses caras, como se eles estivessem morando em meu quintal[85].

Quanto à música, bem, Dylan tinha também uma relação íntima com os grandes de lá. O *pop* era uma papa[86]. "Cantores *folk*, artistas de *jazz* e músicos clássicos" passaram no teste, porque fizeram discos de longa duração, em vez de *singles*.

> Não havia nada de fácil nas canções *folk* que cantei. Elas não eram amigáveis ou cheias de suavidade. Eu acho que você poderia dizer que elas não eram comerciais [...]. Eles

---

84 DYLAN, Bob, *op. cit.*, p. 28.
85 *Ibid.*, p. 30.
86 "pop was pap". (N. E.)

foram meus preceptores e guias para alguma consciência alterada da realidade, alguma república diferente, alguma república liberada[87].

Quanto aos cantores, Harry Belafonte fazia sucesso com Dylan não apenas por sua música – "o melhor baladeiro da terra", "um artista fantástico, cantou sobre amantes e escravos: trabalhadores forçados, santos e pecadores", "repertório completo de velhas canções folclóricas" –, mas também porque ele era maior do que a vida. "Ele também era uma estrela de cinema [...] um cara durão autêntico [...] dramático e intenso na tela, com um sorriso de menino e hostilidade rústica". "Nunca houve um artista a ter cruzado tantos limites quanto Harry. Ele tinha apelo para todos [...] metalúrgicos ou patronos sinfônicos ou adolescentes, até mesmo crianças". Harry

> [...] dizia que todos os cantores populares eram intérpretes [...]. Ele até disse que odiava canções *pop*, considerava-as lixo. Eu poderia me identificar com Harry de todas as maneiras [...]. Harry era aquele tipo raro de personagem que irradia grandeza[88].
>
> No noticiário mundial, Picasso, com setenta e nove anos, havia acabado de se casar com sua modelo de trinta e cinco. Uau [...]. A vida não havia passado por ele ainda. Picasso fragmentou o mundo da arte e o escancarou totalmente. Ele era revolucionário. Eu queria ser assim[89].

É um grande panteão, ao qual Dylan se sentiu adjacente – os grandes ditadores, mais Churchill e Roosevelt (1882-1945); os grandes filósofos, e Martinho Lutero (1483-1546); Harry Belafonte; Picasso (1881-1973). Dylan não teve nenhuma modéstia impedindo-o de se aquecer em uma grande companhia como aquela. Desde o início, ele se viu, não como um cantor ou artista, ou, Deus me

---

87 *Ibid.*, p. 34.
88 *Ibid.*, p. 68-69.
89 *Ibid.*, p. 55.

livre, como uma estrela *pop*, mas como um *profeta* dotado de grande originalidade e atitude.

> Robert Shelton, o crítico de *folk* e *jazz* do *New York Times*, faria uma resenha de uma das minhas apresentações e diria algo como "semelhante a uma mistura de um menino corista e um *beatnik* [...] ele quebra todas as regras na composição de canções, exceto a de ter algo a dizer" [...]. Não era como se eu, alguma vez, tivesse a intenção de quebrá-las [as regras]. Na verdade, o que eu estava tentando expressar estava além do círculo[90].

"Minha pequena cabana no universo estava prestes a se expandir em alguma catedral gloriosa, pelo menos, em termos de composição de músicas"[91].

Mais tarde, Dylan se tornou um homem de família e, por um tempo, entrou em uma aposentadoria parcial. "O que eu devo ao resto do mundo? Nada. Coisa nenhuma", escreveu ele, desafiadoramente. Ele já tinha certeza de seu lugar na galeria da grandeza. "Em algum momento no passado, eu havia escrito e tocado músicas que eram muito originais e influentes, e não sabia se o faria de novo e não me importava"[92].

Einstein, Leonardo, Keynes, Dylan. A primeira dupla talvez seja mais agradável do que os dois últimos, mas todos eles têm isso em comum – a maior consideração possível pelo que poderiam gerar, e uma sensação de grandeza. Eles eram iconoclastas, ousados e seguros de si próprios, esperando e exigindo nada de si mesmos, exceto aquilo que estava além do alcance dos mortais comuns. Eles esperavam produzir trabalhos da mais alta originalidade e importância. É difícil imaginar como alguém pode ser ótimo sem ter alcance e visão semelhantes. Em nossa própria liga, seja a primeira

---

90 *Ibid.*, p. 96-97
91 *Ibid.*, p. 272.
92 *Ibid.*, p. 123.

divisão ou algo que valha a pena, mas que seja menos grandioso, as grandes expectativas ainda são a parteira da grande criação.

Minha ênfase em grandes saltos à frente vai contra a corrente da psicologia educacional atual. Nela, a visão prevalecente é que o caminho mais seguro para a realização é através de uma série de "passos de bebê" – uma pequena conquista é seguida por maior confiança e outro pequeno passo e, então, por todo o caminho ladeira acima. Isso funciona bem o suficiente, especialmente a pessoas que, inicialmente, não têm confiança.

No entanto, uma grande verdade pode ser compatível com seu oposto. Estamos olhando para pessoas de *realizações imoderadas*. Elas começam com a visão de sua grandeza pessoal e, em seguida, retrocedem para preencher as etapas intermediárias necessárias. Por causa de sua autoconfiança incomum e aspiração à grandeza, quanto mais elevados os padrões, maior a conquista possível. Isso não funciona para todos. Entretanto, inversamente, não encontrei exemplos de sucesso extraordinário que não envolvessem grandes saltos à frente, com base em expectativas bastante exageradas. Se você pode se visualizar como um grande realizador, isso não garante grande sucesso – longe disso – mas o torna muito mais provável.

Resumo e Conclusão

As expectativas – dos outros por nós, de nós mesmos e de nossos associados e seguidores – tornam-se autoexecutáveis. Este é um dos poucos truques de mágica restantes no mundo, talvez o mais importante.

Portanto, defina suas expectativas o mais alto possível, de acordo com a crença de que elas podem ser executadas. Se você deseja um sucesso extraordinário, deve ter expectativas totalmente extraordinárias. O limite máximo do seu futuro é o máximo que você pode imaginar e esperar.

Embora as expectativas olímpicas sejam propriedade de uma pequena minoria, o engraçado é que as pessoas que sustentam essas crenças costumam ser obscuras e passam despercebidas, até suas presunções se concretizarem. Isso sugere que muito mais pessoas – talvez inclusive você, caro leitor – poderiam alcançar alturas insuspeitadas.

Anime-se. Existem mais sete marcos em nossa jornada. Entretanto, se você tem uma forte autoconfiança e expectativas genuinamente olímpicas, já está a meio caminho da vitória. O terreno é em declive a partir daqui. A seguir, vemos o impulso de mudança de vida que você pode obter por ter uma ou mais experiências transformadoras.

3
EXPERIÊNCIAS TRANSFORMADORAS

"O objetivo é [...] a transformação de sua mente e caráter [...] escolher locais de trabalho e posições que ofereçam as maiores possibilidades de aprendizagem".

ROBERT GREENE[93]

Uma de minhas descobertas mais emocionantes e importantes ao escrever este livro foi que quase todos os meus participantes tiveram, pelo menos, uma experiência incomum que os preparou a um sucesso extraordinário. Eles foram transformados por um evento ou episódio que os impressionou profundamente e os equipou com percepções, conhecimentos ou convicções incomuns. Sem essas experiências, talvez nunca tivéssemos ouvido falar deles. Existem implicações profundas e promissoras sobre como impulsionar sua própria carreira.

---

93 GREENE, Robert. *Maestria*, Londres: Profile Books, 2012, p. 55.

As Experiências Transformadoras de Nelson Mandela

Nelson Mandela foi destinado a um papel significativo onde cresceu, o Transquei – "um belo país", como ele nos diz em sua autobiografia, "de colinas onduladas, vales férteis e mil rios e riachos"[94]. O Transquei era uma república nominalmente independente, no sudeste da África do Sul, de 1976 a 1994, quando foi incorporada à província do Cabo Oriental[95]. A terra natal de Mandela era um remanso rural relativamente próspero, lar do povo Thembu, onde a vida continuava como há séculos.

Mandela estava ligado à casa real Thembu, e seu pai era um chefe local, privilegiado por ter várias esposas. "Embora eu fosse um membro da família real", diz Nelson, "não fui treinado para governar. Em vez disso, fui preparado, como meu pai antes de mim, para aconselhar os governantes da tribo"[96].

Entretanto, não era para ser. Duas experiências transformadoras o removeram do caminho previsível de sua linhagem, substituindo-o por um papel no cenário mundial absolutamente inimaginável em seus primeiros anos.

O jovem Mandela foi mandado à escola, o primeiro de sua família a cursá-la. "No primeiro dia de aula [...] a Srta. Mdingane me disse que meu novo nome era Nelson"[97].

Outras escolas moldaram Mandela, ampliando seus horizontes e transformando sua visão do mundo. Aos dezesseis anos, ele foi enviado para o Instituto Clarkebury, fundado em 1825, como uma missão wesleyana. O diretor da faculdade era um homem branco, o reverendo Harris. Segundo Nelson, ele "dirigia Clarkebury

---

[94] MANDELA, Nelson. *Longa Caminhada até a Liberdade: A Autobiografia de Nelson Mandela*. Londres: Little Brown, 1994, p. 3. O Transquei é parte da África do Sul.
[95] O Transquei era um bantustão, um tipo de Estado para segregação de negros na África do Sul. Haviam quatro nominalmente independentes, mas não reconhecidos fora do país e outros três com autonomia parcial, como parte da política do *apartheid*. Foram extintos com o fim dessa prática. (N. R.)
[96] *Ibid.*, p. 5.
[97] *Ibid.*, p. 15-16. Mandela não nos diz qual era seu nome Xhosa original.

com mão de ferro e um permanente senso de justiça. Clarkebury funcionava mais como uma escola militar do que como uma escola de treinamento de professores".

Nelson ficou impressionado com seu professor africano, Ben Mahlasela. "Naqueles dias", escreve Mandela, "esperava-se que um homem negro, com um diploma de bacharel, enfrentasse um homem branco, com educação primária", mas Mahlasela era uma exceção, e não seria intimidado, nem mesmo pelo poderoso chefe da faculdade. "O Sr. Mahlesela entrava sem medo no escritório do reverendo [...] ele o encontrava como um igual, discordando dele onde os outros apenas concordavam"[98]. Em simultâneo, Mandela estava se tornando consciente da injustiça enfrentada pelos negros e de uma igualdade de caráter fundamental que, uma vez afirmada com segurança, não podia ser negada.

Quando tinha dezenove anos, Mandela se juntou a seu grande amigo Justice, filho do governante regente de Thembu, em Healdtown, outra faculdade metodista, com um belo *campus* – era a maior escola africana ao sul do equador. Aqui, Nelson assimilou dois valores conflitantes, mas complementares, que moldaram sua vida – por um lado, seu amor e respeito pelo melhor da educação e dos costumes, ao estilo inglês; por outro, sua busca pela igualdade, independentemente da raça. O primeiro se refletiu no prestígio e no rigor da vida em Healdtown – "o inglês educado", diz Nelson,

> [...] era nosso modelo; aspirávamos ser "negros ingleses" [...] havíamos sido ensinados – e acreditávamos – que as melhores ideias eram inglesas, o melhor governo era inglês e os melhores homens eram ingleses[99].

No entanto, Mandela foi profundamente influenciado por dois incidentes geradores do que, agora, podemos chamar de "orgulho

---

98 *Ibid.*, p. 40-41.
99 *Ibid.*, p. 44.

negro". Primeiro, seu supervisor enfrentou o pomposo diretor, quem insistia em sua descendência do grande duque de Wellington (1769-1852), vencedor de Waterloo. Quando o supervisor, reverendo Mokitimi, lidava com uma agitação entre os alunos, o diretor Wellington se apressou para assumir o comando e exigiu saber o que estava acontecendo.

> O reverendo Mokitimi se manteve firme: "Dr. Wellington, eu sou o chefe da casa e já disse que me reportarei a você amanhã, e isso é o que farei". Ficamos chocados. Nunca tínhamos visto ninguém, muito menos um negro, enfrentar o Dr. Wellington, e esperamos por uma explosão. Porém, o Dr. Wellington simplesmente disse, "Muito bem", e saiu. Então, percebi que o Dr. Wellington era menos que um deus e o Reverendo Mokitimi era mais que um lacaio, e que um homem negro não precisava se submeter automaticamente a um branco, por mais graduado que este fosse[100].

Outro evento, relata Mandela, "para mim, foi como um cometa cruzando o céu noturno". Ao ser reunida, a escola engasgou quando o Dr. Wellington trouxe ao palco "um homem negro vestido com um *kaross* de pele de leopardo, chapéu combinando, e uma lança em ambas as mãos". O homem falou, magnética e hereticamente, em xhosa – a lança, disse ele, "representa o que é glorioso e verdadeiro na história africana; é um símbolo do africano como guerreiro e artista [...] o choque brutal entre o que é nativo e bom, e o que é estrangeiro e mau".

Pela primeira vez, Nelson se considerou um Xhosa e um africano, em uma relação ambígua com seus professores brancos:

> Eu tinha muitas ideias novas, às vezes, conflitantes, vagando na minha cabeça. Estava começando a ver que os africanos de todas as tribos tinham muito em comum [...]. E vi que

---

100 *Ibid.*, p. 45.

um africano poderia se manter firme diante de um homem branco, mas ainda estava buscando ansiosamente os privilégios dos brancos, o que, muitas vezes, exigia subserviência[101].

Duas outras transformações foram críticas. A primeira delas surgiu quando o regente reuniu Justice e Nelson – "meus filhos", disse ele sombriamente, "não ficarei muito tempo neste mundo, e antes de retornar aos meus ancestrais, é meu dever ver meus dois filhos adequadamente casados". Ele havia providenciado para que Justice se casasse com a filha de um nobre, e Nelson, com a filha de um padre Thembu. Justice e Nelson resolveram evitar as uniões. Eles escaparam para Joanesburgo por uma rota complicada e perigosa, envolvendo engano, mentiras, roubo e episódios cômicos dignos de uma subtrama cinematográfica[102].

Para Mandela, Joanesburgo era um mundo totalmente novo – estimulante, precário e extremamente difícil. Ele teve a sorte de encontrar Lazar Sidelsky (1911-2002), um judeu liberal[103] de trinta e poucos anos, sócio de um bem-sucedido escritório de advocacia. Ele fez de Nelson um escriturário articulado, uma oportunidade muito rara. Segundo Nelson, Sidelsky era um homem magro e cortês, que apoiava a educação africana com seu próprio dinheiro e o tratou com muita gentileza. Sidelsky aconselhou Nelson a evitar a política e, especificamente, a companhia de homens como Gaur Radebe (1908-?) e Walter Sisulu (1912-2003), membros do CNA (Congresso Nacional Africano) e do Partido Comunista. No entanto, Mandela foi convencido pela convicção de Gaur de que o CNA era o motor da mudança, o caminho para os africanos alcançarem a igualdade e os direitos civis. Ficou ainda mais impressionado com Walter Sisulu, a quem considerou "forte, razoável, prático e dedicado".

---

101 *Ibid.*, p. 49-50.
102 *Ibid.*, p. 65-70.
103 Entenda-se: esquerdista moderado. (N. R.)

Em 1941, o regente morreu. Nelson voltou à casa de sua infância para o funeral e passou uma semana pensando em sua vida. "Não há nada", escreveu Mandela,

> [...] como voltar a um lugar que permanece inalterado, para encontrar as maneiras pelas quais você mesmo se alterou [...]. Eu não via mais meu futuro vinculado a Thembuland e ao Transquei. Minha vida em Joanesburgo, minha exposição a homens como Gaur Radebe, e minhas experiências no escritório de advocacia, mudaram radicalmente minhas crenças. Olhei para trás, ao jovem que havia deixado Mqheskezweni como um sujeito ingênuo e camponês que tinha visto muito pouco do mundo. Agora, eu acreditava estar vendo as coisas como elas eram. Isso também, é claro, era uma ilusão[104].

Mandela passou cada vez mais tempo com Walter Sisulu, tendo morado em sua casa por vários meses. Nelson tornou-se gradualmente politizado – "Não houve um dia específico em que eu tenha dito, 'Doravante, vou me dedicar à libertação do meu povo'; em vez disso, simplesmente me peguei fazendo-o, e não poderia ser de outra forma"[105]. A transformação, de uma vida de serviço dentro da casa real Thembu à de um lutador pela liberdade, agora, estava completa.

Havia mais uma transformação extremamente desagradável à frente de Mandela. Mas que, por pior que fosse, precisou ser suportada, antes que ele pudesse cumprir seu destino de libertador da África do Sul. Examinaremos a terceira e última transformação de Nelson Mandela no próximo capítulo. Como todos os bons *thrillers*, a história é impossivelmente sombria antes do final.

---

104 *Ibid.*, p. 97-98.
105 *Ibid.*, p. 109.

A Experiência Transformadora de Jeff Bezos

Antes de lançar a Amazon, Bezos teve uma experiência transformadora em outra empresa excepcionalmente incomum. Se aquela empresa não tivesse existido e ele não houvesse obtido aquela experiência transformadora, não haveria Amazon e você e eu nunca teríamos ouvido falar dele.

Bezos ingressou na empresa D. E. Shaw & Co. ('DESCO') em 1990, quando tinha 26 anos. Ele ficou desiludido enquanto trabalhava em Wall Street, e estava prestes a abandonar o campo financeiro, quando um caçador de talentos o convenceu a conhecer a DESCO. Era um tipo diferente de empresa financeira – altamente elitista e ambiciosa, valorizando inteligência e habilidades quantitativas acima de tudo: peculiar, reservada, *geeky*, informal, mas intensamente exigente de seus funcionários.

A DESCO havia sido fundada apenas dois anos antes por David E. Shaw, um ex-professor de finanças da computação, e seu estilo a diferenciava nitidamente da empresa padrão de Wall Street. Durante os primeiros três anos, a DESCO não estava alojada em uma torre de vidro, mas no topo de uma livraria comunista no West Village. O código de vestimenta era *jeans* ou *shorts*. Bezos adorava trabalhar lá, tendo construído rapidamente um forte vínculo pessoal com Shaw. Eles eram almas gêmeas – brilhantes, metódicos, introspectivos, entusiastas e exageradamente ambiciosos. Shaw queria que sua empresa fosse tão bem-sucedida em seu campo de especialização – gestão de investimentos quantitativos – quanto a Goldman Sachs era no geral. Ele atingiu seu objetivo. Hoje, a DESCO administra US$ 47 bilhões, e tem oferecido a seus investidores o terceiro maior retorno de qualquer fundo de *hedge* do mundo, desde sua fundação[106].

---

[106] www.ft.com/content/9981c870-e79a-11e6-967b-c88452263daf, acesso em 14/jan/2023.

O negócio da DESCO não tinha nenhuma semelhança com o da futura Amazon. Ainda assim, a DESCO deu a Bezos o modelo à Amazon de quatro maneiras vitais:

- O *modelo para uma empresa com padrões incrivelmente elevados e pessoas brilhantes*;
- Mais exatamente, a *descoberta precoce da internet e de seu incrível potencial de crescimento*;
- Ainda mais especificamente, a *visão para a Amazon* se originou na DESCO;
- Ainda mais precisamente, o *primeiro produto ideal para a Amazon* foi identificado na DESCO.

Modelo para uma empresa com padrões incrivelmente elevados e pessoas brilhantes

Para Shaw, Bezos e seus colegas da DESCO, foi uma experiência incrível – intensa, apaixonada e divertida. Shaw achava que a decisão mais importante a ser tomada, por qualquer nova empresa, é o tipo de pessoa que vai contratar. Ele contratou cientistas da computação e matemáticos, porque a análise quantitativa era casa de força[107] da empresa. Entretanto, não era esse o foco mais importante. O mais importante era o poder de fogo intelectual de seu pessoal[108].

Bezos absorveu a necessidade de contratar apenas pessoas "super A" e de manter todos com padrões de desempenho muito elevados. Pessoas "A", ele percebeu, queriam trabalhar com outras pessoas "A". Admitir qualquer pessoa "B" era a ladeira escorregadia à mediocridade e ao esquecimento.

---

107 O termo *"power alley"* geralmente aparece ligado ao jogo de *baseball*. No jogo ele se localiza no campo externo, geralmente entre as linhas de defensores internos e externos, área onde teoricamente há uma segurança maior de defesa ante as rebatidas adversárias. (N. E.)
108 STONE, Brad, *op. cit.*, p. 34-35.

A *internet* mudaria o mundo – a visão para a Amazon

A tecnologia da computação era o futuro. A *internet*, intuiu ele, seria massiva. Shaw viu a DESCO como "um laboratório de tecnologia versátil, cheio de inovadores". Ele registrou a URL deshaw.com em 1992, dois anos antes de Goldman Sachs, e três anos antes de Morgan Stanley registrarem seus URLs. Shaw pediu a Bezos para trabalhar com ele a respeito de como a *internet* poderia abrir novos mercados para a DESCO[109].

Eles apelidaram a ideia de que mais gostaram de "a loja de tudo". Ela venderia uma ampla gama de bens de consumo pela *internet*. Eles também tiveram a ideia de fazer com que os clientes escrevessem avaliações dos produtos no *site*.

Bezos decidiu que a loja de tudo deveria começar com apenas uma categoria para validar o conceito. Ele fez uma lista de vinte produtos possíveis, como *software* de computador, música e material de escritório. Entretanto, o que ele mais gostava eram os livros. Uma vantagem era que todas as cópias de qualquer título eram iguais, para que os clientes pudessem ter certeza de não estarem recebendo um produto inferior. Outra vantagem é que havia apenas dois atacadistas, que mantinham quase todos os livros em estoque. Dessa forma, não seria necessário que o novo varejista na *internet* estabelecesse relacionamento com centenas de editoras. Com mais de três milhões de livros em estoque, o varejista na *internet* seria capaz de oferecer uma gama muito mais ampla de livros do que qualquer livraria[110].

Quanto mais pensava nisso, mais Bezos queria criar a loja de tudo. Porém, ele não queria fazer isso dentro da DESCO; ele precisava ser um fundador-empresário, o chefe absoluto, não um imediato, mesmo no caso de uma alma gêmea como Shaw. Na primavera de 1994, ele disse a Shaw que queria sair para abrir a livraria *online* ele mesmo.

---

109 *Ibid.*, p. 36-37.
110 *Ibid.*, p. 38-39.

Shaw levou Bezos para uma caminhada de duas horas no Central Park, tentando persuadi-lo a abrir o novo negócio dentro da DESCO, mas deixando Bezos decidir. Jeff abriu a Amazon em sua garagem, em 5 de julho de 1994. O resto você sabe.

A saga de Jeff Bezos é o exemplo mais claro do padrão mais frequente de experiências transformadoras dentro dos negócios – um trabalho estimulante e desafiador em um empreendimento de alto crescimento, levando o indivíduo a adquirir conhecimentos raros e a pensar que pode mudar o futuro abrindo sua própria empresa.

A transformação de Lênin de jovem estudante a revolucionário

Era uma vez um garoto de dezesseis anos chamado Volodya. Jovial, mas um tanto frio e retraído, tinha como dois interesses principais os estudos e o xadrez – ele se destacava em ambos. Ele era uma enciclopédia ambulante, ajudando seus colegas de escola, ora com uma tradução, ora com outros trabalhos escolares. Entretanto, não tinha amigos de verdade e reservava carinho para sua família – seu pai, mãe, irmãs e, principalmente, seu irmão mais velho, Sacha. Sua infância e início da adolescência foram idílicos, crescendo em uma família muito unida e intelectual de classe média, em Simbirsk, Rússia.

Sacha era adorado pelo menino e por seus outros irmãos. Ele frequentou a Universidade de São Petersburgo e foi brevemente ensinado pelo distinto químico Dmitry Mendeleev (1834-1907), famoso por criar a tabela periódica dos metais. Sacha era bonito, romântico, bem-comportado e integralmente dedicado aos estudos. Colecionava espécimes de insetos e tinha um fascínio particular por minhocas, compartilhado na longínqua Inglaterra por Charles Darwin (1809-1882).

Então, uma tragédia ocorreu. Em 1886, o pai de Sacha e Volodya, um funcionário público consciencioso e respeitado, repentinamente teve um derrame e morreu prematuramente.

Dezesseis meses depois, em 8 de maio de 1887, quando Volovdya tinha dezessete anos e estava fazendo um exame de geometria – pelo qual obteve notas máximas –, aconteceu algo que transformou sua vida. Naquela manhã, cinco jovens foram levados do forte de Shlisselburg[111], perto de São Petersburgo, e enforcados sem cerimônia. Havia apenas três andaimes, então, os dois últimos condenados precisaram esperar e assistir a três de seus compatriotas serem enforcados, antes de tomar sua vez. O último a morrer, seis semanas após seu vigésimo primeiro aniversário, foi Sacha. Ele beijou a cruz calmamente antes de morrer, com grande dignidade.

A família só soube da execução de Sacha no dia seguinte. Os cinco alunos haviam planejado matar o czar Alexandre III (1845-1894), que leu todo o registro do caso e admirou a transcrição do discurso de Sacha: "toda essa franqueza e honestidade [...]. É até comovente!" No entanto, ele se recusou a reverter a sentença de morte.

O efeito na família, e particularmente em Volodya, foi dramático. O luto foi agravado pela rejeição da cidade. Aqueles que tinham comparecido respeitosamente ao funeral do pai agora evitavam esta família, "contaminada pela subversão". Entretanto, nenhum deles tinha qualquer ideia do envolvimento de Sacha na política revolucionária. Volodya, em particular, foi tomado por um ódio mordaz dos "benfeitores de classe média". "Os burgueses", declarou ele infinitamente, daquele dia em diante, "sempre serão traidores e covardes".

Como escreveu seu biógrafo, Victor Sebestyen, "um jovem que raramente pensava sobre política radicalizou-se quase da noite para o dia"[112]. Vladimir Ulyanov – esse era seu nome verdadeiro

---

111 Construído em 1323 e localizado no Lago Ladoga, próximo a São Petesburgo, trata-se de uma de inúmeras fortificações medievais construídas no século XIV, na Rússia, com óbvias finalidades militares. Em batalha foi utilizado em inúmeras ocasiões, a mais célebre delas foi contra as numerosas investidas da Suécia, tendo sua posse mudado de mãos – entre ambos os países – em inúmeras ocasiões. (N. E.)
112 SEBESTYEN, Victor. *Lênin: Um Retrato Íntimo*. Londres: Weidenfeld & Nicolson, 2017, p. 47-48.

– era o primeiro de sua classe, ganhando a medalha de ouro no *Gimnasium* Clássico Simbirsk. Depois, porém, mergulhou em livros revolucionários. Na verdade, simplesmente pela associação com seu irmão, ele se tornou um homem marcado, teve a entrada negada nas melhores universidades do país, e foi monitorado de perto pelas autoridades. Os eventos de maio de 1887, diz Sebestyen, "pareciam drenar toda a alegria, modos descontraídos e bom humor que caracterizavam sua juventude. Ele estava começando a se tornar o homem altamente disciplinado e contido que as pessoas conheceriam como Lênin". Seu irmão mais novo, Dmitry, disse: "Vladimir tornou-se severamente contido, rígido, fechado em si mesmo, altamente focado"[113].

Vladimir se transformou impulsionado pela vingança e a revolução, cheio de ódio pelo regime czarista e seus "bajuladores burgueses". Em 25 de outubro de 1917, ele tomou o poder supremo na Rússia.

Sra. Thatcher – Transformada para o Sucesso Extraordinário

A Sra. Thatcher conseguiu a difícil façanha de se tornar Primeira-Ministra sem ter passado por uma experiência transformadora. No terceiro ano de mandato, ela era a personificação do sucesso *moderado*, tendo sempre desejado uma carreira na política. Como alguém que começou como uma admiradora conservadora de Churchill em seus tempos de grandeza, ela se opunha fortemente ao socialismo. Ela sempre trabalhou duro e tinha uma ideia clara de seus objetivos. Embora sua ascensão ao poder tenha sido repentina, inesperada e bastante sortuda, sua determinação laboriosa e foco simples em crenças imutáveis valeram a pena.

---

113 *Ibid.*, p. 58.

Ao contrário de Hitler, Lenin e Mandela – a quem, aliás, ela mais tarde ajudou a libertar da prisão – não houve, até 1982, nenhuma descontinuidade importante em seu caráter ou carreira. Dito isso, certamente que a mudança da Kesteven & Grantham Girls 'School, em Lincolnshire, para Oxford, marcou uma mudança dramática de ambiente. Oxford deu-lhe segurança e autoconfiança, mas não chegou a transformar a jovem Margaret Roberts, como seria de esperar. John Campbell, um de seus melhores e mais imparciais biógrafos, diz que a universidade

> [...] abriu as portas para ela e a colocou no caminho para uma carreira política. No entanto, Oxford não significava a ela, o mesmo que tantas outras pessoas, um período dourado de experimentos juvenis e autodescoberta. Em seus quatro anos por lá, ela não fez amizades duradouras e não teve nenhum despertar intelectual [...]. Na verdade, a coisa mais notável sobre sua carreira em Oxford foi o quanto a experiência pareceu mudá-la pouco[114].

Quão importante foi para Margaret Roberts ter conhecido e acabar se casando com Denis Thatcher (1915-2003), um próspero gerente e proprietário de uma empresa familiar de tintas e produtos químicos? Denis foi um soldado ilustre durante a Segunda Guerra Mundial e, embora consideravelmente mais velho do que Margaret, tinha um certo "estilo e arrojo" além de dirigir um Jaguar[115]. Casar-se com Denis foi um passo astuto e importante para Margaret. Ela deixou para trás a austeridade e o vácuo cultural de suas raízes provincianas de classe média baixa à vida mais rica dos condados ao redor de Londres. Estava livre para perseguir suas ambições políticas e seu treinamento como advogada sem precisar se preocupar com

---

114 CAMPBELL, John. *The Iron Lady: Margaret Thatcher: From Grocer's Daughter to Iron Lady* [A Dama de Ferro: Margaret Thatcher: de Filha de Dono de Mercearia a Dama de Ferro], resumo em um volume por David Freeman, Londres: Vintage, 2009, p. 11.
115 THATCHER, Margaret. *The Path to Power* [O Caminho para o Poder]. Londres: HarperCollins, 1995, p. 66.

dinheiro. Entretanto, ser a Sra. Thatcher, em vez de Srta. Roberts, chegou a modificar a "Margaret interior"? Parece duvidoso. A Sra. Thatcher disse que "certamente não" foi amor à primeira vista[116]. John Campbell diz: "Ambos foram dedicados às suas próprias carreiras, que nenhum dos dois nunca restringiu para o outro"[117].

Antes de 1982, os dois últimos eventos cruciais na vida da Sra. Thatcher – que, no entanto, ficaram bem aquém de uma transformação pessoal – foram sua eleição como líder do Partido Conservador, em 1975 e sua vitória na primeira eleição geral depois disso, em 1979. Ambos foram fortuitos. O primeiro evento deveu tudo a três fatores: sua extrema impopularidade perante os parlamentares conservadores de Ted Heath (1916-2005), o líder expulsado por ela, que havia perdido três das quatro eleições gerais e era gratuitamente rude com todos; a falta de coragem entre outros possíveis adversários para Heath; e sua própria coragem e ambição, uma parte constante de sua natureza, desde Oxford.

Sua vitória como líder conservadora foi um enigma com fortes conotações de *faut de mieux*. "Nós enlouquecemos", disse *Sir* Ian Gilmour (1926-2007), um ministro proeminente, "Ela não vai durar... ela não pode durar"[118]. O Partido Trabalhista ficou encantado com a sua eleição, regozijando-se por ela ser "absolutamente inelegível"[119]. Dentro de seu próprio partido,

> [...] sua posição permaneceu instável por todo o período de 1975-1979 [...]. Uma seção poderosa do partido, incluindo a maioria dos colegas seniores de Heath que ela foi obrigada a manter em seu Gabinete Paralelo, permaneceu visivelmente descompromissada com ela[120].

---

116 *Ibid.*, p. 22.
117 *Ibid.*, p. 23.
118 AITKEN, Jonathan. *Margaret Thatcher: Power and Personality* [Margaret Thatcher: Poder e Personalidade]. London: Bloomsbury, 2013, p. 177.
119 *Ibid.*, p. 177.
120 CAMPBELL, John, *op. cit.*, p. 78.

"Thatcher estava em uma posição fraca", diz o professor Cannadine, nobres conservadores, como Lord Carrington (1919-2018), *Sir* Ian Gilmour, Christopher Soames (1920-1987) e William Whitelaw (1918-1999) a desprezavam por seu gênero e origens sociais humildes, condescendências vividamente articuladas na descrição de Whitelaw dela: como uma "governanta". Foi o mesmo no Conservative Research Department, onde Thatcher foi descrita como "Hilda" ou "ladra de leite" [...] Thatcher não parecia o mais plausível primeiro-ministro a se esperar[121].

No entanto, Thatcher foi novamente auxiliada por eventos externos: a minúscula maioria do Partido Trabalhista, consumida pelas perdas eleitorais, deixando o governo dependente de outros partidos políticos; o péssimo histórico econômico e o extremismo de muitas figuras importantes do Partido Trabalhista, durante seus cargos de 1974-1979; o fracasso de Jim Callaghan (1912-2005), o primeiro-ministro trabalhista, em convocar uma eleição no outono de 1978, quando provavelmente a teria vencido; e, a maior sorte de todas para Thatcher, o "Inverno do descontentamento", de 1978-1979, quando, graças a trabalhadores em greve exigindo enormes aumentos salariais, o lixo se amontou em torres altas, os motoristas de ambulância se recusaram a levar os doentes ao hospital, os mortos não foram enterrados e a gasolina acabou. O governo trabalhista perdeu todo o controle: nessas circunstâncias, qualquer líder conservador teria vencido.

Portanto, em 1979, quando ela se tornou primeira-ministra, as expectativas em relação a Thatcher foram silenciadas. Ela dependia de um gabinete de ministros conservadores, muitos dos quais eram desdenhosos ou antipáticos. Embora tenha enfrentado uma situação difícil, Margaret Thatcher fez uma bagunça extraordinária em seus primeiros dois anos como primeira-ministra.

---

121 CANNADINE, David. *Margaret Thatcher: A Life and Legacy* [Margaret Thatcher: Uma Vida e Legado]. Oxford: Oxford University Press, 2017, p. 23-25.

O Professor Cannadine resume:

> Ela estava genuinamente insegura de si, mesmo agora, que havia obtido o cargo supremo [...]. No final de 1979, a inflação estava [aumentando] [...] e a confiança dos empresários havia entrado em colapso. No verão de 1980, os preços haviam aumentado 22% em um ano, o produto interno bruto havia caído 5,5% em dois anos e o desemprego ficou em 2,7 milhões, com aumento de 1 milhão nos doze meses anteriores [...] as taxas de juros foram aumentadas de 14 a 17%, o nível mais alto de todos os tempos. Na primavera de 1981, parecia que nenhuma ação do governo Thatcher estava funcionando. A estagflação estava se intensificando, os preços e salários subiam fora de controle, também o desemprego [...] suas chances de sobreviver até a próxima eleição, quanto mais de vencê-la, pareciam mínimas[122].

Apenas ela e três outros ministros do gabinete, de um total de vinte e três, apoiaram sua estratégia econômica de linha dura. A primeira-ministra sofria de "exaustão física e mental, imagem pública dura e alienação de seus amigos". Quando a Sra. Thatcher finalmente demitiu três de seus críticos mais falastrões dentro do Gabinete, um deles, Ian Gilmour, disse aos jornalistas: "Não faz mal jogar um homem ocasional ao mar, mas não adianta muito se você estiver dirigindo a toda velocidade rumo às rochas"[123].

Houve motins protestando contra o desemprego em Londres, Liverpool e outros lugares. Lord Hailsham (1907-2001), o veterano Lord Chancellor, disse a Thatcher que Herbert Hoover (1874-1964) havia conseguido destruir o Partido Republicano com sua política de austeridade e dinheiro sólido, na Grande Depressão dos anos 1930 – ela poderia destruir os conservadores da mesma maneira[124].

---

122 *Ibid.*, p. 28-32, 39-40.
123 AITKEN, Jonathan, *op. cit.*, p. 314-17.
124 MOORE, Charles. *Margaret Thatcher: The Authorized Biography: Volume One* [Margaret Thatcher: A Biografia Autorizada: Volume Um]. Londres: Penguin, 2013, p. 638.

A Sra. Thatcher insistiu em seguir seu plano econômico, pois afirmava que acabaria funcionando. Entretanto, a maioria dos ministros e outros observadores calculou que não haveria longo prazo se a dor de curto prazo não fosse dissipada, antes de uma Eleição Geral.

Isso parecia improvável. Novos desenvolvimentos políticos ameaçavam Thatcher ainda mais. Em março de 1982, quatro proeminentes figuras trabalhistas, consternadas com a nova guinada do Partido Trabalhista à esquerda, deram início ao Partido Social Democrata (SDP) e formaram uma aliança com o Partido Liberal. Os resultados eleitorais foram impressionantes, com a Aliança assumindo a liderança nas pesquisas de opinião, em determinado momento, com 50% de votos, e o Partido Trabalhista e os Conservadores rebaixados a 23% cada. O índice de aprovação da Sra. Thatcher despencou para 25%, tornando-a a primeira-ministra mais impopular desde o início da votação. Três perdas eleitorais rápidas e devastadoras, em assentos conservadores sólidos como uma rocha, ocorreram em sequência; no último deles, em março de 1982, Roy Jenkins (1920-2003), líder do SDP, obteve uma vitória famosa em Glasgow, Hillhead, e parecia que se tornaria o próximo primeiro-ministro.

Nesse tanque de tubarões, caiu um evento sísmico de proporções terríveis à posição da Grã-Bretanha no mundo. Incentivado pelos cortes de defesa britânicos e com a sensação de que a Grã-Bretanha não defenderia suas poucas colônias restantes, rumores começaram a circular, no final de março de 1982, de que o ditador argentino, general Galtieri (1926-2003), estava prestes a invadir as Ilhas Malvinas da Grã-Bretanha, um posto avançado no Atlântico Sul, onde viviam 1.800 súditos britânicos ferozmente leais.

A invasão argentina aconteceu em 2 de abril de 1982, sem oposição. Quando soube, Thatcher disse que foi "o pior momento da minha vida"[125]. O ministro da Defesa, John Nott, disse a Thatcher que recapturar as ilhas – a apenas quinhentos quilômetros

---

125 FREEDMAN, Lawrence. *The Official History of the Falklands Campaign* [A História Oficial da Campanha das Malvinas]. Londres: Routledge, volume I, 2005, p. 207.

da Argentina, mas a 13 mil quilômetros da Grã-Bretanha – era praticamente impossível.

Thatcher: "Você precisará tomá-las [as Ilhas Malvinas] de volta".

Nott: "Nós não podemos".

Thatcher: "Você terá que fazê-lo"[126].

Nesse impasse, entrou o almirante Henry Leach, chefe da Marinha britânica, que pediu sua permissão para reunir uma força-tarefa à retomada das ilhas:

Thatcher: "Nós podemos fazer isso?"

Almirante Leach: "Podemos, primeira-ministra, e, embora não seja minha função dizer isso, devemos".

Thatcher: "Por que você diz isso?"

Leach: "Porque se não o fizermos, se formos evasivos – estaremos morando em um país totalmente diferente, cuja palavra não valerá nada".

Com um meio sorriso pesaroso, a primeira-ministra deu permissão para reunir a força-tarefa[127].

A Sra. Thatcher tinha muito pouca influência diplomática e parecia provável que sua carreira terminaria em poucos dias. Na Casa, Enoch Powell (1912-1998) desenhou o nível do desafio à Sra. Thatcher: os soviéticos a chamavam, meio zombeteiramente, de Dama de Ferro; "Na próxima semana, ou em duas semanas, esta casa, esta nação, e a própria e honrada Senhora, aprenderão de que metal ela é feita", Alan Clark anotou em seu diário "como ela mantinha a cabeça baixa, como parecia atada de dor e apreensão", enquanto Powell falava[128].

Em 5 e 6 de abril, a força-tarefa partiu de Portsmouth com música militar e esposas chorando. Apesar do otimismo do almirante

---

126 MOORE, Charles, *op. cit.*, p. 666.
127 *Ibid.*, p. 667.
128 *Ibid.*, p. 673.

Leach, muitos especialistas militares consideraram que as chances de retomar as ilhas eram mínimas. A Marinha dos Estados Unidos disse que era "um esforço fútil e impossível que não teria sucesso [...] uma impossibilidade militar"[129].

Durante as seis semanas que a força-tarefa levou para chegar ao Atlântico Sul, o foco mudou à atividade diplomática ininterrupta. Para sua imensa irritação e frustração, Thatcher descobriu que a América queria evitar tomar partido entre a Grã-Bretanha e a Argentina.

A posição dos americanos era complexa e contraditória. O presidente Reagan (1911-2004) e seu secretário de Estado, Alexander Haig (1924-2010), pareciam querer qualquer resultado pacífico disponível, embora Haig, em particular, tenha persuadido o presidente a ficar do lado da Argentina; Jeanne Kirkpatrick (1926-2006), a representante permanente dos EUA nas Nações Unidas, apoiou abertamente a Argentina contra a Grã-Bretanha "colonial"; enquanto o Secretário de Defesa, Caspar Weinberger (1917-2006), apoiou a Grã-Bretanha. Secretamente, ele forneceu o uso da Ilha de Ascensão, pertencente à América, no meio do Atlântico, para reabastecimento, juntamente com mísseis Sidewinder e acesso total à inteligência dos EUA – sem os quais, vencer a guerra teria sido impossível.

A Sra. Thatcher mostrou grande habilidade com Haig e Reagan. Era um equilíbrio delicado. Ela não podia aceitar um cessar-fogo ou uma solução que recompensasse a agressão da Argentina, como a soberania conjunta britânico-argentina. Entretanto, ao mesmo tempo, ela não podia se dar ao luxo de alienar os EUA aparentando ser intransigente[130].

Reagan implorava, constantemente, para que ela concordasse com um cessar-fogo. Thatcher resistiu a todos os burocratas pacifistas, americanos e britânicos, convencida de que uma vitória militar era a única solução aceitável[131]. Com uma afinidade natural com

---

129 CAMPBELL, John, *op. cit.*, p. 194.
130 MOORE, Charles, *op. cit.*, especialmente p. 682-704.
131 CAMPBELL, John, *op. cit.*, p. 195.

as Forças Armadas, ela trabalhou para que conseguissem tudo o que queriam. Sua própria ignorância de assuntos militares ajudou, tornando-a, pela primeira vez, uma ouvinte muito boa. Philip Goodhart (1925-2015), um ex-soldado e ministro da defesa, disse:

> Ela não teria feito isso [invadido] se fosse um homem e tivesse servido nas forças armadas durante a guerra. Então, ela saberia como tudo poderia ter dado terrivelmente errado"[132].

Em vez de tentar pousar perto de Port Stanley, como os argentinos esperavam, e ajudada pelo mau tempo, a força-tarefa chegou à baía de San Carlos sem ser detectada. Em 21 de maio, quase cinco mil homens foram desembarcados em segurança.

As tropas argentinas superavam as britânicas em mais de dois para um. Porém, os primeiros eram recrutas e não estavam acostumados com o clima rigoroso das Malvinas. Em 14 de junho, as tropas britânicas recapturaram Port Stanley, e, em 15 de junho, onze mil argentinos se renderam. A guerra acabou. Thatcher foi triunfantemente vingada[133].

"Embora Thatcher tenha dado todo o crédito aos chefes de serviço", diz Cannadine, "ela foi a arquiteta suprema e beneficiária de sua vitória. Ela havia assumido enormes riscos militares e políticos, mas sua firmeza e determinação nunca vacilaram"[134].

---

132 MOORE, Charles, *op. cit.*, p. 681-82.
133 O arquipélago está sob controle britânico desde 1833. As reivindicações argentinas vêm de, pelo menos, a década de 60. Uma resolução da ONU, de 1965, propôs que Reino Unido e Argentina iniciassem negociações, que nunca chegaram a termo. Pesquisas informais do início dos anos 80 indicavam que 95% dos cidadãos prefeririam permanecer sob domínio britânico. As reivindicações recomeçaram em 2013, e um referendo desse mesmo ano teve o resultado de 98%.
Fontes oficiais indicam que o motivo da guerra foi a impaciência do governo militar argentino, já então altamente impopular, no tocante à demora nas negociações, sob a justificativa de se unificar as ilhas adjacentes (que também envolvem as Geórgias do Sul e Sandwich do Sul) ao território argentino.
Em 75 dias de guerra, o saldo foi de 649 argentinos (sendo 323 marinheiros do cruzador *General Belgrano*, afundado em 2/mai/1982) e 255 britânicos. (N. R.)
134 CANNADINE, David, *op. cit.*, p. 49.

Como a experiência das Malvinas transformou Thatcher

- *Isso deu a ela uma nova, e transcendental, autoconfiança.* A crise das Malvinas foi o momento de sua vida, disse Robert Armstrong, quando "ela viveu mais intensamente"[135]. Thatcher tinha certeza de que somente ela poderia ter feito aquilo. Foi o momento decisivo, o maior triunfo de toda a sua carreira;
- *Ela pensou que isso provava que a Grã-Bretanha poderia recuperar sua grandeza;*
- Após seu triunfo nas Malvinas, ela voltou para Downing Street, misturando-se com o povo, jovens e velhos, cantando *Rule Britannia*. "Foi o triunfo deles", disse ela. "Deixamos de ser uma nação em retirada"[136];
- Como disse Charles Moore, sua mentalidade era "conservadora e revolucionária. Ela se via como restauradora de uma grandeza britânica inerente [...]. Ao mesmo tempo, ela se via como facilitadora de uma mudança enorme"[137];
- *Ela deixou de estar em liberdade condicional com seus colegas conservadores, para obter completo domínio sobre eles*[138];
- *A agenda thatcherista completa, para salvar a Grã-Bretanha do socialismo, era, agora, capaz de emergir;*
- *Finalmente, a experiência das Ilhas Malvinas deixou a Sra. Thatcher superconfiante, intransigente e surda aos colegas próximos.* Seu sucesso na guerra a tornou cada vez mais difícil, autocrática e incapaz de chegar a um acordo.

---

[135] Citado em MOORE, Charles, *op. cit.*, p. 753.
[136] *Ibid.*, p. 753-54.
[137] *Ibid.*, p. 754.
[138] CAMPBELL, John, *op. cit.*, p. 203.

Por que uma experiência transformadora é necessária para um sucesso extraordinário

O sucesso razoável pode resultar de um plano de carreira linear e ordenado – fazer todas as coisas "certas". Entretanto, seguir um caminho convencional não levará a um sucesso extraordinário.

Por outro lado, o sucesso extraordinário pode surgir de uma ou mais experiências intensas, que despertam talentos surpreendentes ou caráter latente. As sementes da realização pessoal extraordinária são regadas e germinam durante um período de temperaturas extremas – uma crise pessoal, ou outro período de aprendizagem e teste, que marca uma descontinuidade profunda em sua autoconfiança, expectativas, conhecimento raro, direção, certeza, foco e potencial.

- Sem uma experiência transformadora, um sucesso extraordinário torna-se improvável;
- É possível projetar uma experiência transformadora para você mesmo. Portanto, posicione-se no turbilhão de eventos onde o tipo certo de experiência transformadora é mais provável.

Os participantes deste livro não planejaram conscientemente suas próprias experiências transformadoras: você é mais afortunado. Ao aprender com suas experiências, planeje uma experiência transformadora que possa catapultá-lo a um sucesso extraordinário.

Bill Bain – as Transformações de um Pesquisador de História

Ele nunca teve a intenção de ser um consultor de estratégia ou de trabalhar em negócios. Nascido em 1937, na zona rural do Tennessee, ele estudou história na Vanderbilt. Bain amava história e começou uma pós-graduação com o objetivo de se tornar um professor de história.

Entretanto, duas transformações fortuitamente o transformaram em um homem rico e uma arma formidável em consultoria e *private equity*. Embora ele agora esteja morto e em grande parte esquecido, Bain talvez tenha tido mais influência na prática global de negócios do que qualquer outro indivíduo, no século XX.

Cansado de pesquisas tediosas, ele procurou outras opções. Aos 26 anos, conseguiu um excelente emprego como diretor de desenvolvimento da Vanderbilt, encarregado de levantar fundos para a universidade por meio de chefes corporativos. Ele conheceu os chefes de muitas empresas famosas, incluindo Chemical Bank, J. P. Morgan, Kodak e o Bank of New York.

Essa foi a primeira exposição de Bain às alturas vertiginosas da América corporativa. Ele descobriu que poderia interagir facilmente com seus executivos-chefes. "Fiquei fascinado com a forma como eles chegaram lá", disse ele, "gostei muito de cada um desses caras e eles gostaram de mim. Senti-me muito confortável com eles", compartilhando interesses comuns, como "esportes, mulheres, negócios, competição, gols"[139].

A posição na Vanderbilt deu a Bain confiança para lidar em um mundo social muito diferente e exclusivo. Ele deve ter ficado satisfeito com sua habilidade em fazer com que chefes corporativos doassem dinheiro por uma boa causa. Uma vez que Bill era altamente comercial e muito interessado em dinheiro, ele pode muito bem ter se perguntado se havia uma maneira de monetizar sua empatia com os principais executivos, e entrar no mundo corporativo, o qual ele achava tão excitante e intelectualmente estimulante.

Acontece que havia, sim, uma maneira. A segunda transformação de Bill fluiu perfeita e fortuitamente a partir de sua primeira. Enquanto levantava fundos, Bill conheceu Bruce Henderson, ex-aluno da Vanderbilt. Bruce ficou impressionado com o charme e a capacidade de Bain de lidar com reuniões. Em 1967, ele abordou Bain sobre a possibilidade de ingressar no BCG. Bruce disse que, embora Bill não tivesse experiência em negócios, ele precisava de

---

[139] KIECHEL III, Walter. *Os Mestres da Estratégia*. Boston: Harvard Business Press, 2010, p. 76.

"alguém muito inteligente, que entenda, possa trabalhar e motivar executivos seniores, e ser respeitado por eles". Bain foi convidado a Boston para se encontrar com os três principais vice-presidentes do BCG. No final do dia, Bruce passou cópias de suas avaliações para Bill. Conforme Bain conta a história, eles o viam como "um cara que não tinha feito faculdade de administração e era brilhante o suficiente, mas também o eram muitos, oh, pastores, que você claramente não iria contratar"[140].

Henderson contratou Bain de qualquer maneira, treinou-o pessoalmente em viagens – gosto da história de que Bruce ensinou a Bill os princípios da "depreciação", durante um voo – e o colocou em alguns dos maiores clientes do BCG, onde ele se destacou. Henderson levou Bain com ele, em seus argumentos de venda para novos negócios.

Bain até conseguiu fazer com que Bruce – um péssimo vendedor, excessivamente opinativo, sem empatia e propenso a desviar-se por tangentes intelectuais irrelevantes – começasse fazendo perguntas aos altos executivos, em vez de lançar-se à tagarelice "bruciana". Bill e Bruce se entrosaram bem, e Bruce até respondeu ao treinamento pontual de Bill.

Bain foi se fortalecendo cada vez mais. Ele foi encarregado do trabalho com a Texas Instruments e a Black & Decker, os maiores clientes do BCG. Em 1969, Bain adicionou um terceiro mega cliente ao vender à Union Carbide uma revisão abrangente do portfólio de seis meses. Bill disse a eles: "Vamos colocar todos os seus negócios ao longo de um eixo, todos os seus concorrentes ao longo de outro; vamos juntar tudo isso e contar a você a estrutura da indústria, e em que isso vai acontecer". Como Bill costumava fazer ao vender negócios em níveis de honorários sem precedentes, ele deu a entender que essa era a prática padrão do BCG.

A quarta reunião mensal com o cliente, Warren Anderson, atrasou várias horas. Enquanto trabalhavam nos escritórios da

---

140 *Ibid.*, p. 78.

Union Carbide, Bain e seu líder de projeto, Dick Lochridge, resumiram todas as unidades de negócios de seu cliente em uma única folha de papel. Esse foi o protótipo da famosa "matriz de compartilhamento de crescimento", a Matriz BCG, que acabaria por apresentar vacas leiteiras, abacaxis, pontos de interrogação e estrelas. Ao traçar a posição de cada um dos negócios da Union Carbide em duas dimensões – o crescimento futuro do mercado e seu tamanho em relação ao seu maior concorrente ("participação de mercado relativa") – eles resumiram a atração relativa e os problemas a todas as unidades de negócios.

Quando eles entraram na reunião, Bain disse: "Warren, temos muito a lhe contar, mas aqui" – ele exibiu o gráfico – "é seu portfólio". Anderson ficou encantado[141].

Esse gráfico foi a chave para o sucesso do BCG durante os próximos dez anos e trouxe boa sorte à Bain & Co. por ainda mais tempo.

Toda a experiência de trabalhar no BCG, entre 1967 e 1973, foi a segunda transformação vital de Bill Bain. Entretanto, a transformação não teria sido completa se não fosse por uma ação fatídica, bizarra, mas inteiramente característica de Bruce, em 1970. Ele era um crente fanático no valor da competição, então dividiu o BCG em três centros de lucro – três miniempresas, efetivamente, cada uma conhecida por uma cor: vermelho, verde e azul. Bain foi nomeado líder da equipe azul, estando livre para experimentar. Logo, sua equipe foi responsável por mais receita e lucro do que as outras equipes combinadas.

Em 1973, Bain tinha certeza de que poderia ganhar muito mais dinheiro e se divertir mais abrindo sua própria loja. Henderson sentiu-se arrasado e traído. Porém, ele não tomou nenhuma ação legal para impedir Bain. Hoje, os três gigantes da consultoria global são: McKinsey, BCG e Bain.

---

141 *Ibid.*, p. 60-66.

A experiência transformadora de Helena Rubinstein

Em maio de 1896, uma jovem diminuta, vivaz, bonita e com pele requintada, falando polonês, iídiche e um pouco de alemão, embarcou no *Prinz Regent Leopold*, em Gênova. O navio tinha como destino a Austrália, via Nápoles, Alexandria, Aden, Port Said e Bombaim. Ela viajou na classe *saloon*, mais ou menos o equivalente à classe executiva, nos aviões de hoje. Embora tivesse vinte e quatro anos, ela colocou sua idade no manifesto como vinte – a primeira prática de uma vida, de revisar e romantizar sua história. Ela encantou passageiros bem relacionados e atraiu admiradores, como se tivesse nascido para uma vida de lazer.

A verdade era outra. Helena Rubinstein nascera em 25 de dezembro de 1872, na cidade judaica de Kazimierz, próxima à maior e mais próspera cidade polonesa de Cracóvia. Seu pai era um comerciante introvertido e amante dos livros, que administrava um armazém geral. Sua mãe era devota e dominadora. O dinheiro estava apertado e sua mãe planejava casar suas oito filhas, começando por Helena, com cavalheiros capazes de pagar um dote substancial.

Helena tinha outras ideias. Ela saiu de casa, mudando-se a Viena para morar com um tio e uma tia. Ele e seus três irmãos eram peleteiros prósperos. Helena trabalhou em sua loja por dois anos, vendendo habilmente aos clientes as peles mais caras. Ela gostava de trabalhar no varejo de luxo, mas até a cosmopolita Viena lhe parecia pequena demais. Na Austrália, sua prima Eva acabara de se divorciar do marido e precisava de ajuda com seus três filhos pequenos. Helena resolveu emigrar. Conta a história que levava consigo uma dúzia de potinhos de creme facial caseiro da mãe.

Depois de três anos frustrantes na Austrália como empregada doméstica, ela se tornou garçonete em dois cafés elegantes em Melbourne. Exótica e sedutora, ela logo conheceu quatro amigos que mudaram sua vida.

Eles foram o pintor Cyril Dillon (1883-1974), Abel Isaacson (1889-1962), um comerciante de vinhos bem-sucedido e elegantemente vestido, Herbert Farrow (1873-1946), um rico impressor, e o mais importante de todos, John Thompson (1837-1921), um grande importador de chá. Quando os quatro conheceram Helena, ela revelou seu plano de vender potes de creme facial, com base em sua fórmula polonesa secreta, e de abrir um salão de beleza para salvar as mulheres australianas da devastação do sol e da idade.

Seus quatro admiradores gostaram da ideia e lhe deram conselhos práticos e ajuda. Dillon, o artista, deu-lhe o logotipo de sua embalagem, baseado em um motivo egípcio, e desenhou seus folhetos, que Farrow imprimiu. Thompson a ensinou como exibir, comercializar e anunciar seus produtos. Por um tempo, ela se tornou sua amante. Muito provavelmente, Thompson e Isaacson a financiaram.

O salão foi inaugurado perto do Winter Gardens, por volta de 1903, quando ela tinha 31 anos[142]. Sucesso instantâneo – pela qualidade, apresentação e embalagem do creme facial; pela herança romântica da Europa Central que ela fabricou em torno dele; por sua maravilhosa divulgação na imprensa, baseada na precaução pelas invenções pseudocientíficas e cultivo de clientes ricos; pelo cortejo assíduo de jornalistas; e por sua perspicácia comercial de princesa camponesa. "Não existem mulheres feias", ela declarava, "apenas preguiçosas". Se você pudesse pagar por suas poções deliberadamente caras – pela primeira vez, ela dizia a verdade.

---

142 A fonte mais confiável (embora não infalível) é WOODHEAD, Lindy. *War Paint: Miss Elizabeth Arden e Madame Helena Rubinstein* [Pintura de Guerra: Elizabeth Arden e Helena Rubinstein], Londres: Virago, 2003, que diz que ela inaugurou, em 1903, em um pequeno conjunto de quartos em 138 Elizabeth Street, Melbourne, e mudou-se no ano seguinte para 242 Collins Street – consulte as p. 50-52. Extraí mais detalhes de FITOUSSI, Michèle. *Helena Rubinstein: A Mulher que Inventou a Beleza*, Paris / Londres: Bernard Grasset / Gallic Books, 2010, 2012, e de outras fontes. Ambos são livros excelentes.

As experiências transformadoras de Walt Disney e Bruce Henderson

Disney e Henderson tinham isso em comum: sua experiência transformadora vital ocorreu *depois* de terem criado os empreendimentos pelos quais se tornaram famosos.

Vimos como Disney escapou de Chicago para montar um pequeno estúdio de animação em Hollywood. A descoberta do estúdio veio cinco anos depois, quando eles criaram o Mickey Mouse. O rato transformou Walt.

Entretanto, o que tornou a experiência tão intensa não foi a alegria, mas o *desespero* para salvar o estúdio. Disney estava trabalhando especulativamente, sem um patrocinador. Ele correu por toda Hollywood tentando vender *Plane Crazy* [Louco por Aviões], o primeiro filme de Mickey Mouse. Walt e seu irmão Roy precisaram refinanciar suas hipotecas para levantar mais dinheiro. O tempo, porém, passava implacavelmente.

Quanto mais perto do desastre, mais profundamente impressa neles a experiência do Mouse se aferroava e mais doce seria o triunfo final. Walt se sentiu vingado e adquiriu uma fé autoexecutável em seu gênio e destino.

O empreendimento de consultoria de Bruce Henderson demorou a decolar. Depois de um ano ou mais no negócio, ele "tinha seis funcionários e praticamente nenhuma reputação"[143]. Eles não tinham muito a dizer.

Entretanto, Bruce sabia mais do que se dava conta.

Ele havia trabalhado para a Leland Electric Co., de Dayton, Ohio. A Leland dominava seu segmento de negócios estritamente definido – fabricando motores à prova de explosão para serem usados em bombas de gasolina. Por esse histórico, quando Henderson foi contratado pela Westinghouse, havia sido designado para seu negócio de pequenos motores, que fabricava uma ampla gama de produtos,

---

143 KIRCHEL, *op. cit.*, p. 20.

alguns dos quais competiam com a Leland. Bruce era capaz de se lembrar aproximadamente dos custos, preços e lucros da Leland sobre os produtos sobrepostos, e os comparou aos da Westinghouse. Ele ficou surpreso ao descobrir que a Leland lucrava bem com seus pequenos motores, enquanto a Westinghouse perdia dinheiro.

Como pode ser isso? Ambas as empresas tinham os mesmos preços. Entretanto, os custos de Leland eram *muito* mais baixos do que os da Westinghouse. As duas empresas tinham custos de matéria-prima e mão de obra semelhantes. Bruce suspeitava que a disparidade se devia à participação de mercado muito maior da Leland nesse segmento. De alguma forma, a Leland encontrou maneiras de fazer seus pequenos motores com mais eficiência do que seus rivais, devido aos volumes mais altos[144].

Em 1964, Bruce vendeu seu primeiro grande projeto à Norton Company of Worcester, Massachusetts. A Norton fabricava rebolos, alguns vendidos em grandes volumes para montadoras e outras grandes firmas, e outros vendidos em pequenos números para fabricantes mais especializados. Os preços da Norton estavam caindo e seus custos, subindo. Os consultores resolveram rapidamente o caso: a Norton estava sob ataque de rivais menores, que estavam escolhendo produtos de alto volume, de acordo com as necessidades das montadoras, e ganhando participação de mercado com o corte de preços. Enquanto isso, a Norton acumulavam cada vez mais produtos especializados para clientes menores, nos quais os custos unitários eram mais altos, e eles perdiam dinheiro[145].

A equipe da Boston apresentou algumas hipóteses que mudariam a estratégia de negócios para sempre:
- Os custos para qualquer empresa geralmente não são semelhantes em todos os seus produtos, mesmo que pareçam semelhantes (por exemplo, "pequenos motores" ou "rebolos");

---

144 *Ibid.*, p. 14-17.
145 *Ibid.*, p. 19-20 e, mais particularmente, experiência pessoal na BCG.

- Os preços para produtos diferentes e para clientes diferentes podem, no entanto, ser os mesmos. Se isso for verdade, os produtos e clientes de alto volume serão mais lucrativos;
- A participação de mercado em segmentos de negócios cuidadosamente definidos (por exemplo, não "rebolos", mas "rebolos para fabricantes de automóveis") é muito valiosa, porque maior volume *do mesmo produto* significa custos unitários mais baixos;
- Uma empresa provavelmente tem custos e margens de lucro muito diferentes, em produtos diferentes, dependendo de seu volume no segmento de produto / cliente corretamente definido. O que pode render muito dinheiro com alguns produtos, e perder muito, na maioria;
- Normalmente, as linhas de produtos das empresas são muito amplas. Elas deveriam se concentrar apenas naqueles em que são líderes de mercado ou têm os custos unitários mais baixos – esses dois são geralmente os mesmos;
- Uma pequena empresa, que enfrenta um rival maior, *precisa* segmentar o mercado e focar em uma ou poucas áreas onde possa se tornar a maior naquele segmento, obtendo, assim, os maiores volumes dos produtos e clientes relevantes e, portanto, os menores custos;O preço é uma arma competitiva potente. Se os preços mais baixos permitem que uma empresa ganhe participação de mercado e se torne a maior em um segmento e, portanto, tenha custos mais baixos do que qualquer rival nesse ponto, vale a pena vender com prejuízo no curto prazo para construir volume e vantagem competitiva;
- As empresas devem se esforçar para se tornarem, e permanecerem como, o concorrente de menor custo. Ganhe participação de mercado e, em seguida, reduza constantemente os custos e preços para forçar os rivais a saírem de seus mercados centrais, porque eles não estarão hábeis a ganhar dinheiro fora de lá.

A experiência transformadora de Bruce Henderson não foi a fundação de sua empresa ou seu sucesso tardio, mas a evolução de duas grandes ferramentas da estratégia de negócios – a Curva de Experiência (1966) e a Matriz BCG (1969) – e a lógica subjacente, lindamente elegante, que as conectava. A transformação de Bruce pode, portanto, ser datada precisamente em 1966-69, quando ele tinha mais de cinquenta anos.

Todos os pontos, todos os *insights* aleatórios que estavam borbulhando nos recônditos de sua mente por décadas milagrosamente se juntaram. Bruce e o BCG falaram com nova autoridade: alta participação de mercado significava custos baixos e lucros elevados. Ele era um homem possuído, ainda mal-humorado, mas subitamente realizado.

Três padrões de experiências transformadoras em negócios

Transformações pessoais nos negócios se enquadram em três categorias principais.

Primeiro, há transformações que ocorrem em uma empresa incomum, antes de você iniciar um novo empreendimento.

Lá estava Jeff Bezos elaborando o plano para a Amazon enquanto ainda trabalhava na mais notável das empresas, a D. E. Shaw & Co., uma das poucas que sabiam o quanto a *internet* mudaria o mundo. Antes mesmo da Amazon nascer, Bezos estava transformado, equipado, quase messiânico.

Lá estava Bill Bain, ainda dentro do BCG, já transformado e pilotando alegremente a abordagem que ele iria aperfeiçoar em seu próprio domínio.

Este primeiro modelo é o melhor – você pode adquirir ideias e autoridade, e começar a experimentar enquanto ainda está empregado por outra pessoa. Você se transforma sendo pago por eles. A empresa que você funda não é realmente uma *startup*, é mais uma extensão e personalização – *sua* personalização – de um protótipo validado. O novo empreendimento pode ser de risco relativamente baixo, mas ainda assim ter alto retorno tanto financeiramente quanto, mais importante, psiquicamente.

Trabalhe para uma empresa estranha, singular, surpreendente – e surpreendentemente bem-sucedida. Procure uma que esteja crescendo rápido, que faça as coisas de maneira diferente de seus rivais maiores, que se concentre em um subconjunto especial de clientes e saiba algo que os rivais não sabem. Obtenha conhecimento e confiança raros com o que a empresa sabe.

Em seguida, descubra como usar esse conhecimento especial de uma maneira diferente, assim como fez Bezos.

Na sequência, alcance as estrelas.

O segundo modelo é ser transformado começando seu próprio show.

Helena Rubinstein sabia o que queria fazer: a fórmula do seu creme para o rosto, como obter ingredientes locais, o salão que queria criar e os clientes certos. Seus amigos a ensinaram a embalar, comercializar e promover os produtos. Ela sabia que as mulheres ricas só confiariam em produtos caros. E como conversar com clientes e jornalistas.

Assim que ela apertou o botão, transformação instantânea! Fantástico. Mas raro.

Normalmente, novas equipes balançam como bêbados em uma festa, intoxicadas por seu falatório, mas não conseguem se conectar. Elas se sentem bem, até que, então, vem a ressaca.

O terceiro tipo de transformação acontece após um quase fracasso. É o mais doloroso, prolongado e indescritível. Isso pode acontecer na hora certa, antes que o dinheiro acabe, mas tende a com mais frequência não acontecer: Bruce Henderson divaga sobre planejamento de longo prazo, um beco sem saída total, enquanto seus colegas inventam a Matriz BCG, ao passo que Walt Disney não consegue vender Mickey Mouse e oscila em direção à falência final, até que ele faz o roedor falar.

O desespero pode alimentar a invenção. Soluções razoáveis estão mortas. Você desiste, ou fabrica outras, imoderadas. O esquecimento lhe acena, a menos que você invente os conceitos de estratégia ou aquele rato falante. Você insere sua última moeda naquela maldita máquina de frutas; você engasga com três barras de ouro. Pois, é claro, você era um gênio o tempo todo.

Se no começo não tiver sucesso, desista. A menos que tenha algum anjo da guarda escrevendo o último ato de filmes de final feliz hollywoodianos.

Meu conselho? Procure o primeiro meio de transformação. E se a sua primeira empresa "fantástica" não lhe transformar, siga em frente... até que verdadeiramente seja transformado por um novo conhecimento e autoridade.

Como os outros participantes foram transformados?

- Um pouco como Bezos ou Bain, *Leonardo* teve a sorte de trabalhar em uma empresa incrível. O pai de Leonardo conheceu Andrea del Verrocchio, um pintor, escultor e engenheiro, cujo ateliê era famoso em Florença. Aos quatorze anos, Leonardo foi aprendiz de Verrocchio.
Além de produzir arte, móveis, livros, mapas e globos em massa, Verrocchio também aceitou encomendas. Ele criou uma tumba aos Medici; uma estátua de bronze de Cristo e São Tomás; outra de Davi, um braço e uma mão apoiados em seu quadril, uma espada pendurada no outro braço, sorrindo, talvez, sobre a cabeça decepada de Golias.
Verrocchio ensinou Leonardo a desenhar e pintar, capturar luz e sombra, representar o corpo humano. Verrocchio o deixou pintar um cachorro e um anjo em duas de suas próprias obras[146];

---

146 *Ibid.*, p. 48-49 – veja a magnífica ilustração de *Tobias e o Anjo* de Verrocchio e Leonardo na p. 49.

- A experiência transformadora de *Bob Dylan* foi chegar a Nova York como um adolescente cru, mas incrivelmente autoconfiante, tocar canções folclóricas em clubes, *pubs*, tabernas e, de alguma forma, firmar um contrato com a Columbia Records – estabelecendo-se no caminho para se tornar um ícone;

- A experiência transformadora de *Joanne Rowling* pode ser vista como a mais rápida neste livro, ou a mais prolongada. Sua transformação começou em junho de 1990, quando tinha 24 anos, e durou apenas quatro horas. Ela estava em um trem de Manchester para Londres, que havia quebrado. Olhando pela janela, teve uma visão inspirada de um garotinho em outro trem, seguindo rumo a um internato especial para bruxos. "De repente", disse ela,

> [...] a ideia de Harry [Potter] simplesmente apareceu na minha mente. Não posso dizer por que, ou o que, a desencadeou. Entretanto, eu vi a ideia de Harry e a escola de bruxos muito claramente. De súbito, tive essa ideia básica de um menino que não sabia quem era, que não sabia ser um bruxo, até receber seu convite para a escola de magia. Nunca fiquei tão animada com uma ideia[147].

Apesar de sua empolgação, a transformação de Joanne Rowling não foi concluída em seu trem parado. Seu primeiro livro, *Harry Potter e a Pedra Filosofal*, não foi publicado até sete anos após seu primeiro sonho com o menino. A transformação de Rowling é melhor vista como um drama em três atos:

> *Ato Um* – foi sua visão no trem.
> *Ato Dois* – foi a escrita do livro, começada na mesma noite da viagem de trem, mas que não foi concluída até 1995, cinco anos depois.

---

147 SMITH, Sean. *J. K. Rowling: Uma Biografia*, Londres: Michael O'Mara, 2001, p. 81-82.

> *Ato Três* – foi ser publicada, o que não aconteceu até 30 de junho de 1997. Só então a transformação de J. K. Rowling foi completada e garantida.

Como veremos no capítulo sete, entre o Ato Um e o Ato Três, ela teve muitos contratempos. Eles teriam oprimido uma pessoa menos determinada, ou que nutrisse uma crença menos intensa no futuro de Harry Potter e Joanne Rowling.

- *Albert Einstein* foi transformado pelos quatro artigos que escreveu em 1905, os quais derrubaram as velhas certezas da física. Elas perduravam desde Isaac Newton, culminando no artigo de Einstein sobre Relatividade Especial, intitulado *Sobre a Eletrodinâmica dos Corpos em Movimento*. Um dia ensolarado em Berna, depois de quase desistir de escrever o artigo, Einstein disse que "de repente, entendeu a chave do problema": *não existia tempo absoluto*[148].

Tendo enviado o artigo, ele e sua parceira Mileva Maric comemoraram até que estivessem, como disse Einstein, "completamente bêbados debaixo da mesa". Não houve um momento de dúvida na mente de Einstein de que ele havia mudado a física para sempre, ou de que os dados experimentais acabariam provando que estava certo (que eles o fizeram). Entretanto, ao contrário de Dylan, Einstein não recebeu o equivalente acadêmico de um contrato de gravação. Embora preferisse uma cátedra, a falta de uma não diminuiu, nem um pouco, sua certeza.

Foi o suficiente que Max Planck (1858-1947), "venerado monarca da física teórica da Europa"[149], tenha escrito calorosamente a Einstein e começado a dar aulas sobre relatividade. Einstein foi transformado. Conquanto as demandas concorrentes de seu tempo incluíssem brincar entusiasmadamente com seu filho

---

148 Ver ISAACSON, Walter. *Einstein, op. cit.*, p. 107-33, especialmente 122-24.
149 *Ibid.*, p. 140.

de três anos, apresentar-se todas as semanas em um quarteto de cordas e continuar a trabalhar – oito horas por dia, seis dias por semana – no Escritório de Patentes, ele se lançou em uma nova orgia de pensamentos profundos e papéis eruditos. Assim como Bruce Henderson ao descobrir a Curva de Experiência, como Jeff Bezos, quando ele e David Shaw trabalharam no projeto da Amazon (e antes de Bezos deixar Shaw, para iniciar o novo empreendimento), e da mesma forma que Bill Bain, antes de abandonar Bruce Henderson para fundar a Bain & Co., Einstein havia se transformado. Como todos eles, ele *sabia* estar a par de ideias que ninguém mais tinha e que mudariam o mundo;

- Uma certeza transformadora semelhante afetou três outras pessoas que já conhecemos nestas páginas – *Steve Jobs*, *Paulo de Tarso* e *Viktor Frankl*.

A transformação de *Steve Jobs* se enquadra na minha terceira categoria de transformações de negócios, aquelas que acontecem *depois* de fundar sua empresa. A Apple foi fundada em 1976, mas somente no verão de 1979 Jobs se tornou sério e viu o futuro da computação pessoal. E não foi na Apple, mas na Xerox PARC, o laboratório do Vale do Silício que projetava a entrada da Xerox no mercado de computadores pessoais. Os especialistas da Xerox inventaram a interface gráfica do usuário. Ela permitiu, pela primeira vez, um *desktop* de computador no qual ícones, representando documentos, podiam ser exibidos. O usuário podia acessar tudo na tela movendo um *mouse*, soltar arquivos em pastas e imprimir um documento da tela.

Dirigindo rápido, do Xerox PARC ao *campus* da Apple em Cupertino, Jobs não parava de gritar para seus colegas, "É ISSO!", enfatizando cada palavra: "Precisamos fazer isso!" E fizeram – muito melhor e mais barato do que a Xerox – com o Lisa, e o Macintosh.

O encontro, vívido e perturbador de *Paulo* com Jesus, vivo no terceiro céu e tão real para Paulo que era como se estivesse ao lado dele, foi a visão que o tornou o evangelista mais eficaz jamais visto pelo mundo.

Antes de ser enviado aos campos, *Viktor Frankl* acreditava ter desvendado os *insights* que haviam escapado a seus precursores, Freud e Adler. A psicanálise de Freud exigia introspecção e buscava a "vontade de prazer"; A psicologia de Adler destacava a "vontade de poder". Entretanto, Frankl viu a vontade de significado como a principal força motivadora da humanidade, a busca pelo sentido da vida. A chave para o significado era o livre arbítrio. Mesmo em circunstâncias terríveis, os indivíduos ainda mantinham a liberdade de interpretar suas circunstâncias e criar significado a partir delas.

Ao chegar a Auschwitz, e separado de sua esposa, pai, mãe e irmão – que morreram todos nos campos – Frankl perdeu todos os seus bens e o precioso manuscrito do livro que estava prestes a publicar. Ele poderia muito bem ter dado lugar ao desespero e ao efetivo suicídio. Porém, tomou a liberdade de enxergar os campos como um teste. Sua missão era lembrar os temas de seu livro, anotá-los em pedaços de papel e pensar na vida além dos nazistas, quando ele poderia expor suas ideias em salas de aula. Acima de tudo, *sobreviver e viver a verdade*, para tornar tudo isso possível. Não estamos na terra para julgar o que acontece conosco, mas para perguntar o que a vida espera e exige de nós, para cumprir nosso potencial.

Frankl encontrou luz na escuridão. "Homem é aquele ser que inventou as câmaras de gás"; ele escreveu, "no entanto, também é aquele que entrou nessas câmaras de gás ereto, com a *Oração do Senhor* ou a *Shema Yisrael* em seus lábios". Ele se fixou em pensamentos sobre sua querida esposa. Quando um pássaro pulava na frente dele, Frankl o interpretava como sendo sua encarnação viva. Ele foi transformado por encontrar um significado no inferno.

Terminamos com uma experiência transformadora completamente diferente:

O Mito Pós-Moderno Definitivo – A Perpétua Transformação de Madonna

Em 1844, Karl Marx disse que Napoleão aperfeiçoou a Revolução Francesa, "substituindo a guerra permanente, pela revolução permanente". No século XX, Leon Trotsky adotou a frase de efeito "revolução permanente" para desculpar as voltas e reviravoltas do terror soviético. Com Madonna, porém, alcançamos o máximo em transformação pessoal: a *transformação perpétua*. Não basta ter uma, duas ou três transformações pessoais se você deseja se tornar e permanecer, por décadas, talvez a mulher mais famosa do mundo. Para isso, somente uma transformação permanente servirá: reinvenção perpétua com uma nova identidade ou motivo para falar dela o tempo todo.

Aprecie o veredito da jornalista britânica Ruth Picardie:

> Nossa maior heroína foi, é claro, Madonna, após ter saído da escola de reconstrução pessoal de Charlene Atlas, transformada de uma estrela *pop* atarracada em uma deusa. De repente, a contradição estava em voga. Madonna se vestia como a estrela de uma fantasia de pornografia *soft*, mas seus maiores fãs – e amigos – eram mulheres. Ela era o objeto sexual mais potente do mundo, e também a dona de sua imagem e identidade, cujo principal prazer criativo vinha de se reinventar como outros ícones, de Marilyn Monroe (1926-1962) a Mae West (193-1980). Boca suja, louca por sexo, ofensiva e católica, gostávamos tanto dela que estávamos preparados para tolerar seu mau gosto para homens[150].

---

150 PICARDIE, Ruth. "Here Comes the New Lass" ["Aqui Está a Nova Moça"]. *Arena*, verão de 1995.

Madonna abraçou muitas esferas diferentes de atividade. Dentro de qualquer domínio, ela mudava de rumo repetidas vezes, abraçando imagens diferentes, às vezes, completamente opostas. Causava polêmica sem fim e, se possível, também transgressões. Tornava a busca moderna pela Madonna "real" muito mais difícil do que aquela medieval pelo Santo Graal. Curiosamente, isso não fazia Madonna parecer inautêntica, mas mais misteriosa e profunda, dotada de um distanciamento irônico.

Acadêmicos afirmam que Madonna é "pós-moderna"[151]. Eles querem dizer que podem acreditar nela de olhos fechados, ou como uma *poseur* deliberada, ricocheteando de persona a persona, e de papel a papel, sem o menor indício de consistência. Zombando de suas pretensões, mas ao mesmo tempo as promovendo, ela afirma imunidade contra falsidade. Mesmo quando derrota a verdade, ela não mente. Ela simplesmente resume o paradoxo e, como Pôncio Pilatos, pergunta "O que *é* a verdade?"

Madonna transcende categorias de entretenimento e estereótipos, como virgem ou vampira, santa ou prostituta, dominatrix ou garotinha, e, agora, até a elegante senhora de certa idade. De alguma forma, ela consegue atrair simultaneamente o mercado *pop* de massa *e* nichos específicos, como adolescentes, *gays*, o lado selvagem do sadomasoquismo e, mais importante, o que poderíamos chamar – por nossa própria conta e risco – de feministas inteligentes. Madonna não se contenta com certos segmentos do mercado: ela quer tudo. "Mesmo quando eu era uma garotinha", diz ela, "eu queria que o mundo inteiro soubesse quem eu era, me amasse, e fosse afetado por mim"[152].

---

151 Ver particularmente o brilhante livro de GUILBERT, Georges-Claude. *Madonna as Postmodern Myth* [Madonna como Mito Pós-Moderno]. Jefferson: North Carolina: McFarland & Company, 2002.
152 THOMPSON, Douglas. *Madonna Revealed* [Madonna Revelada]. Londres: Warner Books, 1991, p. 54.

Madonna Louise Ciccone nasceu em 16 de agosto de 1958, perto de Detroit. Seu pai era engenheiro. Sua mãe, uma católica franco-canadense, morreu quando Madonna tinha cinco anos. Quando adolescente, ela era louca por dança, estudou o assunto brevemente na Universidade de Michigan, antes de largar os estudos e ir para Manhattan. Ela conviveu com músicos, DJs, artistas, *gays* e teve um breve, mas importante, interlúdio em Paris. Lá, foi celebrada pelos dois produtores de Patrick Hernandez, que teve um *hit disco* global com *Born to Be Alive*. De volta a Nova York, em 1982, Madonna teve um pequeno sucesso na pista de dança com seu primeiro *single* e um *top* vinte no ano seguinte. Seu primeiro álbum, *Madonna*, alcançou a oitava posição e, no final de 1984, aos 26 anos, ela havia vendido um milhão de discos.

Não é ruim, mas não é o suficiente para alguém transcendentemente ambicioso. Então, as transformações pessoais começaram:

- A primeira transformação de Madonna foi na persona de *Boy Toy*. Que diabos é um Boy Toy? As pistas estão no filme de 1985, *Procura-se Susan Desesperadamente*. O papel que Madonna desempenhou é, exteriormente, o de um tipo *underground* destemido de Nova York. Ela se veste de couro preto, renda preta, cintos de metal prateado, com a inscrição Boy Toy, e ostentando toda uma loja de ferragens através de contas, pulseiras, braceletes, colares, maquiagem exuberante e crucifixos. Sua aparência era barata e fácil de copiar; milhões de meninas o fizeram;
- O ápice da carreira de atriz de Madonna foi *Evita* (1996), onde ela aproveitou os paralelos entre seu culto e o de Eva Perón. "Você verá", Madonna cantou, "que eu sou Evita";
- Como Madonna, Perón foi uma heroína que veio do zero, desesperadamente faminta por fama e poder, constantemente se transformando. Perón era promíscua, *sexy*, corrupta, mas dizia ser "a Madona dos pobres". Madonna se fez parecida e se movia assustadoramente como Perón. Para ganhar o papel, Madonna passou à frente de muitas outras atrizes talentosas,

incluindo Michelle Pfeiffer, Barbra Streisand e Meryl Streep. *Don't Cry for Me, Argentina*, de Madonna, foi o número um em dezenas de países;
- Cada álbum era um motivo para uma última reencarnação de Madonna. Seu segundo álbum, *Like a Virgin* (1984), apresentou uma canção curiosamente, mas cuidadosamente, chamada de *Material Girl*, onde ela se veste como Marilyn Monroe e executa um pastiche de paródias do velho filme *Gentlemen Prefer Blondes*, notavelmente a cena clássica, em que Marilyn canta *Diamonds Are a Girl's Best Friends*;
- O lendário *videomaker* Herb Ritts (1952-2002) produziu *Cherish* (1989), onde Madonna brinca no mar com belas sereias-macho. Ela se apaixona por um. Ele deixa o oceano para viver a seu lado. Há ecos artísticos dos filmes *A Um Passo da Eternidade* (1953), *Splash* (1984) e do excelente vídeo *China Girl*, de David Bowie (1983);
- *Open Your Heart* (1990) enfureceu as feministas, e muitos canais de televisão o proibiram. Ele apresenta um *peepshow* e uma variedade de estandes exibidos de forma voyeurística. Em um deles, dois marinheiros gêmeos encantadores se entrelaçam, enquanto Madonna se pavoneia intencionalmente. Para encerrar, Madonna beija um menino de 12 anos nos lábios, levando-o ao pôr do sol;
- E então, há a moda. Com um público integrado, rico e pobre, ela define tendências e modas, aumentando sua exposição e seu saldo bancário. Madonna move grandes quantidades de camisetas, e outras roupas baratas e de alta margem de lucro, a redes como a H&M, mas também é uma modelo profissional de ponta. Ela promoveu e foi promovida por Jean-Paul Gaultier, Gianni Versace (1946-1997), Dolce & Gabbana, Oliver Thieskens e Christian Dior (1905-1957);
- Madonna, a autora – *Sex, the Book* foi lançado em 21 de outubro de 1992. A tiragem foi de espantosos 1 milhão e todas as cópias

foram vendidas rapidamente. Desde então, Madonna escreveu ou patrocinou outros nove livros, incluindo uma série de livros infantis ilustrados;
- Conforme envelhecia, a máquina de publicidade de Madonna não diminuía. Além de participações cuidadosamente controladas em programas de entrevistas selecionados, ela rouba o *show* em muitos outros eventos. No MTV Video Awards de 2003, ela beijou Britney Spears sugestivamente, proclamando: "Eu sou a mamãe *pop star* e ela é a *baby pop star*; estou beijando-a para transferir minha energia a ela";
- Nas últimas duas décadas, a atenção se concentrou cada vez mais na vida amorosa e familiar volátil de Madonna, entrelaçada com a filantropia promovida com total brilho da mídia. No *show* Live Aid de 2005, em prol da África, ela se apresentou para 200.000 pessoas no Hyde Park de Londres. Em seguida, ela patrocinou a *Raising Malawi*, uma organização para ajudar os órfãos pobres naquele país. Madonna travou uma batalha pública para adotar David, um órfão de um ano. Depois de prevalecer sobre a resistência do governo do Malawi, ela deu a David um cavalo de balanço de 5.000 libras esterlinas da Harrods. Em 2017, adotou duas irmãs gêmeas de quatro anos do Malawi e mudou-se com a família para Lisboa;
- Ela quebra recorde após recorde para seus álbuns, vídeos e turnês, ganhando dinheiro com música *pop* pura e simples;
- Por fim, Madonna também é empresária e produtora. Ela produz quase todos os seus próprios trabalhos, bem como o de muitos outros cantores, incluindo a banda britânica The Prodigy e o Erasure[153]. No mundo da música, ela é conhecida por sua astuta cabeça de negócios.

---

153 Embora o Erasure tenha tido sucesso antes de Madonna começar a produzi-los.

Madonna é para o talento performático o que a Amazon é para os bens de consumo – ela é diferente porque pensa em todos os detalhes, conseguindo, de alguma forma, fornecer um valor excelente pela atenção que recebe.

Ela é a última palavra em criação de marca pessoal. Ao longo de quatro décadas, monopolizou os holofotes. A idade e o tédio devem eventualmente cobrar seu preço, mas ainda não. Em seus sessenta anos, ela não está apenas de pé, mas jogando.

Se você não tem capital, pouca habilidade ou interesse em adquiri-lo, e não deseja abrir um negócio, mas ainda anseia por fama e fortuna imoderadas, estude Madonna cuidadosamente. Ela é o seu modelo. Madonna mostra como multiplicar talentos comuns em uma escala exponencial, produzindo resultados extraordinários.

Sumário e Conclusão

Todos os nossos participantes passaram por uma transformação pessoal – um acontecimento que os mudou profundamente, ligando-os ao seu destino. Eles adquiriram raros conhecimentos novos, rara determinação, rara autoconfiança e alguns outros dons psíquicos indefiníveis, mas onipotentes. Eles os tornaram o "homem ou mulher imoderado", de George Bernard Shaw (1856-1950), na disputa por um sucesso extraordinário[154].

As transformações pessoais exploradas neste capítulo foram todas únicas. Algumas eram realmente estranhas – conseguir um *"download"* enquanto preso em um trem quebrado, o enforcamento de um irmão mais velho, a invasão de um país que você governava, ser enviado para um campo de concentração e até mesmo uma visão transformadora de vida, do Cristo ressuscitado.

---

154 "O homem razoável se adapta ao mundo: o homem imoderado persiste em tentar adaptar o mundo a si mesmo. Portanto, todo progresso depende do homem imoderado". https://www.goodreads.com/quotes/536961, acesso em 14/jan/2023.

Nos negócios, a transformação pessoal está normalmente associada a trabalhar em uma empresa muito incomum ou criar uma.

Com poucas exceções, nossos participantes não sabiam que estavam caminhando rumo à transformação, nem escolheram conscientemente suas experiências transformadoras.

Porém, você pode, e se aspira a um sucesso extraordinário, você deve.

O próximo capítulo é, talvez, o mais importante de todos. Ele não descreve as formas de ir seu objetivo de mudança no mundo, mas sim o que essa conquista revolucionária será. É sobre o *quê*, não *como*; e é a decisão mais vital que você tomará.

4

UMA CONQUISTA REVOLUCIONÁRIA

O que é uma Conquista Revolucionária?

É aquela que muda o mundo, para o bem ou para o mal. É a diferença que os participantes fizeram em suas vidas – coisas importantes que promoveram e que não teriam acontecido sem eles.

Existem quatro características principais de uma conquista revolucionária:

- Ninguém conseguiu antes;
- Ela resume *porque* cada jogador deixou uma marca permanente no mundo;
- A maioria das conquistas revolucionárias dos participantes foram formas de invenção;
- As conquistas foram altamente pessoais e parte integrante do caráter e das idiossincrasias do indivíduo. Talvez sua maior conquista tenha sido se expressar de uma forma que não pudesse ser ignorada.

Uma conquista revolucionária nunca pode ser totalmente desfeita. Torna-se parte da história, parte do meio ambiente e do fluxo da vida, no futuro distante.

Os dezessete inventores

Para mim, foi uma revelação que as conquistas revolucionárias de dezessete dos vinte participantes foram uma forma de criação ou, mais precisamente, de invenção.

Jeff Bezos ilustra isso. *Sua obsessão e conquista revolucionárias foram sua visão peculiar para a Amazon – a "loja de tudo" da internet, caracterizada por preços e atendimento ao cliente imbatíveis.*

Bezos tornou sua visão uma realidade de uma forma especial, e muito incomum. Você percebe como a Amazon é diferente de quase todas as outras empresas? Você pode imaginar as brigas que devem ter ocorrido na sala de reuniões, quando investidores e administradores queriam aumentar os preços, a que o custo das ações pudesse ser sustentado por lucros reais?

Apenas Bezos se apegou à crença de que se você fornecer preços extraordinariamente baixos e ótimo atendimento ao cliente, sua recompensa final será enorme. Parte da conquista de Bezos veio de ser teimoso e ditatorial. Ele prega; insiste que os negócios devem ser feitos do jeito dele. Existe um culto a Jeff na Amazon, assim como havia – alguns diriam, ainda existe – um culto a Steve na Apple. Podemos entender o culto de Bezos, a partir disso – em março de 2000, a Amazon valia 30 bilhões de dólares. Nada mau. Hoje, porém, gira em torno de US$ 800 bilhões – 27 vezes mais.

Ao escrever em 2013 – quando a Amazon valia uma fração do valor de hoje –, Brad Stone, biógrafo da Amazon e de Bezos, foi presciente:

> [...] o futuro da empresa torna-se fácil de prever. A resposta a quase todas as perguntas concebíveis é sim: Jeff Bezos fará o que sempre fez. Ele tentará se mover mais rápido, fazer seus funcionários trabalharem mais, fazer apostas mais ousadas e perseguir grandes e pequenas invenções, tudo para alcançar sua grande visão para a Amazon – que não seja apenas uma loja de tudo, mas, em última análise, uma empresa de tudo[155].

---

155 STONE, Brad, *op. cit.*, p. 414-16.

Tal como aconteceu com Bezos, a grande conquista de *Steve Jobs* foi criar a Apple como ele a imaginou, moldar seu DNA, mapeando sua missão como um simplificador digital revolucionário. Com Jobs, a Apple fez dispositivos nunca antes concebidos: intuitivos, extremamente úteis, bonitos, uma alegria de usar. Walter Isaacson diz que Jobs "construiu a empresa mais criativa do mundo [...] para infundir em seu DNA as sensibilidades de *design*, perfeccionismo e imaginação que a tornam provável que seja, mesmo daqui a décadas, a empresa que melhor floresce na intersecção entre arte e tecnologia"[156].

E quanto a *Bruce Henderson*? Ele inventou a estratégia de negócios como a conhecemos hoje. Guiou o BCG em direção às suas duas apresentações que marcaram época, a Curva de Experiência e a Matriz BCG. Ele começou uma empresa única e importante.

Bruce inovou no *produto* da estratégia. *Bill Bain* inovou no *processo* de consultoria. Ele o fez funcionar melhor para empresas de consultoria e clientes, tornando as atribuições longas e abertas, aumentando enormemente os lucros da empresa cliente. O valor da Bain para o mundo fluiu da invenção de uma nova fórmula, que criou duas novas instituições: a Bain & Company e a Bain Capital. A Bain mostrou como transformar enfadonhas empresas de primeira linha *e* jovens empreendimentos a que se tornassem prodigiosamente mais valiosos para seus proprietários e clientes.

Qual foi a conquista revolucionária de *Helena Rubinstein*, a rainha dos cosméticos?

Como Bezos, Jobs, Bain e Henderson, Rubinstein foi, acima de tudo, uma inventora. Ela criou a noção moderna de beleza feminina com um pote de creme facial. Apesar de, ou talvez por causa de, todas as suas invenções, ela criou uma realidade sólida – um tratamento para as mulheres protegerem e melhorarem sua pele e aparência. Ela também fundou a primeira empresa a promover essa ideia e a

---

156 *Ibid.*, p. 565-67.

fez reverberar em todo o mundo, criando uma marca *premium* que já dura mais de um século.

Walt Disney demonstrou o mesmo padrão de criação extraordinária: invenção de seu estúdio; invenção e reinvenção de Mickey Mouse, os Três Porquinhos, Bambi, Branca de Neve e os Sete Anões, Coelho Brer, entre inúmeros outros; invenção de personagens de desenhos animados falantes, nos quais a fala e a ação eram perfeitamente integradas; e, mais tarde, a invenção da Disneylândia e sua progênie, um monumento ao passado ficcional puro e imaculado da América e a seu futuro, alimentado pela tecnologia. A Disneylândia continua sendo uma obra de arte supremamente americana, que rivaliza ou supera os lindos castelos de acampamento erguidos pelo rei Ludwig II (1845-1886) da Baviera, que antecipou Hollywood em quase um século.

Disney foi uma canalizadora e criadora de imaginação visual e cinética, dando a gerações de crianças e adultos parte de sua herança cultural e um incentivo à originalidade e invenção de muitos outros "imaginadores". Isso incluía muitos autores, cineastas e artistas muito amados por crianças e adultos hoje. Suas invenções são o legado da Disney para o mundo, a razão pela qual ele sempre será lembrado e pela qual, como todo criador bem-sucedido de personagens únicos, ele ainda aumenta nossa imaginação.

A invenção, então, é provavelmente o modelo mais comum para o sucesso extraordinário nos negócios. No entanto, é assim tão diferente fora dos negócios?

Quando *Leonardo* tinha trinta anos, ele escreveu uma carta ao duque de Milão, pedindo um emprego. Listou sua experiência em engenharia, cobrindo uma ampla gama de habilidades: projeto de veículos blindados, pontes, canhões, edifícios públicos e vias navegáveis. Apenas no final da carta, quase como um pós-escrito, ele acrescentou: "Da mesma forma na pintura, posso fazer todo o possível"[157].

---

[157] Temos apenas um rascunho da carta dos cadernos de Leonardo. Ver ISAACSON, Walter. *Leonardo da Vinci, op. cit.*, p. 1.

Leonardo não era apenas um artista, mas também um polímata. Ele era a figura quintessencial da Renascença: parte cientista, parte pensador, parte desenhista, pesquisador e instrutor de anatomia, projetista de um protótipo de tanque e máquinas voadoras, engenheiro militar, estudante do voo dos pássaros, arquiteto de monumentos, engenheiro hidráulico mas, acima de tudo, escultor e pintor. Novos conhecimentos informavam seu trabalho.

Como nossos participantes de negócios, Leonardo foi um inventor único. Seu destino era ser Leonardo.

A descoberta de *J. K. Rowling* foi inventar o mundo de Harry Potter, que cativou milhões de crianças, em todo o mundo.

A principal conquista de Madonna foi também se inventar – e se reinventar constantemente – para criar e incorporar o mito Madonna. Existe uma marca Madonna reconhecível, assim como existe uma marca Leonardo, uma marca Bob Dylan, uma marca Walt Disney, uma marca Salvador Dalí, uma marca Picasso, uma marca Leonard Cohen (1934-2016) e uma marca Bowie (1947-2016). Todos eles compartilham este paradoxo: são, simultaneamente, variados em seu trabalho e evoluíram marcadamente ao longo do tempo, mas toda a gama de produção de cada um *não poderia ser o trabalho de qualquer outra pessoa*. Eles são o trabalho deles, e o trabalho deles é eles.

A ideia de "uma conquista revolucionária" é muito mais complexa e aberta do que a simples ideia de "foco"." Empresas como Amazon, Apple ou Disney não "focam" em alguns produtos de consumo, com uma vida útil longa, como a Coca-Cola, Heinz ou Mars. Em vez disso, as novas empresas criativas inventam e reinventam continuamente novos produtos e serviços. O mesmo pode ser dito de participantes como Leonardo, Madonna, Jobs, Bezos, Dylan, Disney, Picasso, Dalí, ou Paulo de Tarso. Todos eles buscam, e alcançam, novos patamares de criatividade e percepção demonstrando exclusividade e integridade. Eles representam algo e ocupam um nicho competitivo singular. Em termos de negócios, eles têm cem por cento de participação em seu segmento.

Existem milhões de empresas no mundo, mas apenas uma Amazon, uma Disney, uma Apple, um BCG, uma Bain & Company. Existem sete bilhões de indivíduos no planeta, mas apenas uma Madonna, um Bezos, um Dylan.

Bob Dylan é um cantor-poeta com atitude intensa – talvez o mais proeminente do gênero. Ele tinha algo a dizer, disse de maneira memorável, e pelo menos dois de seus hinos perdurarão.

A abordagem distinta de *Albert Einstein*, que o distinguiu de outros grandes físicos do século XX, foi sua confiança em conceitos e experimentos mentais, em vez de conduzir experimentos ou trabalhar com dados volumosos para reunir *insights*. Como ninguém fez desde Newton, Einstein procedeu por um pensamento profundo a partir de primeiros princípios. Ele partiu de axiomas irrefutáveis e observações comprovadas indubitáveis, construindo em cima destes para avançar em direção a uma nova hipótese sobre a natureza do universo. A descoberta de Einstein foi sua teoria da relatividade, alterando para sempre a face da Terra. À sua maneira, em sua própria esfera, *Bruce Henderson* fez exatamente a mesma coisa, construindo uma nova teoria da competição a partir de primeiros princípios. É um método poderoso, baseado puramente no pensamento intensamente árduo, alimentado pela curiosidade e imaginação, e não por novas análises e dados. Se você aspira a uma invenção revolucionária, recomendo. Realizações revolucionárias não exigem gênio. Elas podem ser fruto de pensamentos árduos, de gente como Henderson e, ouso afirmar, de você e eu.

Vladimir Lenin criou o comunismo russo. Pela primeira vez, a teoria de Marx foi testada na prática. Lenin fez seus seguidores acreditarem que poderiam suplantar os czares e governar a Rússia através de uma ditadura implacável de alguns milhares de revolucionários disciplinados e comprometidos, apoiados pela polícia e pelo exército. Após seu golpe de Estado, em 25 de novembro de 1917, Lenin não desistiu do poder. Nas primeiras eleições livres da Rússia, os bolcheviques de Lenin se saíram mal. Receberam apenas

24 por cento dos votos, contra os 39 por cento conquistados pelos moderados e democratas Revolucionários Socialistas.

Em 5 de janeiro de 1918, Lenin declarou a lei marcial, enchendo Petrogrado com tropas e Guardas Vermelhos. Eles atiraram em manifestantes desarmados, que se manifestavam a favor da Assembleia eleita. Quando os bolcheviques perderam a primeira votação na Assembleia, eles a deixaram para retornarem com os Guardas Vermelhos, que expulsaram os delegados. Lenin dissolveu a Assembleia e iniciou um reinado de terror. Em pouco tempo, havia um Estado comunista de partido único, que durou até 1989. Provavelmente, Lenin teve mais influência no século XX do que qualquer outra pessoa.

A reivindicação da fama de *Viktor Frankl* foi que ele inventou a Logoterapia, melhor chamada de psicologia do significado. Ele abriu o caminho para a "psicologia positiva" de hoje, associada a Martin Seligman e outros. Todos nós ganhamos vida com um conjunto único de significados potenciais possíveis de cumprir, sejam quais forem as nossas circunstâncias. Sempre temos livre arbítrio, e não existe verdadeira liberdade sem responsabilidade.

Devemos nos preocupar com sucesso e felicidade? Não, diz ele. Quanto mais você fizer deles um alvo, mais você vai errar.

> A felicidade deve acontecer – e o mesmo vale para o sucesso – e você precisa permitir que aconteça não se preocupando com ela [...]. escute o que sua consciência ordena [...] e cumpra com o melhor de seu conhecimento. Então, você viverá para ver isso no longo prazo – no longo prazo, eu digo! – o sucesso o seguirá, precisamente porque você se esqueceu de pensar nele[158].

No primeiro dia de 1936, John Maynard Keynes escreveu a George Bernard Shaw, dizendo que seu livro, a ser publicado no final daquele ano, "iria revolucionar amplamente – não de uma

---

158 FRANKL, Viktor E. *op. cit.*, prefácio da edição de 1984 de *Em Busca de Sentido*, Nova York: Touchstone.

vez, suponho, mas no decorrer dos próximos dez anos – a forma como o mundo pensa sobre os problemas econômicos"[159]. Não foi uma ostentação inútil.

Até 1936, era geralmente aceito que, nas recessões, o alto desemprego era inevitável. Keynes disse que não: o governo ou os bancos centrais poderiam intervir para investir e criar demanda[160]. Assim, multiplicariam o benefício desse investimento. Quando a economia se recuperasse, o governo poderia ficar à margem, elevando impostos nos tempos bons para investimentos na próxima recessão.

A eliminação do desemprego, portanto, não precisava custar a liberdade ou a eficiência. Keynes foi o pioneiro de uma nova teoria da Economia, ao mesmo tempo, mais gentil e eficaz. Ele inventou uma maneira de evitar o desemprego em massa, sem ser escravizado pelo comunismo ou pelo fascismo.

A descoberta de *São Paulo* foi dar um ímpeto irrevogável ao movimento hoje conhecido como Cristianismo que, de outra forma, não teria se tornado uma religião mundial.

Paulo identificou um mercado-alvo novo, e muito maior, para o que era uma minúscula seita judaica indo a lugar nenhum[161]. Então, ele a modificou: foi o primeiro líder religioso do mundo a oferecer uma mensagem de otimismo supremo e universal. Ele forneceu o primeiro e melhor relato escrito da nova fé.

Em vez dos judeus, o mercado-alvo de Paulo era todo o Império Romano, o centro do mundo conhecido.

---

159 BUTLER-BOWDEN, Tom. *50 Economics Classics* [50 Clássicos da Economia]. Londres: Nicholas Brealey, 2017, p. 131.
160 Nesse ponto interrompemos a leitura para novamente recomendar um título de Mises, também publicado em 2018 pela LVM, *Intervencionismo*, onde ele refuta essa ideia de Keynes de maneira magistral. Isso sem falar de sua obra magna, *Ação Humana – um tratado de Economia*. (N. R.)
161 Eis aqui uma visão mais mercadológica do que teológica da religião, particularmente do cristianismo. No caso presente, ainda que apenas na primeira sentença do parágrafo, trata-se de um anacronismo. (N. R.)

O otimismo de Paulo repousava na promessa do amor de Deus e da vida eterna para qualquer um que acreditasse em Cristo.

As cartas de Paulo pretendiam resolver problemas imediatos, em vez de definir uma fé. No entanto, elas foram a inspiração central aos cristãos pensantes, durante mais de dezenove séculos.

Paulo pretendia começar uma nova religião?

Não. Ele esperava o fim do mundo muito em breve.

Paulo – quaisquer fossem suas intenções – criou uma nova religião?

Sim. Talvez ele tivesse ficado chocado, talvez encantado, talvez apenas confuso.

Agora, para o último de nossos inventores neste capítulo:

Otto von Bismarck: o Evangelho do Oportunismo Estratégico

Bismarck foi o maior estadista europeu do século XIX. Ele unificou novamente a Alemanha, redesenhando o mapa da Europa como queria. Embora amplamente esquecida hoje, a abordagem de Bismarck para conseguir o que quer – chamo-a de "Oportunismo Estratégico" – pode ser copiada por você ou por mim com excelentes resultados.

Ele nasceu em 1º de abril de 1815, em uma propriedade rural aristocrática na Prússia, então, a maior de muitos estados alemães separados. Após a universidade, em Göttingen e Berlim, ele se interessou pela política. Aos trinta e seis anos, inesperadamente foi nomeado delegado prussiano à Convenção Federal (parlamento) em Frankfurt, onde os estados alemães conversavam entre si, e com seu Grande Irmão, a Áustria. Ele deu um golpe, recusando-se a permitir a união da Áustria ao *Zollverein*, a área de livre comércio criada pelos estados alemães, que provaria ser a base do sucesso industrial alemão. Excluída deste mercado comum, a Áustria permaneceu relativamente atrasada.

Depois de oito anos em Frankfurt, a carreira de Bismarck sofreu um golpe aparentemente terminal em 1859, quando o novo regente, o príncipe Guilherme[162], assumiu o governo prussiano. Ele considerava Bismarck um reacionário selvagem e o despachou como embaixador prussiano, primeiro, na Rússia e, depois, na França. Então, de repente, Bismarck teve sua grande chance.

Em 1861, quando Guilherme se tornou rei, ele entrou em conflito com o Parlamento Prussiano. Nem o monarca, nem o parlamento, tinham domínio. O rei nomeava ministros, mas o Parlamento poderia rejeitar suas propostas. Em 1862, o parlamento rejeitou esmagadoramente o orçamento proposto pelos ministros do rei, causando um impasse. O primeiro-ministro, Albrecht von Roon (1803-1879), esperava uma solução da parte de Bismarck, e trabalhou duro para colocar Guilherme e Bismarck na mesma sala. Em 18 de setembro, ele telegrafou a Bismarck para vir imediatamente ao encontro de Guilherme.

O rei não sabia disso, e não desejava ver Bismarck. Em 20 de setembro, Roon tentou persuadir Guilherme a ver Bismarck. O rei disse, asperamente, que Bismarck poderia ser mais capaz do que Roon para resolver o impasse, mas isso era discutível, porque "é claro que Bismarck não está aqui". "Ele está aqui", respondeu Roon, "e pronto para servir a Vossa Majestade".

Guilherme precisava ver Bismarck. Este último atacou precisamente, no momento certo. A questão, disse ele ao rei, era simples: "Governo real ou a supremacia do Parlamento".

Exasperado com o Parlamento, e não vendo outro caminho a seguir, Guilherme relutantemente concordou em dar uma chance a Bismarck, tornando-o primeiro-ministro. Isso transformou Bismarck completamente e, em pouco tempo, também o equilíbrio de poder na Europa.

"A transformação", diz o historiador A. J. P. Taylor (1906-1990), "começou assim que ele assumiu o cargo. Ele assumiu o poder com a convicção urgente da proximidade de uma grande revolta nacional".

---

162 Guilherme I da Alemanha (1797-1888).

"Bismarck tinha 47 anos quando se tornou primeiro-ministro. Nenhum homem jamais assumiu o cargo supremo com uma experiência mais limitada". Nunca um ministro, ele foi inadequado para altos cargos por muitos motivos, e parecia ser um zelador temporário[163]. No entanto, Bismarck permaneceu no comando durante 27 anos, conseguindo o que queria em todas as questões importantes.

Como ele fez isso?

Seu Oportunismo Estratégico – que eu imitei, e recomendo a você, como uma rota para o sucesso extraordinário – combinava dois elementos, geralmente vistos como contraditórios:

- Determinação extrema na estratégia, aliada a
- Extrema flexibilidade nos meios e no tempo de ação, reagindo a eventos aleatórios e aproveitando qualquer oportunidade apresentada por eles para avançar em seus objetivos estratégicos.

Bismarck não planejava eventos. Apesar de impulsivo e nervoso, obrigava-se a esperar pacientemente o momento certo para tomar a iniciativa.

"Os eventos", disse ele, "são mais fortes do que os planos dos homens". "O homem não pode criar a corrente de eventos. Ele só pode flutuar com ela e manobrá-la"[164].

O objetivo de Bismarck era unir toda a Alemanha – então dividida em uma multiplicidade de estados independentes – em um império governado pela Prússia e por ele mesmo. Bismarck, diz A. J. P. Taylor,

> [...] afirmava que a Europa não estaria em paz até que seus povos fossem separados em nacionalidades ou, como ele preferia dizer, em "tribos". Bismarck não considerava o nacionalismo como algo elevado ou moral. Ele simplesmente o aceitava como inevitável e desejou estar do lado vencedor[165].

---

163 TAYLOR, A. J. P., *op. cit.*, p. 64 e 53, respectivamente.
164 *Ibid.*, p. 60 e 70.
165 *Ibid.*, p. 64.

O nacionalismo tinha outra atração para Bismarck: era popular entre a classe política em toda a Alemanha. Aproveitar a onda do nacionalismo foi o caminho para um poder maior à Prússia e para ele mesmo. Os membros liberais do parlamento – que sempre foram influentes e, muitas vezes, a maioria – eram nacionalistas convictos.

Em seus primeiros nove anos como primeiro-ministro, Bismarck foi de triunfo em triunfo, vencendo três guerras curtas contra a Dinamarca (1864), a Áustria (1866) e a França (1870-1871). Em 1867, Bismarck encurralou os vinte e um estados alemães ao norte do rio Meno, na Confederação da Alemanha do Norte, com o rei prussiano como presidente e Bismarck como chanceler.

Os eventos continuaram a sorrir para Bismarck. Napoleão III (1808-1873), o imperador francês, havia seguido uma política externa aventureira e malsucedida. Seu regime estava em declínio e precisava de um sucesso estrangeiro para sustentá-lo.

De súbito, algo estranho aconteceu em Madrid. O trono espanhol foi oferecido ao príncipe Leopoldo de Hohenzollern (1835-1905), filho do rei Guilherme da Prússia, que o aceitou com relutância. Em 2 de julho de 1870, chegou a Paris a notícia da eleição iminente de Leopoldo como rei da Espanha. O novo ministro das Relações Exteriores da França, Gramont (1819-1880), viu isso como sua oportunidade de humilhar a Prússia e restaurar o prestígio da França na Europa. Em 6 de julho, ele ameaçou a Prússia com guerra, exceto se Leopoldo concordasse em não assumir o trono da Espanha. Essa era uma exigência impertinente e imoderada. A guerra parecia provável e Bismarck esperava que proporcionasse a oportunidade da qual precisava.

Porém, o enredo da história, assim como nossas próprias vidas, não é uma linha reta: ele anda em zigue-zague. A crise desapareceu assim que estourou. Nem Leopoldo nem Guilherme queriam o envolvimento do primeiro nos assuntos espanhóis. Eles decidiram que Leopoldo deveria se retirar.

França 1, Prussia 0. Bismarck ficou arrasado.

Em seguida, a França marcou um gol contra. Em 13 de julho, Napoleão III e Gramont reacenderam as brasas do fogo, dando ao rei Guilherme um novo ultimato. Ele precisava se desculpar pela candidatura de Leopoldo e prometer que ela nunca seria revivida. Do contrário, a França declararia guerra à Prússia.

Guilherme, que estava em seu palácio em Ems, rejeitou sensatamente essas exigências. Entretanto, reiterou que a candidatura de Leopoldo estava morta.

Só agora Bismarck agiu. Ao contrário de Guilherme, ele percebeu que a França queria uma guerra, sob qualquer pretexto. E Bismarck avaliou que a Prússia poderia vencer a guerra, se fosse apoiada pelos outros estados alemães e, então, unir a Alemanha – algo que, de outra forma, a França teria resistido.

Com o rascunho da resposta de Guilherme de Ems à sua frente, Bismarck editou as frases conciliatórias de Guilherme e enfatizou a verdadeira questão: a França havia feito exigências ultrajantes sob ameaça de guerra, e Guilherme as rejeitou. Ele despachou o famoso "Telegrama de Ems" para Napoleão e Gramont, declarando guerra à Prússia.

Toda a Alemanha – até mesmo os oponentes de esquerda de Bismarck – apoiou a guerra, com entusiasmo. Com tropas de outros estados alemães, a Prússia derrotou a França, muito rapidamente. Guilherme foi proclamado imperador alemão, em 18 de janeiro de 1871, em Versalhes, com as tropas alemãs ainda em solo francês.

Bismarck havia alcançado a ambição de sua vida. Daí em diante, seu desejo seria preservar a paz da Europa e permanecer no poder. Ele fez isso com alegria, nas duas décadas seguintes.

Os três pontos fora da curva

Os três pontos fora da curva são Churchill, Thatcher e Mandela, porque eles não eram essencialmente inventores. Digo "não essencialmente", porque pode-se argumentar que todos os três foram os pioneiros de uma nova abordagem. Churchill provavelmente inventou, e certamente levou ao sucesso, o antinazismo. Mandela reinventou o CNA como um partido de governo, em vez de protesto e luta armada. Quanto a Thatcher, ela inventou e solidificou o thatcherismo como uma nova forma de combater o socialismo, e administrar uma economia de livre mercado.

O problema de dizer que esses três participantes foram inventores não é tanto o que isso afirma, mas o que deixa de fora. Ou seja, realizações práticas um tanto excepcionais e liderança em circunstâncias únicas.

O Destino de Churchill

Churchill sempre foi um político carismático e empolgante, cuja eloquência era incomparável. No entanto, ele não se destacou, até se tornar primeiro-ministro, na mais terrível emergência da Grã-Bretanha. Esse evento em si, e os anos 1940-45, marcaram a transformação de Churchill, de fracasso político em salvador do mundo. Essa foi a época em que ele, como escreveu mais tarde, "caminhou com o destino"[166].

Qual foi exatamente sua grande conquista? Tudo começou em 1932, e não foi totalmente desenvolvida até a vitória, em 1945. Era impedir Hitler, usando todos os meios à sua disposição: coleta de fatos, introspecção, oratória, intriga, obstinação, força de vontade e obsessão. Todos esses meios haviam sido implantados, sem efeito aparente, durante muitos anos.

Mesmo antes de Hitler chegar ao poder, Churchill explicou à Câmara dos Comuns o perigo representado pela Alemanha. "Não se iludam", disse ele, em 23 de novembro de 1932, sobre o desejo da Alemanha de se rearmar,

---

[166] "Tive consciência de uma profunda sensação de caminhar com o destino": CHURCHILL, Winston S. *The Gathering Storm – Volume I of The History of The Second World War* [A Aproximação da Tempestade – Volume I da História da Segunda Guerra Mundial]. Londres: Penguin, 1948, 2008, p. 526-27.

> [...] que tudo o que a Alemanha está pedindo é uma situação de paridade [...]. Todos esses bandos de robustos jovens teutônicos marchando pelas ruas e estradas da Alemanha, com a luz do desejo em seus olhos de sofrer por sua Pátria, não buscam paridade. Eles estão procurando por armas e, quando as tiverem, acreditem, pedirão a devolução de territórios e colônias perdidas, e quando essa demanda for feita, não poderão deixar de abalar, e possivelmente estilhaçar em suas fundações, cada um dos países que mencionei – França, Bélgica, Romênia, Tchecoslováquia e Iugoslávia – e alguns outros países que não mencionei.

"Digo com toda a franqueza, embora possa chocar a Casa", continuou Churchill, *"que preferiria ver mais dez ou vinte anos de paz unilateral do que ver uma guerra entre potências igualmente equiparadas"*[167].

Em 16 de março de 1933, depois de Hitler se tornar chanceler, Churchill disse que as notícias da Alemanha eram cada vez mais agourentas.

> Quando observamos, com surpresa e angústia, a tumultuada insurgência de ferocidade e espírito de guerra, o tratamento impiedoso das minorias, a negação das proteções normais da sociedade civilizada a um grande número de indivíduos, apenas por motivos raciais,

disse ele, não devemos esperar que essas paixões ferozes sejam confinadas apenas à Alemanha[168].

Em outro discurso, em 13 de abril de 1933, Churchill disse ao parlamento que era

> [...] extremamente perigoso falar levianamente sobre o rearmamento alemão e dizer que, se os alemães decidirem fazê-lo, ninguém poderá impedi-los [...]. A ascensão da

---

167 Citado em GILBERT, Martin. *Winston Churchill: The Wilderness Years* [Winston Churchill: Os Anos de Isolamento]. Londres: Book Club Associates/Macmillan, 1981, p. 54-55.
168 *Ibid.*, p. 60.

Alemanha a qualquer coisa, como igualdade militar com a França, a Polônia ou os pequenos Estados, significa uma renovação de uma guerra geral europeia.

Ele passou a chamar a atenção para a remoção de todos os judeus de cargos públicos, a campanha de propaganda antijudaica de Hitler, e a abertura de um campo de concentração, em Dachau, para judeus e outros "inimigos" dos nazistas. Se essas "condições odiosas que agora governam na Alemanha" fossem estendidas à Polônia, o resultado seria "outra perseguição e *pogrom* de judeus, iniciado nesta nova área"[169].

Só depois que Hitler havia quebrado todas as promessas e invadido país após país, conforme previsto por Churchill, e parecia prestes a invadir a Grã-Bretanha, seu *establishment* político, de repente, despertou. Em maio de 1940, após anos de surdez coletiva, eles relutantemente nomearam Churchill primeiro-ministro, simplesmente porque ele estava certo sobre a ameaça existencial de Hitler e era o único homem que sabia como combatê-la. Então, Churchill acrescentou outras qualidades: a capacidade de inspirar quase todo o povo britânico e, na hora certa, e com alguma ajuda de seu inimigo japonês, conseguir cortejar e conquistar o presidente Roosevelt, sem cuja ajuda ele sabia ser impossível ter sucesso. Finalmente, Churchill provou ser um formidável senhor da guerra.

Esses atributos, todos vitais, foram combinados e organizados por Churchill a serviço de uma missão que tudo consumia: salvar a Grã-Bretanha, e o mundo, da subjugação nazista.

Churchill não precisava ser um inventor: sua missão era maior. Ele não precisava inventar uma filosofia, um partido político, um sistema, ou qualquer outra coisa – ele apenas precisava *ser Churchill*, a pessoa, provavelmente a única pessoa, capaz de reunir o mundo para derrotar Hitler.

---

169 *Ibid.*, p. 62.

Churchill mostra que uma conquista revolucionária pode ser derivada de, e pode se tornar idêntica a, uma missão única e autodefinida, na qual colocamos nosso coração e alma.

Você pode querer se perguntar:

- *O que eu poderia inventar* para transformar nossas vidas e as de muitas outras pessoas?
- *Que missão pessoal* me daria energia e transformaria meu impacto?

Será que Churchill se sentou à beira de um lago, em sua adorável casa em Chartwell, colocou de lado a pintura e decidiu que precisava de uma missão pessoal, que assumisse o controle de sua vida e se tornasse uma figura de destaque no cenário mundial? Claro que não! Ele foi para a Alemanha por motivos totalmente pessoais e viu o que estava acontecendo. Gangues de jovens alemães furiosos aterrorizando qualquer judeu ou comunista que encontrassem, a força bruta esperando que Hitler assumisse o comando para seus propósitos pervertidos. Ele ficou indignado que isso pudesse acontecer na terra de Goethe e Beethoven, um lugar com mil anos de aprendizado e cultura, e temia pelo futuro da Europa e a independência do Império Britânico. Tudo poderia cair sob o domínio da bota nazista.

Ele percebeu algo que o resto da classe dominante não percebeu: que Hitler poderia ser interrompido, e precisava ser interrompido, antes que fosse tarde demais. Toda a eloquência, contatos e força de personalidade de Churchill não foram suficientes para defender seu caso, até que Hitler o fizesse por ele.

A Missão da Sra. Thatcher

A conquista de Thatcher foi matar o dragão do socialismo, reverter o declínio da Grã-Bretanha e fazer os britânicos orgulhosos de seu país novamente. Ela se revela em suas memórias:

"Chatham" – o primeiro-ministro britânico, de 1766 a 1768 –

> [...] fez a famosa observação: "Eu sei que posso salvar este país e que ninguém mais pode". Seria presunção me comparar a

Chatham. Entretanto, para ser honesta, devo admitir que minha satisfação vinha de uma convicção interior semelhante[170].

Por meio de uma combinação de coragem extraordinária e sorte suprema, a Sra. Thatcher cumpriu sua missão. Ela quase certamente tinha razão: ninguém mais poderia ter feito aquilo, certamente não do jeito que ela fez, e provavelmente de forma alguma. Quase ninguém mais na classe política, das décadas de 1970 e 1980, teria sequer tentado.

O Destino de Nosso "Terrorista Favorito"

E quanto ao nosso ponto fora da curva final, Nelson Mandela?

Você deve se lembrar que o deixamos após sua primeira transformação: sua fuga, quando jovem, para Joanesburgo e a exposição aos holofotes do Congresso Nacional Africano (CNA), resultando em sua nova autoimagem como um lutador pela liberdade. Nelson precisou passar por uma transformação muito dolorosa, mas essencial, antes de poder cumprir sua missão: sua prisão, durante 27 anos. Os primeiros dezoito anos de seu confinamento, de 1964 a 1982, foram passados no árduo campo da Ilha Robben, a uma curta viagem de barco da Cidade do Cabo, mas a um mundo de distância de todo o resto. Quando fiz a peregrinação obrigatória à feia ilha, na década de 1990, não conseguia acreditar como sua cela era minúscula, nem como alguém poderia manter sua dignidade sob tais circunstâncias.

Na Ilha Robben, ele se tornou, aos olhos do CNA, do regime do *apartheid* da África do Sul, do mundo e, mais importante, embora nunca tenha dito isso, aos seus próprios olhos, seu líder *de facto* indiscutível. Tornou-se evidente aos líderes mais inteligentes do Partido Nacionalista governante – uma crosta bastante fina, mas

---

170 THATCHER, Margaret. *The Downing Street Years* [Os Anos de Downing Street]. Londres: HarperCollins, 1993, p 10.

crucial, na viscosa torta da política sul-africana –, que aqui estava um homem com quem eles talvez pudessem fazer negócio[171].

De 1971 em diante, um fluxo pequeno, mas crescente, de visitantes visitou a cela de Mandela na Ilha Robben. Eram, principalmente, "autoridades" tentando testar sua atitude em relação a um possível acordo entre o regime e o CNA[172]. Mandela conduziu essas reuniões com habilidade, uma mistura de pragmatismo pessoal e firme insistência de que qualquer acordo precisaria envolver "uma pessoa, um voto" para todos os sul-africanos. Apenas Mandela poderia ter feito isso – seu charme pessoal, modéstia e humanidade, atenuaram sua postura política intransigente e, finalmente, convenceram seus visitantes de que uma guerra civil brutal poderia ser evitada ao conceder o que Mandela exigia. Ambos os lados temiam, com razão, a violência horrível do outro[173].

Em 2 de fevereiro de 1990, o presidente Frederik Willem de Klerk (1936-2021) anunciou o desmantelamento do *apartheid*, suspendeu as proibições ao CNA, ao Partido Comunista e a outras organizações ilegais, abrindo caminho à democracia. Falei com "F. W." sobre esses eventos: ele estava convencido de que apenas ele e Mandela poderiam ter feito a ponte entre os dois lados. Essa foi a conquista sublime de Mandela.

---

171 A frase usada pela Sra. Thatcher sobre Mikhail Gorbachev no final dos anos 1980, antes do colapso da União Soviética. Ela poderia ter usado a mesma frase sobre Mandela, e talvez o tenha feito. Apesar de todo o seu ódio ao socialismo e ao comunismo (do qual Mandela era aliado), Thatcher era pragmática sobre pessoas pragmáticas e uma das primeiras a perceber que esses dois "inimigos" poderiam se tornar amigos.

172 A primeira delas foi a visita de uma troika de juízes em meados de 1971 – ver MANDELA, *op. cit.*, p. 547-49.

173 Afinal, tanto o CNA quanto o governo já haviam perpetrado atos de violência terríveis, e a retórica de ambos os lados era de que eles eram justificados e continuariam a guerra até que ela fosse vencida. A maioria de nós pode pensar que o CNA era justificado e os nacionalistas, não, mas isso não altera a realidade – não havia acordo previsto de nenhum dos lados e o custo humano potencial era horrendo. A batalha era desigual, porque, pelo menos, no curto prazo, o governo detinha a maior parte das cartas. Foi uma grande conquista de Mandela e F. W. de Klerk fazer um acordo pela paz e acreditar que seria honrado pelo outro lado. Espero que eles estejam certos não apenas por alguns anos, mas por um longo prazo. Enquanto escrevo, isso está longe de ser garantido.

Sumário e Conclusão

Obviamente, a conquista revolucionária de cada jogador dependia de suas circunstâncias e aspirações únicas. Entretanto, existem três descobertas gerais importantes:

- De longe, o tipo mais comum de conquista revolucionária é a invenção. Para a maioria dos participantes, todas as suas outras conquistas e esforços tornam-se insignificantes quando colocados ao lado de sua única invenção decisiva. O que você poderia inventar?;
- Além da invenção, as realizações estratégicas parecem mais prováveis de surgir de um senso avassalador de destino, missão ou desejo de transpor abismos, aparentemente irreconciliáveis, de ideologia, atitude ou interesses adquiridos. Você nutre algum desses sentimentos intensos? Nesse caso, alimente-os. Conquistas singulares vêm de convicções singulares;
- O oportunismo estratégico é um caminho atraente para uma conquista revolucionária. Você precisa saber exatamente o que deseja alcançar, mas espere que os passos da oportunidade sejam ouvidos antes de atacar.

A combinação matadora é a extrema determinação, aliada à extrema flexibilidade em relação aos meios e ao tempo. Se você for obstinado, mas paciente, saberá o momento perfeito para agir. Até então, permaneça cauteloso e preparado.

Sua conquista inovadora o aguarda. Porém, como você a encontra?

Antes deste capítulo, vimos três marcos que ajudaram nossos participantes no caminho para um sucesso extraordinário. Este capítulo foi diferente. Nele, descrevemos o impacto único e específico de cada jogador no mundo – o que eles fizeram para mudá-lo. Também vimos as características da conquista inovadora que eram comuns a todos os participantes; eles inventaram algo – uma ideia ou objetivo radical ou revolucionário – e sabiam como levá-lo a bom termo. Eles personificaram a ideia também, de modo que ela estava, e ainda está, associada a eles.

Este pode ser um vislumbre ofuscante do óbvio. No entanto, pode haver algumas implicações profundas, e contraintuitivas, para qualquer pessoa que aspire a grandes consequências:

- Suas habilidades – e a melhoria destas – não são o ponto. Muito mais importante é *o que você tenta fazer*: a originalidade e o alcance de sua missão, seu objetivo, destino, ou como quer que o chame, além de sua tenacidade – não, fanatismo – e sorte em ver isso se completar;
- Seu objetivo deve ser novo, revolucionário, imaginativo e quase risivelmente ambicioso;
- Também deve estar encarnado em sua personalidade – deve vir da alma;
- Em última análise, o "*o quê*" – na frase comovente de Lênin, "*O que* deve ser feito?" – é mais vital do que o "*como*". Este marco é *o quê*. Os outros oito marcos são *como*.

No entanto, o *como* também é vital. Os primeiros três capítulos descrevem três *"como"*, e os próximos cinco descrevem os outros *"como"*.

5
FAÇA SEU PRÓPRIO CAMINHO

"Você não quer ser o melhor no que faz; quer ser o único".
JERRY GARCIA[174]

Ninguém pode se tornar um sucesso extraordinário, fazendo o que todo mundo – ou qualquer pessoa – está fazendo. Em algum momento de sua carreira, todos os nossos participantes deixaram para trás caminhos estabelecidos e sedimentaram sua própria estrada.

Antes de fazerem isso no mundo real, eles o faziam em suas próprias mentes. Eles criaram a teoria, antes de colocá-la em prática. Eles desenvolveram sua própria filosofia única e começaram a se comportar de acordo com seus ditames. Eles começaram a agir de forma diferente.

Pessoas de sucesso extraordinário *constroem seu próprio mapa mental* para guiar seus passos. Elas criam um segmento próprio, refletindo sua personalidade, seu objetivo, e sua forma de trabalhar, tudo ao mesmo tempo. Ninguém mais pode entrar em sua pele e em seu segmento, ele é impenetrável, porque nossos participantes o preenchem, e ninguém mais consegue.

---

174 https://quotefancy.com/quote/1200366, acesso em 14/jan/2023.

Os filósofos-monarcas dos negócios

Podemos ver isso facilmente, no caso de Jeff Bezos. É difícil descrever Bezos, exceto nos termos de sua própria filosofia e visão para a Amazon: a loja de tudo na *internet*, com preços e atendimento ao cliente imbatíveis. Uma filosofia de negócios não é incomum. O que é raro, porém, é a dedicação a uma filosofia, mesmo quando ela parece entrar em conflito com o bom senso comercial.

As empresas – especialmente as novas, onde o capital é vital e caro, e o imperativo é atingir o equilíbrio de caixa o quanto antes – quase nunca colocam os interesses de seus clientes acima dos de seus acionistas e funcionários. Existe uma luta pela sobrevivência que impede isso. Sempre há uma tensão entre o longo e o curto prazo, e o líder corporativo pragmático deve encontrar um equilíbrio. No curto prazo, pode ser necessário garantir a lucratividade de uma empresa e sua posição com seus financiadores, mesmo que isso signifique comprometer o atendimento ao cliente e o valor, porque, de outra forma, pode não haver futuro de longo prazo.

Entretanto, o problema com o pragmatismo é que, rapidamente, se torna um hábito, e a gratificação de curto prazo – expressa em lucros, dinheiro e nos elogios que os acompanham – torna-se uma droga que repele as aspirações de longo prazo relacionadas ao cliente. É preciso um raro visionário – pessoas como Henry Ford (1863-1947), Ray Kroc (1902-1984), do McDonald's, Ingvar Kamprad (1926-2018), da IKEA, e Herb Kelleher (1931-2019), da Southwest Airlines –, para insistir em preços baixíssimos; ou, como Steve Jobs, em produtos fantásticos e uma experiência do cliente simples e intuitiva. É preciso uma pessoa excepcional para assumir o risco dessa abordagem: o risco de falir.

Bezos pertence a ambos os campos. Ele é um simplificador de preços e um simplificador de proposições. Ele quer que os clientes obtenham um preço nunca antes visto, mesmo que isso signifique o adiamento do ponto de equilíbrio. Ele também quer uma expansão rápida, para reduzir custos e preços, podendo colocar a empresa em perigo. Ao mesmo tempo, ele deseja que os consumidores experimentem a alegria de produtos e serviços excelentes, a qualquer custo para a empresa. Poucos empresários realmente acreditam no credo do simplificador de preços, ou do simplificador de proposições. Bezos, contudo, acredita em ambos.

Em 1996, seu "jeffismo" favorito era *Get Big Fast* [Cresça Rápido]. A empresa que assumisse a liderança no varejo de livros *on-line* provavelmente a manteria, teria os custos e preços unitários mais baixos, o maior número de clientes, e poderia oferecer-lhes um serviço ainda melhor e, então, passar para outras categorias. Entretanto, "quando você é pequeno", advertiu ele, "alguém maior sempre pode vir e tirar o que você tem"[175]. Então, disse ele a Howard Schultz, fundador da Starbucks: "Vamos levar isso para a lua"[176].

Entretanto, aumentar o tamanho exigia mais espaço de armazenamento, e os distribuidores de livros da Amazon ficaram sem ele, e não queriam investir em mais. Para Jeff, isso não era um problema. A Amazon construiria seus próprios armazéns. Ele contratou Jimmy Wright, chefe de distribuição do Walmart, que mostrou a Bezos os planos para um enorme novo depósito em Nevada. Bezos disse que era "bonito", então, Wright perguntou de quem era a aprovação de que precisava e qual retorno sobre o investimento seria necessário.

Bezos: "Não se preocupe com isso".

Wright: "Não preciso obter aprovação para fazer isso?"

Bezos: "Você acabou de obter"[177].

Só naquele ano, Wright gastou mais de US$ 300 milhões – uma grande soma, na época – em depósitos.

---

175 STONE, Brad, *op. cit.*, p. 72.
176 *Ibid.*, p. 74.
177 *Ibid.*, p. 97.

No início de 1998, Bezos queria ir além dos livros e entrar em novas categorias de produtos. Música e DVDs tiveram sucesso, mas os eletrônicos, nem tanto, e os brinquedos foram um desastre. Enquanto isso, Bezos resistia a todas as tentativas do conselho e de seu pessoal financeiro, de dizer quando seus sete centros de distribuição caros se pagariam, ou quando a empresa iria se equilibrar: "Se você está planejando com mais de vinte minutos de antecedência neste jogo, você está perdendo seu tempo"[178].

Em 2000, a Amazon deveria perder um bilhão de dólares, e trabalhou duro para levantar um empréstimo conversível de US$ 672 milhões. Os termos eram difíceis para a Amazon, mas Warren Jenson, o novo diretor financeiro, insistiu que a empresa ficasse com o dinheiro. Um mês depois, as ações *ponto com* despencaram. Sem o empréstimo, a Amazon teria desaparecido.

Bezos abriu sua própria trilha em terreno perigoso, e quase foi devorado por ursos. Ele e os acionistas da Amazon tiveram uma sorte assustadora. Ainda assim, sem sua filosofia ousada e quase temerária, e seu apego magnético a ela, Bezos, e todos os que navegaram com ele, não teriam alcançado o Novo Mundo, tampouco sua Loja de Tudo os teria tornado tão imoderadamente ricos.

Bruce Henderson não assumiu os mesmos riscos financeiros que Bezos, nem colheu uma bonança comparável. No entanto, sem o trabalho pioneiro de Henderson sobre a importância de ter uma participação de mercado muito maior do que qualquer rival e, consequentemente, os custos e preços mais baixos, é duvidoso que Bezos tivesse desenvolvido sua própria ideologia. Por seu impacto indireto sobre muitos empresários como Bezos, Henderson provavelmente teve um impacto ainda maior no mundo. O modelo de competição de Bruce, lindamente elegante e simples, é comum hoje. Antes dele, porém, havia escapado a todos os economistas, professores de negócios e consultores do mundo.

---

178 *Ibid.*, p. 117.

E quanto a Bill Bain? Sua filosofia deve ser muito semelhante à de Henderson, a que possamos dizer que ele realmente fez seu próprio caminho, correto? De jeito nenhum. É verdade que Bill começou a elaborar sua abordagem revolucionária de consultoria dentro do BCG. Entretanto, a visão de Bain era totalmente original e contrastava com o DNA gerado por Bruce Henderson. A iconoclastia de Bain tinha seis pranchas interligadas:

- Um relacionamento extremamente próximo com a organização do cliente e, particularmente, com seu chefe;
- Igualdade de *status* entre a organização do cliente e a empresa de consultoria (Bain & Co.), e entre o CEO do cliente e o parceiro principal da Bain, quem lida com o cliente;
- Relações de longo prazo e contínuas, totalmente em desacordo com a norma da indústria de consultoria, de projetos específicos e intermitentes;
- Exclusividade entre a organização do cliente e a Bain & Co. em ambos os sentidos – como Bain dizia aos clientes em potencial, "não trabalharemos com seus concorrentes, e você não trabalhará com os nossos";
- Foco no aumento do valor da organização da empresa: a estratégia era o meio para o fim, não o fim em si mesma. Inversamente, para Bain, "estratégia" significa "qualquer coisa em que possamos ajudar e que aumente o valor da empresa cliente";
- Bill Bain acreditava em uma cadeia de comando quase militar, de cima para baixo, tanto dentro de sua própria empresa quanto no cliente. O que o parceiro principal da Bain e o CEO do cliente concordavam que deveria ser feito, seria feito por decreto, através da organização do cliente e, em paralelo, com a organização da Bain & Co.

Nenhuma outra empresa de consultoria no mundo trabalhava desta forma.

A filosofia Bain era extremamente audaciosa. Você pode ver, instantaneamente, os benefícios para a Bain & Co. – longas atribuições e taxas de consultoria cada vez maiores dentro da empresa cliente, significavam crescimento e lucratividade inerentes e enormes.

No entanto, não teria funcionado se não refletisse a realidade de que os consultores poderiam ser muito mais úteis em tal relacionamento. Eles podiam entender a empresa melhor do que ela mesma e garantir que o executivo-chefe pudesse implementar todo o necessário à melhoria radical dos lucros sem tolerar a oposição de poderosos executivos internos. Esses eram "barões" – chefes de funções, como fabricação ou *marketing*, ou chefes de operações no país – criticados por Bain, porque, muitas vezes, agiam para proteger a si próprios e a seu pessoal de mudanças que maximizassem os lucros.

Quando desertei do BCG à Bain & Company, fiquei surpreso com o quanto as duas equipes eram diferentes. Eles usavam o mesmo capital intelectual, mas de maneiras inteiramente contrastantes. A Bain & Co. trabalhava com os clientes de uma forma muito mais intensiva, cara e implacável, deixando muito pouco ao acaso e alcançando resultados extraordinários. Esse caminho foi criado por Bill Bain em sua cabeça e, depois, "concretado", transformado em um vasto sistema internacional de rodovias, onde chefes corporativos superambiciosos – e muitas vezes paranoicos – podiam quebrar todos os limites de velocidade no caminho até seu destino. Desde então, o mundo dos negócios nunca mais foi o mesmo.

Steve Jobs fornece mais evidências de que o sucesso extraordinário vem da busca de um sonho original.

Se Jobs nunca tivesse sido reintegrado como líder da Apple, ele ainda teria sido lembrado como o Moisés que conduziu seu povo à Terra Prometida dos *laptops*. Entretanto, em 1997, depois de sua Segunda Vinda, Jobs também agraciou o Planeta Apple, e o Planeta Terra, com uma gama deslumbrante de lindas miniaturas e dispositivos móveis, que faziam coisas nunca antes imaginadas. Ele legou ao universo a nave espacial Enterprise mais criativa já vista.

Paralelos assustadores podem ser traçados entre Steve Jobs e Walt Disney. Jobs foi expulso de sua própria empresa, porque marchava muito em seu próprio ritmo, enquanto Disney não gostava do *etos* corporativo, que atrapalhava seu estúdio e sua criatividade, no final dos anos 1930 e 1940.

Depois de 1945, Walt queria voltar a fazer filmes e recuperar sua reputação de artista *folk* inovador. "O que mais me deixa ressentido", disse ele, "são as pessoas que querem me manter em lugares ultrapassados". Interessou-se pelo trabalho surreal de Salvador Dalí (1904-1989) e fez uma parceria com ele. Walt disse a um jornalista que "precisamos seguir abrindo novos caminhos", envolvendo a sondagem da alma interior, a realidade psicológica por trás de toda ação[179].

Em 1946, Disney e Dalí passaram inúmeras horas felizes juntos colaborando em *Destino*, uma proposta de filme surreal. Uma de suas ideias envolvia o deus Júpiter se transformando em um relógio de sol, que se tornava uma mão coberta por formigas. As formigas se transformam em ciclistas; em seguida, um sino se transmuta em uma menina e, na sequência, em bolas de dente-de-leão. Finalmente, um jogo de beisebol se torna um balé. Entretanto, os contadores e diretores da Disney recusaram *Destino* e Walt ficou cada vez mais frustrado.

Ele ansiava pela simplicidade e pelo contato direto, com seu pessoal de que havia desfrutado antes. Sua insatisfação levou ao próximo grande salto à frente, algo que apenas Walt poderia ter concebido e executado: a ideia de "criar uma vila inteira da virada do século, em miniatura – um meio de transmitir valores americanos reconfortantes e duradouros quando todos estavam assustados com a bomba"[180].

Ele montou uma equipe de *designers*, arquitetos e engenheiros – seus "imaginadores" – para criar a Disneylândia. O parque ficaria lindo, com árvores, flores e bancos, isolado do mundo imperfeito lá

---

179 GABLER, Neal, *op. cit.*, p. 415.
180 *Ibid.*, p. 481.

fora, que seria invisível de dentro do parque. Era um cruzamento entre Hollywood e um Nirvana idealizado do centro-oeste. A Disneylândia não teria funcionários nem clientes, mas um "elenco" de participantes bem preparados, hospedando e guiando seus "convidados" pelo parque. Toda a experiência foi concebida como uma espécie de filme: "esta é a cena um, esta é a cena dois, esta é a cena três"[181].

Seu irmão Roy e os outros diretores achavam que deviam continuar fazendo o que estavam habituados a fazer, e que Walt havia enlouquecido. Assim, ele próprio financiou a Disneylândia, montando uma empresa chamada WED – suas iniciais –, antes de finalmente fechar um acordo para fazer a Disneylândia voltar à Disney. Isso acabou sendo a salvação deles.

Se alguém fez tudo à sua maneira, foi Walter Elias Disney.

Uma lista das inovações de *Helena Rubinstein* dá uma medida de sua originalidade: o primeiro salão de beleza, o primeiro creme facial comercial, a primeira empresária de beleza a usar técnicas de *marketing* e publicidade "modernas", o primeiro império global da beleza, a primeira a desenvolver uma linha completa de produtos de beleza – incluindo batom, hidratantes e o primeiro rímel à prova d'água do mundo – e o primeiro salão de beleza a oferecer tratamentos pessoais.

Acima de tudo, ela originou o *marketing de personalidade*, onde usou sua própria lenda, força de personalidade e reputação, para divulgar seu negócio ao redor do mundo. Ela era infatigável e onipresente, mesmo na casa dos noventa. A lista de pessoas que ela tornou famosas inclui Christian Dior, Christóbel Balenciaga, Paul Poiret (1879-1944), Coco Chanel (1883-1971), Elsa Schiaparelli (1890-1973), Guy Laroche (1921-1989) e Yves Saint Laurent (1936-2008).

---

181 CANNON, Tom. *The Ultimate Book of Business Breakthroughs: Lessons from the 20 Greatest Business Decisions Ever Made* [O Livro Definitivo das Revoluções nos Negócios: Lições das 20 Maiores Decisões de Negócios Já Tomadas]. Oxford: Capstone, 2000, p. 221-37.

Dior, por exemplo, tinha administrado uma galeria de arte patrocinada por Helena, mas quando ele faliu, após o *crash* de Wall Street, ela o encorajou a adotar a alta-costura. Ela sentou na primeira fila do desfile em Paris que o lançou, em 1947. Muitos anos depois, em 1962, Helena ajudou a lançar YSL em *seu* primeiro desfile de moda.

Ela também promoveu Jean Cocteau (1889-1963), Truman Capote (1924-1984), Christian Bérard (1902-1949) e Man Ray (1890-1976). Ela era próxima de Gary Cooper (1901-1961), das irmãs Gabor[182], Gore Vidal (1925-2012), Salvador Dalí e Deus sabe quantas outras celebridades. Ela foi convidada para a Casa Branca pelo presidente Roosevelt e convidada de honra do primeiro-ministro de Israel, David Ben-Gurion (1886-1973).

Rubinstein foi fotografada por Cecil Beaton (1904-1980) e esboçada por Picasso, a quem conhecia desde o fim da Primeira Guerra Mundial e o visitava frequentemente em seu estúdio. Também foi fotografada por Dora Maar (1907-1997), amante e musa de Picasso, e pintada por Dalí, Helleu (1859-1927), Laurencin (1883-1956) e Vertès (1895-1961). Graham Sutherland (1903-1980), já famoso por seus retratos brilhantes de Winston Churchill e Somerset Maugham (1874-1965), implorou que ela posasse para ele – seria sua primeira pintura de uma mulher. Seu retrato a capturou como uma imperatriz formidável e imperiosa. Ela realmente não gostou, mas terminou apaziguada ao saber que a Rainha e a Rainha Mãe haviam visitado a Tate para ver o trabalho.

Quando em Paris, todo o *belle monde* passava as noites de verão comendo e bebendo em seu jardim no terraço. Ela patrocinou um concurso de arte moderna, em 1938, e foi fotografada com os jurados, que incluíam Matisse (1869-1954), Braque (1882-1963) e Léger (1881-1955), além do vencedor, o escultor cubista Henri Laurens (1885-1954). Ela serviu caviar em louças de ouro para André Malraux (1901-1976) e o Barão Elie de Rothschild (1917-2007).

---

182 Magda (1915-1997), Zsa Zsa (1917-2016) e Eva (1919-1995). (N. R.)

Morando em Nova York, na casa dos 80 anos, ela se tornou uma estrela da televisão, liderando um programa popular com Imogene Coca (1908-2001) e Sid Caesar (1922-2014). Ela dizia, com seu sotaque da Europa Oriental, sua marca registrada: "Eu sou Helena Rubinstein. Dê-me dez minutos do seu tempo e farei você parecer dez anos mais jovem". Helena foi imitada por artistas de cabaré, caricaturada por desenhos animados, saudada afetuosamente pelos taxistas e amplamente conhecida como "a rainha Vitória judia".

Marie Curie – Pioneira Extraordinária

Vamos conversar aqui com a última de nossas jogadoras, Marie Curie. Ela superou barreiras enormes – pobreza e discriminação, como mulher e como polonesa, vivendo sob a opressão russa – para criar um nicho de valor único no mundo, como uma descobridora pioneira tanto na física quanto na química. Ela foi uma das mais importantes cientistas do final do século XIX e do século XX e uma das mais nobres e altruístas.

Marie nasceu Marya Sklodovski, em Varsóvia, Polônia, em 7 de novembro de 1867. Seu pai veio de uma família de escudeiros distintos, mas empobrecidos, e ocupou o cargo de subinspetor e professor de matemática e física em uma escola controlada pelo Estado russo. Sua linda e musical mãe havia sido diretora de uma prestigiosa escola particular para meninas, mas se aposentou quando Marya era bebê para cuidar de seus cinco filhos. Apesar de uma vida familiar muito unida e feliz, a família logo foi atingida por três marteladas.

Pouco depois do nascimento de Marya, sua mãe apresentou os primeiros sintomas de tuberculose. Para proteger Marya, sua mãe nunca a abraçou ou beijou[183]. Em 1873, quando a família voltou das férias de verão, e Marya tinha cinco anos, seu pai

---

183 OGILVIE, Marilyn Bailey. *Marie Curie: a biography* [Marie Curie: uma biografia]. Westport CT: Greenwood Press, 2004, p. 3-4.

encontrou um envelope oficial em sua mesa. Ele foi informado de que as autoridades russas o haviam rebaixado, cortado seu salário e retirado seu direito de viver com a família, na casa que veio com seu trabalho. O professor respondeu, saindo da escola e alugando uma acomodação grande o suficiente para abrigar a família e até dez meninos internos, a quem ele ensinava em casa.

Essa mudança também levou à tragédia. Uma das internas contraiu tifo, que infectou duas das irmãs de Marya, Zosia e Bronya. Como escreveu mais tarde Ève Curie (1904-2007), a filha mais nova de Marya, "Que semanas horríveis! Em uma sala, a mãe tentava controlar seus espasmos de tosse [de tuberculose]; em outro, duas meninas tremiam e gemiam de febre"[184]. Bronya se recuperou, mas Zosia morreu. Além disso, quando Marya tinha dez anos, sua mãe morreu de sua terrível doença.

Quando criança, Marya era precoce. Quando tinha quatro anos, sua irmã mais velha, Bronya, estava fazendo um exercício de leitura para os pais deles, quando Marya arrebatou o livro de Bronya e leu a frase com perfeição. Ao ver os rostos estupefatos de seus pais e o olhar mal-humorado de Bronya, Marya percebeu, de repente, que havia cometido um erro crasso. Em meio a uma enxurrada de lágrimas, a criança de quatro anos deixou escapar: "Perdão. Perdão! Eu não fiz de propósito. Não é minha culpa – não é culpa de Bronya! É só porque era tão fácil!"[185]. Rapidamente, Marya se tornou fluente em russo, também em polonês, e demonstrou uma memória quase perfeita. Ela se formou na escola secundária aos quinze anos, a primeira da classe e com uma medalha de ouro. Como mulher, no entanto, a universidade na Polônia foi proibida para ela.

Depois de um ano de rejuvenescedora diversão, entre seus muitos parentes no interior da Polônia, Marya voltou a Varsóvia. Começou a

---

184 CURIE, Ève. *Madame Curie: Uma Biografia*, Garden City NY: Garden City Publishing, 1937, 1940, p. 23.
185 *Ibid.*, p. 9.

dar aulas particulares e, junto com Bronya, fez cursos na universidade secreta – traduzida como universidade "voadora" ou "flutuante" –, que fornecia instrução de baixo custo e meio período com instrutores qualificados. Era realizada secretamente em residências particulares para evitar o assédio da polícia. Entre os 18 e os 21 anos, ela trabalhou como governanta para economizar dinheiro, pois tinha o sonho de finalmente ir para a universidade, em Paris.

Em 5 de novembro de 1891, dois dias antes de seu vigésimo quarto aniversário, Marie (como veio a ser conhecida, adotando a versão francesa de seu nome) registrou-se como estudante na Sorbonne, parte da Universidade de Paris. Esta foi a primeira experiência transformadora de Marie. Ève Curie imagina a reação de sua mãe:

> Ela tinha seu lugar nos laboratórios experimentais onde, guiada e aconselhada, podia manusear aparelhos sem se atrapalhar e ter sucesso com alguns experimentos simples. Manya [Marya, Marie] era agora – oh, delícia – uma estudante da Faculdade de Ciências[186].

Na verdade, foi uma época de ouro, para uma estudante estrangeira faminta por conhecimento absorvê-lo como uma esponja. Os eminentes professores da Sorbonne respeitavam, acima de tudo, o intelecto e a sede de descoberta, independentemente da nacionalidade ou sexo. Entre os professores que ensinaram Marie pessoalmente, estavam Gabriel Lippman (1845-1921), ganhador do Prêmio Nobel de Física, e o brilhante matemático, físico e polímata, Henri Poincaré (1854-1912)[187]. Embora ela inicialmente se hospedasse gratuitamente com Bronya, achou o novo marido de sua irmã muito irritante e que tomava muito seu tempo – "meu cunhado tinha o hábito de me perturbar indefinidamente"[188]. Marie mudou-se para um sótão no sexto andar, perto da universidade, sem

---

186 *Ibid.*, p. 95.
187 OGILVIE, Marilyn Bailey, *op. cit.*, p. 24.
188 CURIE, Ève, *op. cit.*, p. 106.

aquecimento, iluminação, cozinha e água[189]. Ela vivia de ar, muitas vezes se esquecendo de comer, às vezes, quase morrendo de fome, mas feliz em festejar com seus estudos. Em junho de 1893, Marie se formou em física na Sorbonne, a primeira da classe. Em julho de 1894, obteve outra licenciatura em matemática, em segundo lugar[190].

Então, veio a segunda experiência transformadora de Marie – conhecer Pierre Curie. Eles se conheceram no início de 1894 e se casaram em 26 de julho de 1895[191]. Quando se conheceram, Marie tinha vinte e seis, e Pierre, trinta e quatro. Ele era professor da Escola de Física e Química Industrial de Paris[192]. Seu intenso caso de amor transformou a eficácia de Marie de três maneiras cruciais:

- Pierre, conquanto não fosse um parceiro científico equivalente, era um colaborador experiente, inteligente, imaginativo e produtivo para Marie;
- O casamento deu a Marie a cidadania francesa, facilitando o caminho para posições acadêmicas e atenção no mundo francês da ciência, e a ancorou em Paris, um vibrante centro de pesquisa e descoberta em física e química, em vez de, como ela pretendia originalmente, forçá-la a retornar ao remanso de sua terra natal;
- Mais importante de tudo, Marie ganhou credibilidade científica como parte de uma equipe de marido e mulher, um modelo aceito e familiar entre os cientistas franceses, alemães e anglo-saxões, no final do século XIX[193]. Uma mulher solteira, por mais brilhante que fosse, mesmo em Paris, e especialmente se não francesa,

---

189 *Ibid.*, p. 107.
190 OGILVIE, Marilyn Bailey, *op. cit.*, p. xiii.
191 CURIE, Ève, *op. cit.*, p. 121-37.
192 OGILVIE, Marilyn Bailey, *op. cit.*, p. 29-30.
193 *Ibid.*, p. 38. Alguns exemplos de equipes científicas casadas do período são Annie e Walter Maunder e Margaret e William Huggins (ambos os casais eram astrônomos britânicos), Anne Botsford Comstock e John Henry Comstock (naturalistas americanos), Cécile Mugnier Vogt e Oskar Vogt (neurologistas franceses) e Hertha Marks Ayrton e W. E. Ayrton (físicos britânicos).

enfrentaria barreiras a instalações de pesquisa e credibilidade. Barreiras estas muito menores para uma mulher casada com um homem já dentro do círculo mágico da ciência francesa.

A próxima chave à conquista revolucionária de Marie foi o campo teórico e experimental idiossincrático que ela escolheu desenvolver, abrindo um caminho nunca antes explorado. Os avanços na ciência, como em qualquer outro campo, incluindo negócios, parecem envolver um padrão comum de exploração intuitiva e experimental:

- O primeiro estágio é assumir um novo campo – ou mercado – que seja estimulante e repleto de possibilidades, porque o conhecimento está sendo descoberto rapidamente, particularmente conhecimento ou ideias que parecem contradizer teorias ou procedimentos estabelecidos. Parte do aparente gênio das descobertas científicas, ou outras, é a escolha de um amplo campo a partir do qual se ramificar em novas especulações e descobertas;
- Os próximos passos são para estreitar progressivamente o campo de investigação, com base nas descobertas dos inquiridores mais não-convencionais e criativos, e aplicar seus *insights*, sozinhos ou em uma nova permutação, a uma nova via de especulação e experimentação, podendo levar a uma imagem dramaticamente diferente de como o mundo funciona;
- Por exemplo, o primeiro passo de Albert Einstein em direção ao gênio foi perceber que a mecânica quântica era o tópico científico quente do momento. Ela poderia, e iria, subverter a teoria clássica da física, dominante por dois séculos, desde Isaac Newton. O próximo passo de Einstein em direção à grandeza foi perceber que Philipp Lenard (1862-1947), escrevendo em 1901, fez experimentos que minaram a teoria aceita da luz ondulatória. O terceiro grande insight de Einstein foi permear os experimentos de Lenard com o trabalho de Max Planck, descrevendo a curva de comprimentos de onda de radiação em diferentes temperaturas. Assim, Einstein encontrou uma

maneira simples de descrever a relação entre o tamanho dos quanta microscópicos de matéria e o comprimento de onda da radiação. A luz, ele finalmente percebeu, poderia ser descrita não apenas como ondas, mas também como partículas pontuais chamadas por ele de "quanta de luz"[194]. Foi um pequeno salto final para Einstein delinear a Teoria da Relatividade Especial, que finalmente demoliu a imagem teórica do universo construída de forma tão poderosa por Newton;

- O terceiro passo é pegar o novo modelo teórico e prová-lo experimentalmente e / ou com novos dados relevantes para o novo modelo.

Essas três etapas foram, precisamente, como Marie Curie abriu um caminho científico totalmente novo e particular:

- Seu primeiro passo foi se concentrar na nova área quente, de raios X e radiação. Os raios X foram descobertos por Wilhelm Röntgen (1845-1923), em 1895. Ele demonstrou que podiam penetrar na carne humana, mas não nos ossos. Recebeu o primeiro prêmio Nobel de física, em 1901, por sua pesquisa em raios X. Em 1896, Henri Becquerel (1852-1908) fez experiências com sais de urânio e demonstrou que eles podiam produzir radiação, raios capazes de penetrar os ossos, como os raios X[195];
- Foi o novo tipo de raio de Becquerel que Marie seguiu como tema para sua tese de doutorado. Ela adotou esse assunto especificamente porque, embora a intrigasse totalmente, para sua surpresa, ele não causou nenhuma repercussão entre os cientistas ou o público em geral. Marie decidiu explorar mais a descoberta de Becquerel não apenas teoricamente, mas também experimentalmente. Ela perguntou: o que causava a radiação? E teve uma intuição, uma hipótese, "que a emissão dos raios

---

[194] O processo de descoberta de Einstein é brilhantemente descrito em ISAACSON, Walter. *Einstein, op. cit.*, p. 94-101.
[195] OGILVIE, Marilyn Bailey, *op. cit.*, p. 43-48.

é uma propriedade atômica do urânio, quaisquer que sejam as condições físicas ou químicas do sal. Qualquer substância contendo urânio é muito mais ativa na emissão de raios, pois contém mais deste elemento"[196].

Marie provou, por meio de experimentos, que a explicação padrão da radiação – que deve ser gerada, como todas as reações químicas produtoras de luz ou calor, por uma interação entre as moléculas – estava completamente errada. Ela estabeleceu que a radiação deve ser simplesmente uma propriedade do próprio átomo. Quanto mais urânio, mais radiação. Para deixar isso claro, ela inventou o termo "radioatividade"[197].

Agora, as peças começaram a se encaixar. Talvez o urânio não fosse o objetivo, não o fim da trilha. Como conta Ève Curie, em sua biografia de Marie:

> Ela questionou: embora o fenômeno [da radioatividade] só tenha sido observado com o urânio, nada provava que o urânio fosse o único elemento químico capaz de emitir tal radiação. Por que outros corpos não deveriam possuir o mesmo poder?[198]

A busca começara: Marie resolveu examinar todos os corpos químicos conhecidos. Ela examinou dois minerais que continham urânio, calcolita e pechblenda, um minério de urânio. Vejam só, cada um deles era mais radioativo do que o próprio urânio: duas e quatro vezes mais, respectivamente. Então, o próprio urânio não poderia ser a explicação da radioatividade. Agora, Marie deu outro salto de intuição: que a resposta não era calcolita ou pechblenda, mas sim que

---

196 CURIE, Marie. *Pierre Curie*. Nova York: Macmillan, 1923, p. 180.
197 Isso é muito bem explicado em OGILVIE, Marilyn Bailey, *op. cit.*, p. 47-50.
198 CURIE, Ève, *op. cit.*, p. 157.

> [...] deve haver alguma substância desconhecida, muito ativa, nesses minerais. Meu marido concordou comigo e eu insisti que procurássemos imediatamente por essa substância hipotética, pensando que, ao iniciar esse trabalho, deveríamos entrar no caminho de uma nova ciência, que devemos seguir para todo o nosso futuro[199].

Puramente por intuição, seguida de experimentação, Marie cavou uma nova "super estrada", através do mistério impenetrável da química. Em pouco tempo, seu caminho a levou com Pierre a descobrir dois novos elementos, duas novas substâncias, ambas anteriormente insuspeitadas, que eram o rei e a rainha da radioatividade. Eles produziram uma substância 330 vezes mais radioativa do que o urânio. Eles ainda não tinham a forma pura do produto, mas estavam certos de terem descoberto um novo elemento químico e, em julho de 1898, anunciaram o nascimento do polônio, batizado em homenagem à terra natal de Marie[200].

Em dezembro de 1898, eles publicaram um segundo novo elemento, o rádio, 900 vezes mais radioativo do que o urânio[201]. Em 1902, Marie separou um décimo de grama de rádio, de uma tonelada de pechblenda[202]. Ela finalmente conseguiu isolar o rádio puro, em 1910[203].

Em 1903, Pierre Curie provou que o rádio poderia curar crescimentos, tumores e certos tipos de câncer, destruindo as células doentes mais rapidamente do que as células saudáveis[204]. Marie e Pierre pavimentaram o caminho ao surgimento de uma indústria de rádio. O rádio se tornou um mineral muito valioso, onde a

---

199 CURIE, Marie, *op. cit.*, p. 1.
200 OGILVIE, Marilyn Bailey, *op. cit.*, p. 51-52.
201 *Ibid.*, p. 52.
202 *Marie Curie – Research Breakthroughs (1897-1904) Part 2n* [Marie Curie – Descobertas de Pesquisa (1897-1904) Parte 2n], American Institute of Physics.
203 WILLIAMS, L. Pearce. "Curie, Pierre and Marie" [Curie, Pierre e Marie]. *Encylopedia Americana*, volume 8, 1986, Danbury CT: Grolier, p. 332.
204 CURIE, Ève, *op. cit.*, p. 199.

demanda para fins médicos superou a oferta e o preço aumentou astronomicamente. Entretanto, Marie e Pierre nunca patentearam nenhuma de suas descobertas, nem tentaram lucrar com elas.

Dois outros pioneiros – Churchill e Mandela

Winston Churchill demorou muito para encontrar seu caminho destinado. Durante décadas, ele pensou que sua habilidade de falar o levaria ao poder. No entanto, sua eloquência não produzia os resultados desejados. "A própria natureza" da oratória de Churchill, diz o historiador David Cannadine, "tornou mais difícil, não mais fácil, para ele chegar ao topo na vida pública"[205].

Churchill exagerava para muitas causas diferentes – até mesmo conflitantes, parecendo "um homem de temperamento instável e julgamento defeituoso, totalmente desprovido de qualquer senso real de proporção"[206]. Sua "fraseologia ornamentada", como disse Jan Smuts, "elevava-se acima dos fatos sóbrios e muitas vezes intransigentes da realidade"[207].

Em uma das frases sobrecarregadas de Churchill, "o abismo" estava sempre próximo; suas cores eram sempre vívidas ou mesmo sombrias; a sobrevivência da Grã-Bretanha e do mundo civilizado sempre esteve sob ameaça, às vezes, de inimigos bastante imaginários, como os sindicatos, Gandhi (1869-1948), e até mesmo o prosaico e brando Clement Atlee (1883-1967). "Falar em línguas de homens e anjos", disse Asquith (1852-1928) sobre Churchill, "não é bom se um homem não inspira confiança".

Não foi sua habilidade de falar que deu a vitória a Churchill, mas Hitler – e a repulsa de Churchill por ele, junto com sua precisão presciente sobre a ameaça. Em 1940, a trilha solitária de Churchill havia se tornado a rota de fuga a todo o mundo livre:

---

205 CANNADINE, David, *ibid.*, p. 93.
206 *Ibid.*, p. 94.
207 Idem, *ibid.*

> Hitler sabe que precisará nos destruir nesta ilha ou perderá a guerra. Se pudermos enfrentá-lo, toda a Europa poderá ser livre e a vida do mundo poderá avançar para vastas terras altas, iluminadas pelo sol. Porém, se falharmos, então o mundo inteiro, incluindo os Estados Unidos, afundará no abismo de uma nova Idade das Trevas... Vamos, portanto, apoiar-nos em nossos deveres e nos empenhar a que, se o Império Britânico e a Comunidade Britânica durarem mil anos, os homens ainda dirão: "Esta foi sua melhor hora"[208].

Depois de estar errado por tanto tempo, Churchill foi perfeito aqui.

Encerramos este capítulo com outro grande destruidor de tirania. Os longos anos de *Nelson Mandela* na prisão deram-lhe tempo para encontrar o seu destino. Enquanto abandonado na repulsiva ilha Robben, Mandela percebeu que o único caminho construtivo para todos os sul-africanos – o único caminho viável de paz e reconciliação – era fazer um acordo com seus carcereiros.

Mandela foi o primeiro líder do CNA a ver que um acordo seria necessário. A paz exigia que eles repudiassem o comunismo, aceitassem a atual distribuição de riqueza na África do Sul, e convencessem o outro lado de que o governo negro poderia ser pacífico. Em 1986, Mandela pôde se encontrar com uma delegação de "personalidades ilustres" da Comunidade Britânica. Ele lhes disse:

> Sou um nacionalista sul-africano, não um comunista; nacionalistas vêm em todos os matizes e cores, e estou firmemente comprometido com uma sociedade não racial. Eu acredito na Carta da Liberdade, que incorpora princípios de democracia e direitos humanos, e não é um projeto para o socialismo. A minoria branca deve sentir uma sensação de segurança em qualquer nova África do Sul[209].

---

208 *Ibid.*, p. 106.
209 *Ibid.*, p. 629.

Mandela tinha uma mistura única de charme e determinação férrea. O jornalista Richard Stengel, que acompanhou Mandela por três anos, notou essa qualidade extraordinária. "Ele é um poderoso encantador", atesta Stengel, "confiante de que irá encantá-lo por todos os meios possíveis. É atencioso, cortês, vitorioso e [...] sedutor [...]. Ele aprenderá o máximo possível sobre você, antes de conhecê-lo"[210].

Sozinho, o encanto não teria funcionado. "Ele sempre defenderá o que acredita ser certo", diz Stendel,

> [...] com uma teimosia virtualmente inflexível. Muitas vezes, ouvi-o dizer: "Isso não está certo" [...]. Eu o escutei falar isso diretamente ao presidente sul-africano F. W. de Klerk, sobre as negociações constitucionais. Ele usou a frase durante anos na Ilha Robben, ao falar com um guarda ou com o chefe da prisão. Isso não está certo. De uma forma muito básica, essa intolerância à injustiça o estimulou[211].

Sua retidão moral, seu apelo à decência humana, sua maturidade e ausência de ressentimento ao tratamento terrível que recebeu, sua capacidade de ver o bem em todos e de comprometer tudo, exceto "uma pessoa, um voto" e "igualdade perante a lei", e sua não declarada, mas profunda convicção cristã – tornaram possível a ele chegar a um acordo que teria escapado a qualquer outra pessoa a seu lado. Ele era amigo de todos, mas não era idiota.

Mandela e o regime sabiam que só ele deveria ser o negociador do CNA. Em 1985, Mandela e quatro camaradas foram transferidos para uma acomodação decente, na prisão de Pollsmoor, perto da Cidade do Cabo. Entretanto, depois de um período no hospital, Nelson foi afastado de seus amigos a uma nova ala. "Não fiquei feliz

---

210 STENGEL, Richard. *Nelson Mandela: Portrait of an Extraordinary Man* [Nelson Mandela: Retrato de um Homem Extraordinário]. Nova York: Crown, 2010, p. 5.
211 *Ibid.*, p. 7-8.

por estar separado dos meus colegas e senti falta do meu jardim e terraço ensolarado", ele escreveu,

> Porém [...] resolvi fazer algo que vinha pensando há muito tempo: iniciar discussões com o governo [...]. Caso não iniciássemos um diálogo logo, ambos os lados mergulhariam em uma noite escura de opressão, violência e guerra[212].

Isso foi corajoso. Contrariava a política do CNA e o que ele havia dito durante décadas. Isso poderia dividir o CNA e minar seu poder de barganha. Mandela manteve o resto do CNA no escuro: "Decidi não contar a ninguém o que estava prestes a fazer. Nem a meus colegas de cima, nem aos de Lusaka"[213]. "Oliver Tambo (1917-1993) e o CNA", continuou ele, "haviam apelado ao povo da África do Sul para tornar o país ingovernável, e o povo estava respondendo"[214].

Ao terminar seu livro, assumindo a presidência sul-africana, Mandela adota um alto tom moral, que pareceria falso vindo de quase qualquer outra pessoa:

> A bondade do homem é uma chama que pode ser escondida, mas nunca apagada [...]. A liberdade é indivisível [...]. Pois ser livre não é apenas livrar-se das próprias correntes, mas viver de uma forma que respeite e aumente a liberdade dos outros[215].

Como os homens maus que governavam a África do Sul temiam a retribuição e, ainda assim, confiavam em Mandela para protegê-los dela, cinquenta milhões de sul-africanos, de todas as cores, experimentaram a liberdade. As palavras de Mandela não eram retórica vazia, elas eram a pura verdade, e eu vi isso na época com meus próprios olhos.

---

212 MANDELA, *op. cit.*, p. 625-26.
213 *Ibid.*, p. 627.
214 *Ibid.*, p. 630.
215 *Ibid.*, p. 749 e 751.

Sumário e conclusão

Mandela e os outros participantes validaram nossos temas até agora – autoconfiança, expectativas incrivelmente altas, experiências transformadoras, uma única conquista transmutadora e um caminho solitário, imaginativo e intransigente. O sucesso, quando chega, parece absolutamente imoderado – ou, no mínimo, surpreendente.

No entanto, pode haver, afinal, alguma razão ou sincronia subliminar oculta no universo. Uma profundidade de força de vontade, de crença, de alcance, de experiência, de habilidade de transformação, e de caráter – bom ou mau – é crucial à mudança. O sucesso extraordinário requer um caminho singular, e uma personalidade singular.

Nossos participantes foram ou são maiores do que a vida. Todos eram gravemente originais. A maioria era altamente excêntrica. Para ser ultra-bem-sucedido, é preciso ter entusiasmo a fim de ser totalmente único.

Para obter sucesso extraordinário, você precisa de sua própria filosofia e de crenças profundamente arraigadas. Você necessita de convicções singulares e autênticas, antes que o mundo tome conhecimento de você com seriedade.

Você não precisa apenas construir sua própria trilha. Estamos prestes a descobrir que também precisa de seu próprio veículo particular, para dirigir em direção ao seu destino.

6

ENCONTRE & DIRIJA SEU VEÍCULO PARTICULAR

*"Finalmente, eu tinha autoridade para orientar toda a cena.
Sentia-me como se estivesse caminhando com o destino,
e que toda a minha vida passada não passara de
uma preparação para esta hora e esta provação".*

WINSTON CHURCHILL[216]

Este capítulo apresenta uma descoberta simples, mas vital, que muitas vezes é negligenciada: para um sucesso extraordinário, precisamos de nosso veículo particular. Todos os nossos participantes tinham um veículo que multiplicava seu impacto em centenas ou milhares de vezes.

Existem dois tipos de veículos capazes de proporcionar um sucesso extraordinário. O primeiro tipo é útil. O segundo, indispensável.

---

216 Winston Churchill sobre ser nomeado primeiro-ministro em 10 de junho de 1940. CHURCHILL, Winston S. *The Second World War, Volume I, The Gathering Storm* [Segunda Guerra Mundial, Volume I, A Aproximação da Tempestade]. Londres: Penguin, 2005, p. 516-17.

Tipo 1 – veículos de *pool*

O primeiro tipo de veículo é algo que já exista em seu ambiente. É externo ou estranho a você. Você pode montar nele, e tirar grande proveito. Eu chamo isso de "veículo de *pool*," porque trabalhei em uma refinaria de petróleo, e tínhamos picapes para dirigir, em torno de sua extensa propriedade. Os veículos de *pool* podiam ser usados por qualquer gerente.

Em sua carreira, um veículo de *pool* é algo no ambiente que pode ajudá-lo. Não garantirá o sucesso, mas é um bom começo. O que há ao seu redor – conhecimento, visão de mundo, tecnologia ou outras tendências – que você possa usar como plataforma de lançamento?

Aqui estão exemplos de veículos de *pool* utilizados pelos participantes:

Para *Bill Bain*, foram as *teorias de estratégia de negócios* originadas pelo Boston Consulting Group. O BCG colocou suas ideias, como a Matriz BCG, em domínio público para construir reputação e vender negócios. Quando Bill fundou a Bain & Company, ele era capaz de usar todos os conceitos do BCG. Eles eram itens de alta octanagem alimentando toda uma nova indústria.

Jeff Bezos também usou as ideias do BCG para desenvolver sua filosofia para a Amazon, especialmente a participação dominante no mercado e custos e preços mais baixos. Bezos também se beneficiou de outros dois veículos de *pool*: varejo pela *internet* e "Síndrome do Capital de Risco da Califórnia". Esta última valoriza o crescimento acima dos lucros de curto prazo, apoiando as perdas da Amazon por longos anos, permitindo foco na experiência do cliente e preços baixos.

Otto von Bismarck cavalgou a ascensão do nacionalismo, no século XIX. Este foi o seu veículo de *pool* para transformar a Alemanha. Ela passou de um aglomerado fragmentado de dezenas de estados independentes a uma superpotência unificada, que dominava a Europa central. A popularidade obtida por Bismarck com a unificação da Alemanha agradou aos políticos liberais e a Guilherme, o rei da Prússia. Além disso, manteve-o no poder por uma geração.

O veículo de *pool* de *Marie Curie* foi o novo campo dos raios X e da radiação.

O veículo de *pool* de *Winston Churchill* foi a ascensão do nacional-socialismo alemão, o antissemitismo assassino de Hitler e sua oposição a eles. Um fator ambiental não precisa ser amenizado ou exaltado. Também pode ser um veículo de *pool* quando recebe oposição primeiro ou mais vigorosamente.

Os dois veículos de *pool* tão bem explorados por *Walt Disney* foram a ascensão dos desenhos animados e, mais tarde, a ascensão dos parques de diversões. A Disneylândia era, em muitos aspectos, o oposto dos parques de diversões tradicionais desprezados por Walt, porque eram "lugares sujos e desagradáveis, administrados por homens petulantes". Sem a existência deles, ele provavelmente não teria tido a ideia de um parque imaculado e edificante, idealizando o melhor dos valores das pequenas cidades americanas.

Leonardo da Vinci não teria sido Leonardo se não tivesse nascido onde e quando nasceu. A Florença renascentista era seu veículo de *pool*.

O veículo de *pool* de *Bob Dylan* foi o movimento folclórico do início dos anos 1960, na cidade de Nova York, com seus valores de protesto liberal e sua presunção, resumidos por seu relacionamento com Joan Baez. Ele os usou até se tornar famoso. Depois, descartou-os com força.

Albert Einstein se beneficiou das incríveis novas ideias da mecânica quântica na Europa central, no início do século XX.

Vimos como as ideias revolucionárias de *Bruce Henderson* não surgiram do vácuo. Seus longos anos no departamento de compras da Westinghouse, e sua descoberta de que empresas rivais não tinham custos quase iguais, foram seu *pool* de ideias igualmente disponíveis a qualquer outro gerente inteligente, com curiosidade e gosto pela abstração lucrativa. Tal como aconteceu com Einstein, a matéria-prima para novas partidas radicais estava flutuando no éter, acessível a qualquer pessoa capaz de pensar seriamente sobre elas.

Viktor Frankl se beneficiou das teorias de Freud e Adler, e do novo e crescente mercado na moda, o da psicanálise. Como Carl Jung (1875-1961), Frankl desenvolveu suas próprias teorias e prática, ambas provavelmente muito melhores do que as de seus antecessores. Entretanto, as ideias sobre a mente inconsciente já eram atuais.

Para *Steve Jobs*, o veículo de *pool* foi o surgimento dos primeiros computadores pessoais, no início dos anos 1970, juntamente com o custo dramaticamente menor, e maior capacidade dos supercondutores, e o poder sem precedentes desfraldado pelos novos *softwares*.

Os veículos de *pool* de *John Maynard Keynes* foram o Tratado de Versalhes – ao qual ele notoriamente se opôs, na obra *As Consequências Econômicas da Paz* –, a Grande Depressão e a ascensão resultante do comunismo e do fascismo. Todos esses fatores o levaram a descobrir maneiras civilizadas de conter o desemprego.

As ideias de *pool* de *Lenin* foram as noções da Revolução Francesa, atualizadas por Karl Marx. Lenin as adaptou para criticar a autocracia em ruínas da Rússia czarista.

Madonna baseia-se nas ideias de *pool* da arquetípica *femme fatale* americana, e muito mais. Sua característica é reinterpretar, atualizar e encarnar ídolos sexuais americanos anteriores.

O Congresso Nacional Africano (CNA) foi fundado em 8 de janeiro de 1912, seis anos e meio antes do nascimento de *Nelson Mandela*. O CNA foi o seu veículo de *pool*, quando ele se tornou um lutador pela liberdade.

Paulo de Tarso fundiu ideias filosóficas e religiosas centenárias das tradições judaicas e gregas.

J. K. Rowling se beneficiou do surgimento da literatura de mistério e fantasia, como o trabalho de C. S. Lewis (1898-1963) e J. R. R. Tolkien (1892-1973), e da literatura infantil de diferentes estilos, onde as crianças vivenciavam grandes aventuras. Ela era uma grande leitora quando criança, e disse ter sido particularmente influenciada por *Os Meninos e o Trem de Ferro* e *The Story of the Treasure Seekers* [A História dos Buscadores de Tesouros], de Edith Nesbit (1858-1924), e pelas *Crônicas de Nárnia*, de Lewis[217]. Outro livro que despertou a imaginação de Rowling, e tem paralelos com as histórias de Harry Potter, é *O Pequeno Cavalo Branco*, de Elizabeth Goudge (1900-1984). Neste livro, como Rowling reconheceu, "a heroína era bastante comum", assim como Harry Potter. Goudge "também incluía detalhes sobre o que seus personagens comiam". Rowling daria porções generosas do que era comido em Hogwarts[218].

Helena Rubinstein pode ou não ter levado potes do creme facial caseiro de sua mãe, da Polônia para a Austrália. Entretanto, ela não era a única mulher interessada em usar ingredientes naturais para preservar e aprimorar a pele: foi apenas a primeira a comercializar a ideia.

Margaret Thatcher também tinha dois conjuntos de ideias de *pool*: uma filosofia conservadora, tecida pelas ideias entrelaçadas de muitos filósofos e políticos, de Thomas Hobbes (1588-1679) a Edmund Burke (1729-1797), Benjamin Disraeli (1804-1881) e incontáveis outros. Não era um conjunto de ideias limitado apenas a Thatcher, mas uma poderosa herança. E, o mais incomum, as ideias liberais clássicas, ressurgidas dentro de uma ala do Partido Conservador, na década de 1970, influenciadas pelo economista F. A. Hayek, propagadas pelo Instituto de Assuntos Econômicos e pregadas por Keith Joseph (1918-1994) – intelectual excêntrico, alheio a este mundo e aliado político de Thatcher. Qualquer um poderia ter se apropriado dessas ideias e as transformado em um programa político moderno. Entretanto, apenas Thatcher o fez.

---

217 Ver PETERSON-HILLEQUE, Victoria, *op. cit*. p. 20.
218 Citações são de idem, *ibid*.

Tipo 2 – seu veículo particular

Veículos de *pool* são úteis. Porém, nosso próprio veículo particular é essencial. Você deve criar algo novo, que aumente muito o seu impacto no mundo.

Os participantes usavam seus veículos, por três motivos:
- *Alavancagem* – usando o poder, riqueza, mão de obra, reputação, propriedade intelectual e influência dos veículos;
- *Colaboração* – permitir aos participantes fazerem o que eles próprios não podiam fazer ou não o faziam bem: fornecer ingredientes que faltavam e encorajar apoiadores;
- *Credibilidade & Publicidade* – ajudando os participantes a serem levados a sério por apoiadores, guardiões, entusiastas e, finalmente, o público em geral / clientes / eleitores.

Veículos particulares para líderes de negócios

Para os participantes de negócios, todos os três fatores de sucesso eram importantes:

Bill Bain construiu uma empresa de consultoria muito grande, composta por centenas, e depois milhares, de consultores de alto poder. Ele precisava de um grande número de consultores da Bain para conversar com os executivos do cliente em toda a organização, entender sua perspectiva sobre as questões estratégicas – conforme definido pela Bain & Company –, reunir dados dentro da organização e no mercado e realizar análises para, em seguida, apresentar as descobertas ao cliente; ao mesmo tempo em que tornava mais próximo o relacionamento entre a Bain e a empresa cliente.

A colaboração de que ele precisava também veio de seus parceiros: as pessoas que vendiam atribuições a clientes e os conquistavam. Nos primeiros dias da Bain & Company, Bill Bain desistiu de fazer isso sozinho – não porque não pudesse, mas porque não queria, e gastava seu tempo (tal como ele o alocava, parcimoniosamente, para sua empresa) sonhando com o futuro e gerenciando seus parceiros de perto.

Sem nomes como Ralph Willard, John Halpern e Mitt Romney, a Bain & Co. não teria sido tão espetacularmente bem-sucedida. Nunca vi uma equipe tão talentosa e eficaz de pessoas abaixo do chefe, ou uma equipe tão leal ao Sr. Big.

A propósito, Bill não os comprava com dinheiro: ele ficava com a maior parte para si mesmo. Ele os orientava e inspirava, ao mesmo tempo dava-lhes rédea solta, mas mantinha o controle.

A credibilidade da Bain & Co. veio de uma nova maneira. Bill criou um culto ao sigilo em torno de seu veículo. Por muitos anos, sua empresa não teve brochura, nenhum *site*, não escreveu memorandos ou relatórios, não teve cartões de visita e evitou a publicidade como a uma praga. Todas as suas vendas eram feitas através de discursos de venda diretos aos executivos-chefes, e por referências de clientes existentes para seus pares em outras empresas.

Isso foi muito facilitado pela natureza interligada dos conselhos americanos, cujos membros são principalmente CEOs e presidentes de outras grandes empresas, que atuam como diretores não executivos. A Bain encorajava seus clientes a falar sobre o trabalho de alta qualidade que a empresa estava fazendo, quando se reuniam com seus colegas diretores, nas reuniões do conselho. A maioria dos clientes da Bain vinha desta forma. Participei de uma reunião do conselho da Dun & Bradstreet, em Nova York, mostrando um pouco do trabalho que havíamos feito na Europa. Após essa apresentação, duas outras empresas, cujos CEOs estavam presentes, tornaram-se clientes da Bain.

Basicamente, a autoridade da Bain & Co. fluía de seu posicionamento único e intimidade com os clientes.

Jeff Bezos precisa da influência de seu exército da Amazon em grau ainda maior do que Bill Bain. Bezos também atribui enorme importância à qualidade e ambição daqueles que recruta. Para crescer rapidamente, ele precisou construir uma organização enorme.

A colaboração era igualmente vital, pois Bezos não sabia nada sobre funções como armazenagem e logística, quando a Amazon precisou começar a investir muito nelas. Jeff contratava as melhores pessoas que podia encontrar, apoiava-as totalmente, a menos que falhassem, e as demitia se o fizessem.

A credibilidade também era vital. Ela veio ao se tornar, de longe, o maior varejista *on-line* – mais tarde, o maior varejista, ponto – de livros e, em seguida, de outros produtos. E, como vimos antes, o foco implacável de Jeff em um atendimento ao cliente excepcional, e preços imbatíveis, sustentou a rápida expansão da Amazon. Novamente, a fórmula de negócios também foi o veículo.

Walt Disney começou seu estúdio com apenas mais um cartunista, o *nerd* e introvertido Ub Iwerks. Walt fornecia as ideias, Iwerks a execução.

Mickey Mouse é o exemplo perfeito. De alguma forma, os ratos entraram na mente inconsciente de Walt. Em um trem de Chicago para Los Angeles, ele esboçou um cenário para *Plane Crazy* [Louco por Aviões], sobre um rato que construiu um avião para cortejar uma senhorita rata. O enredo funcionou, mas seu desenho era desesperador. Ub Iwerks redesenhou o roedor, dando a Mickey um traseiro curvo e um nariz comprido, o que fez toda a diferença.

Como a Bain & Co., o BCG, e o *BCG de Bruce Henderson*, obtiveram alavancagem por meio de sua hierarquia cada vez maior de consultores. Henderson precisava de seus melhores colegas para vender e gerenciar o trabalho, e para fornecer inovação contínua em ideias. O BCG ganhou credibilidade por meio de seus conceitos, sua criatividade e poder de fogo intelectual, além de sua reputação de ter "inventado a estratégia". O BCG superou seus rivais impulsionado por uma criatividade e capacidade intelectual superiores.

Quando *Steve Jobs* foi demitido da Apple, o veículo que havia cofundado e impregnado com sua busca pela simplicidade elegante, ele fundou duas outras empresas, a NeXT e a Pixar. Elas se tornaram seus veículos na década seguinte. Na NeXT, diz Walter Isaacson, Jobs

> [...] era capaz de saciar todos os seus instintos, bons e maus. Ele estava desalgemado. O resultado: uma série de produtos espetaculares que foram estonteantes fracassos de mercado.

ENCONTRE & DIRIJA SEU VEÍCULO PARTICULAR

Não foi sua saída do Ato I, na Apple, que o preparou para o grande sucesso que teria no Ato III – (depois de ter sido restaurado como chefe da Apple, em 1997) –, mas seus brilhantes fracassos no Ato II[219].

Nem a NeXT, nem a Pixar, provaram ser bons veículos para Jobs. Quando ele voltou para a Apple, encontrou uma bagunça. Toda uma série de projetos e produtos, incluindo o Newton, o *software* de reconhecimento de caligrafia, gerava perdas e consumia dinheiro. A Apple tinha um produto lucrativo e confiável, o Macintosh. Jobs cortou todo o resto. Depois, fez uma pausa, até seu pessoal criar "a próxima grande novidade" que o iPod e o iTunes provaram ser, assim como todos os deliciosos e simples novos produtos, criados posteriormente. A Apple tinha o DNA e a capacidade de *design*. Jobs os aprimorou muito, para ir cada vez mais longe. Jobs pegou seu veículo velho e barulhento, quase sem condições de rodar, em 1997, e dotou-o de um novo motor tão potente que se tornou, por um tempo, o veículo mais valioso do mundo.

A lição? Não procure um novo veículo se o existente tem potencial de sucesso e pode ser radicalmente recondicionado.

Helena Rubinstein construiu o primeiro império global de cosméticos, na improvável *beachhead*[220] de Melbourne, Austrália. Depois de receber ajuda precoce do empresário John Thompson e de seus amigos, Rubinstein era, basicamente, uma banda de uma mulher só. Ela era a marca.

Ela não escolheu um sucessor. Depois de sua morte, o império sem imperatriz permaneceu solitário e sem alma, dentro da Colgate-Palmolive. Somente quando a L'Oréal comprou a Helena Rubinstein,

---

219 ISAACSON, Walter. *Steve Jobs*, op. cit., p. 219.
220 Se trata de uma estratégia de mercado advinda do mundo militar. A ideia jaz na escolha acurada de um mercado inicial para seu investimento a fim de viabilizar e facilitar a entrada nas demais camadas do seguimento escolhido, ou quem sabe a guinada para um outro ramo escolhido. É tido pelos economistas e especialistas como uma estratégia "conservadora" de negócio. (N. E.)

em 1988, o veículo encontrou um proprietário simpático e focado no luxo. Em 2007, Demi Moore – alguém tão "forte, determinada, inteligente e sedutora" quanto Helena Rubinstein – tornou-se o rosto público da marca e as vendas dispararam novamente.

Todos os líderes empresariais usaram seus veículos para aumentar amplamente seu alcance, potência e impacto, sem diminuir em nada as suas idiossincrasias, peculiaridades e capacidade de moldar o DNA de cada veículo à sua própria semelhança. Mesmo que o jogador se torne uma caricatura de si mesmo, isso é uma espécie de validação.

Quando uma empresa tem cofundadores – pense em Gates e Allen, Jobs e Wozniak, Bill Bain e Patrick Graham – normalmente um deles se torna dominante por pura força de personalidade. Mesmo quando o líder tem grandes falhas – talvez *especialmente* quando isso é verdade – o surgimento de um único líder sustenta o sucesso.

Veículos particulares para líderes políticos

Para os participantes da política, apenas alavancagem e credibilidade eram vitais:

Otto von Bismarck foi nomeado pelo rei. Sozinho, Bismarck poderia equilibrar os diferentes interesses e poderes do rei e do parlamento. Seu veículo era o Estado prussiano; mais tarde, o alemão e suas forças militares. Ele confiou quase inteiramente em suas próprias habilidades e julgamento. Ele tinha subordinados, mas nenhum colaborador. As três guerras que venceu consolidaram seu prestígio e poder.

O veículo de *Winston Churchill* era o Estado e o Império Britânico, seus exércitos e seu apelo popular como líder de guerra.

Lenin, assim como seus companheiros revolucionários russos, desfrutou de uma vida burguesa confortável no exílio, na Inglaterra e na Suíça. Passavam horas felizes bebendo café e comendo boa comida em cafés e restaurantes, discutindo os pontos mais delicados da teoria marxista, caminhando no campo, nas colinas e montanhas, e, no caso de Lenin, escrevendo artigos de jornal e livros. Lenin era um intelectual peso-pesado, a quem as teorias de Marx, e as suas próprias, haviam sido guias vitais à revolução que se aproximava. O jornal marxista *Iskra* foi a primeira maneira de Lenin polir suas credenciais revolucionárias. Quando seus rivais mudaram o jornal para Genebra, em um movimento para diminuir sua influência, Lenin prontamente mudou-se para lá[221].

O segundo veículo de Lenin foi seu livro de 1902, *O Que Fazer*[222]? Isso o colocou na *pole position* como o líder em espera de qualquer futura revolução russa[223].

No Segundo Congresso do Partido Social-Democrata Russo, em 1903, Lenin iniciou uma disputa sobre que tipo de partido eles deveriam ser. "Lenin queria um corpo de elite, fortemente organizado, de revolucionários profissionais dedicados sob uma liderança altamente centralizada, que impusesse disciplina aos membros"[224]. Martov (1873-1923), seu rival, queria algo um pouco mais flexível. Foi uma batalha de personalidades e Lenin estava determinado a se tornar o chefe. Martov disse a Lenin, "você está propondo uma ditadura". "Sim", disse Lenin, "não há outra maneira"[225].

Quando chegou a hora da votação dos delegados, Lenin conseguiu, por pouco, o apoio para a sua resolução. Ele imediatamente começou a chamar seu grupo de "Bolcheviques", e o de Martov, de "Mencheviques". Foi inspirado, porque bolchevique significa "maioria" em russo, e menchevique significa "minoria". Os termos permaneceram, apesar dos mencheviques geralmente serem maiores e mais influentes até a Revolução de 1917. Ele não se arrependeu do grande cisma e da enorme amargura que havia criado. Em vez

---

[221] SEBESTYEN, Victor, *op. cit.*, p. 136.
[222] LENIN, V. I. *O Que Fazer? – Questões Candentes de Nosso Movimento*. Nova York: International Publishers, 1902, 1961, 2014.
[223] *Ibid.*, p. 139.
[224] *Ibid.*, p. 149.
[225] Idem, *ibid.*

disso, adorava ter seu próprio veículo e ser seu líder indiscutível. Muitos tiranos no século XX iriam imitá-lo.

Entretanto, esses primeiros veículos eram meros aperitivos para Lenin. Ele foi verdadeiramente inspirador, oferecendo esperança de que a pior, a mais cruel e a maior autocracia do mundo pudesse ser derrubada por um bando de camaradas românticos e idealistas. "Alguns poucos milhares de nobres governaram a Rússia por séculos", disse ele. "Por que não nós?"[226] Parecia um sonho impossível. No entanto, uma série de eventos extraordinários – a derrota da Rússia na Primeira Guerra Mundial e uma série de levantes em 1917 – juntamente com o gênio inescrupuloso de Lenin, e sua incrível sorte, fizeram com que isso acontecesse.

Aqui, *Nelson Mandela* se destaca de outros terroristas. Mandela ganhou reputação dentro do CNA como um jovem cabeça-quente, incentivando atos de provocação cada vez mais ousados. Oliver Tambo, seu colega líder do CNA, descreveu Mandela como "apaixonado, emocional, sensível, rapidamente atingido pela amargura e pela retaliação"[227].

O CNA foi o principal veículo de Mandela para se destacar, até que um veículo ainda mais vital emergiu: seu período na prisão. Durante esses longos anos, Mandela amadureceu gradualmente. Na prisão, diz Richard Stengel, que colaborou com Mandela em sua autobiografia, "ele precisou moderar suas respostas a tudo. Havia pouco sob controle de um prisioneiro. A única coisa que você podia controlar – *precisava* controlar – era você mesmo"[228].

Na Ilha Robben, Nelson se estabeleceu como delegado sindical dos prisioneiros do CNA, resistindo às brutalidades mais flagrantes dos guardas e estabelecendo um *modus vivendi* viável entre os dois lados[229].

---

226 *Ibid.*, p. 139.
227 STENGEL, Richard, *op. cit.*, p. 15.
228 Idem, *ibid.*
229 *Ibid.*, p. 16.

As prisões de Robben Island e Pollsmoor foram o veículo de Mandela para a presidência da África do Sul. Foi a rota ao longo da qual a reconciliação entre oprimidos e opressores poderia progredir. O regime e Mandela conduziram esta dança delicada com brio e habilidade surpreendentes, com resultados que quase ninguém na década de 1980 teria acreditado serem possíveis: uma transferência de poder ordeira, amplamente pacífica, e o surgimento de uma democracia genuína.

Margaret Thatcher decidiu, desde cedo, que o Partido Conservador seria seu veículo de influência e poder. Em 1979, quando ela inesperadamente ganhou a eleição e se tornou primeira-ministra, seu veículo se tornou não apenas o Partido, mas todo o aparato do Estado.

Entretanto, havia um problema. Em seu gabinete, a maioria dos conservadores mais velhos não compartilhava de seu fervor ideológico. Então, o veículo estava com defeito, mal conseguindo sair da segunda marcha. Por isso, como vimos, a Guerra das Malvinas foi para ela uma grande bênção disfarçada. O triunfo inesperado nas Malvinas transformou Thatcher e suas perspectivas. Em pouco tempo, transformou também a Grã-Bretanha. A guerra era seu veículo turbinado, assim como as guerras de Bismarck haviam sido para ele e a Segunda Guerra Mundial havia sido para Churchill.

Observe aqui o ponto óbvio de que, embora uma guerra bem-sucedida seja um grande veículo político, é também um mecanismo muito bruto e arriscado, e provavelmente mais bem empregado na defesa do que no ataque. Napoleão III precipitou a Guerra Franco-Prussiana, de 1870-1871, para escorar seu capital político em ruínas. Entretanto, ele perdeu a guerra e o império que havia governado com sucesso por mais de duas décadas. A aliança de Tony Blair com a América na Guerra do Iraque foi militarmente bem-sucedida, mas apenas tornou a região mais instável e dividida. Além disso, a guerra destruiu sua reputação. Embora Bismarck tenha travado três guerras, ele odiava a guerra, por sua carnificina e imprevisibilidade. Ele a limitou tanto quanto possível e preservou a paz na Europa, ao longo de seus últimos vinte anos no poder.

A Diferença Entre Veículos Políticos e de Negócios

A colaboração é nitidamente menos importante aos estadistas, em comparação com os líderes empresariais.

Dirigentes de impérios de negócios, por mais que tenham tendências autocráticas, normalmente precisam de colaboradores com habilidades diferentes para equilibrar ou cobrir seus próprios pontos fracos. Os negócios, e não a política, são a verdadeira arte do possível. Os negócios são mais complexos, multifuncionais, dinâmicos, em rápida mudança e mais expostos a uma concorrência imprevisível.

Outra diferença: os líderes empresariais *criaram* seus veículos particulares, enquanto isso era menos verdadeiro para os líderes políticos. Churchill e Thatcher herdaram seus veículos mais importantes – o Partido Conservador e o Estado britânico – acrescentando apenas a liderança da guerra como veículo vital.

Bismarck recebeu o cargo de chanceler prussiano do rei, embora ele também tenha usado a guerra como veículo, e estendido seu poder e alcance, com a Confederação da Alemanha do Norte.

Lenin causou uma divisão no partido revolucionário russo no exílio e, efetivamente, criou os bolcheviques como sua própria facção e trampolim para sua ditadura, embora seus escritos também fossem veículos importantes.

Mandela fez sua reputação dentro do CNA, mas não escolheu seu veículo mais importante antes de assumir o poder – a prisão – embora ele também se posicionasse de maneira única, como a pessoa capaz de reconciliar as raças e partidos, dentro da África do Sul. Ele reformulou toda a estrutura da política sul-africana. Sua presidência foi totalmente diferente de tudo o que havia acontecido antes.

Os líderes políticos de sucesso mais extraordinário também foram os menos típicos ou convencionais. Eles criaram novas fontes de poder de uma forma quase empreendedora.

Veículos particulares dos outros participantes

Marie Curie teve vários veículos particulares em sua carreira, incluindo o Instituto de Rádio, fundado por ela em 1914, e suas unidades móveis de raios-X, que ela construiu para serem conduzidos nos campos de batalha, da Primeira Guerra Mundial. As unidades ajudaram a salvar a vida de cerca de um milhão de soldados feridos, identificando onde as balas haviam se alojado e onde a cirurgia era necessária. Entretanto, seu veículo mais importante era o rádio: o magnífico, ultra potente, mas também perigoso, novo mineral que ela identificou e isolou.

O veículo de *Albert Einstein*, acima de tudo, foi seu primeiro avanço na relatividade, que transformou a imagem do universo, legada mais de dois séculos antes, por Isaac Newton. Como Newton, Einstein era recluso, um gênio solitário. Nenhum deles precisou de qualquer colaboração para fazer suas descobertas. A verdade das teorias de Einstein, posteriormente validada por cálculos astronômicos, era sua própria fonte de credibilidade. Depois disso, lentamente no início, e com ímpeto crescente, as universidades da Europa e da América competiram para atrair Einstein. Entretanto, foi ele quem lhes deu credibilidade, e não o contrário.

Com *Viktor Frankl*, também, o veículo era a mensagem – "a principal preocupação do homem não é obter prazer ou evitar a dor, mas ver um significado em sua vida"[230].

> O homem considera apenas o campo de restolho da transitoriedade e ignora os celeiros cheios do passado, onde guardou, de uma vez por todas, suas ações, alegrias e também seus sofrimentos. Nada pode ser desfeito e nada pode ser eliminado. Devo dizer que *ter sido* é o tipo mais certo de ser[231].

---

230 FRANKL, Viktor E., *op. cit.*, p. 136.
231 *Ibid.*, p. 144.

E os veículos de *John Maynard Keynes*? Tanto o King's College, em Cambridge – o *establishment* – quanto o mundo boêmio de Bloomsbury eram veículos decorativos e agradáveis para Keynes, mas não representavam a vida real. O veículo essencial de Keynes era seu cérebro extraordinário e os livros aos quais deu origem, principalmente *As Consequências Econômicas da Paz*, em 1919, e sua obra-prima, de 1936, *A Teoria Geral do Emprego, Juros e Dinheiro*. Keynes não tinha colaboradores importantes e não precisava de cargos para sustentar seu senso de destino.

O estúdio de *Leonardo* – e, acima de tudo, todas as suas pinturas e esculturas – eram os únicos veículos dos quais necessitava.

O veículo de *J. K. Rowling* era Harry Potter e Hogwarts.

Os veículos particulares de pensadores, escritores e artistas são diferentes daqueles dos políticos e líderes empresariais. Os veículos dos pensadores são, principalmente, livros ou outras publicações, descobertas ou invenções, ou obras de arte. Outros veículos são predominantemente ornamentais ou úteis para publicidade.

Nossos dois músicos precisavam de seus veículos para credibilidade e alavancagem.

O primeiro e mais importante veículo de *Bob Dylan* foi o movimento popular. Ele se tornou seu expoente mais famoso, reinterpretando-o para novos e turbulentos tempos. Outros veículos importantes foram a Columbia Records e seus álbuns e canções. Estas, muitas vezes, alcançavam maior sucesso comercial quando gravadas por outros cantores. O relacionamento turbulento de Dylan com seus fãs também serviu de veículo. Isso lhe concedeu um certo ar de mistério e controvérsia, e destacou sua batalha pela liberdade e criatividade, o que exigiu que ele, repetidamente, decepcionasse e confundisse seus fãs ao seguir em frente com novos gêneros. Embora o Movimento Popular tenha feito Dylan, ele se recusou a permanecer seu fiel porta-voz.

Por razões ainda um pouco misteriosas hoje, a Columbia assinou com Dylan antes que tivesse seguidores significativos, e esse contrato chamou a atenção para ele. Entretanto, em pouco tempo, a autoridade imanente à sua música e letras trouxe o sucesso a Dylan. Nisso, ele era como os pensadores. Ele era como Frankl, Leonardo, Einstein e Keynes – seus veículos particulares eram suas percepções dramáticas, expressas em palavras e imagens inesquecíveis.

Madonna tem uma frota de veículos – gravadoras, vídeos, filmes, seu próprio império de negócios e, acima de tudo, seu cultivo da mídia. Madonna está sempre pronta com uma pose polêmica ou algo interessante. Ela está carente –precisa de influência. Madonna obtém isso através de talentosos produtores de vídeo, diretores de cinema, produtores de som e sabe-se lá quem mais. Sua credibilidade decorre de sua presença permanente na mídia.

Finalmente, *Paulo de Tarso*.

Sem Jesus, Paulo não teria tido nada para pregar. Igualmente, no entanto, Paulo mudou tão radicalmente a seita judaica, formada por seguidores e parentes de Jesus – dando-lhe uma missão ao mundo inteiro e reinterpretando o significado de Cristo – que devemos considerá-lo semelhante aos poucos empreendedores que começaram uma empresa dominante no mundo, ou aos poucos cientistas, como Newton, Einstein ou Darwin, que nos deram uma visão de mundo completamente diferente.

Ao contrário dos cientistas, mas de maneira semelhante aos empreendedores, Paulo precisava de alavancagem. Ele não poderia começar uma nova filosofia-religião e cultivá-la exponencialmente sem muitos seguidores, muitos novos grupos de crentes, em muitas cidades diferentes ao redor do Mediterrâneo. Paulo não precisava apenas de seguidores de Cristo (e de si mesmo), mas também doutriná-los com sua nova mensagem. Ele simplificou o novo modo de vida em suas cartas aos novos grupos de crentes.

Paulo era como nossos cientistas e outros pensadores. Ele precisou mudar uma visão de mundo e criar uma outra. É difícil vender o desconhecido, requer intelecto único e poderes de persuasão.

Como os cientistas, e ao contrário dos empresários, a mensagem e a credibilidade de Paulo precisavam ser *pessoais*. A credibilidade e a influência de um empreendedor dependem muito mais de seu veículo – sua empresa e seus produtos – do que de sua personalidade. Você não compra um dispositivo Apple, porque admira Steve Jobs, mas pelo que ele faz por você. Você pode acreditar que ele era um completo idiota, mas fica feliz em pagar um preço elevado por suas invenções. A credibilidade que importa para os empreendedores não é a pessoal, mas a baseada na marca e no produto.

Para se tornar um cristão, você precisava "comprar Paulo" e seu relato do significado de Cristo e de sua presença viva contínua. Todos os grandes líderes cristãos, depois de Paulo, se inspiraram nele. Suas palavras ressoaram ao longo dos séculos, e ainda o fazem.

Entretanto, talvez o veículo mais importante de Paulo – do qual ele nunca soube, e sem o qual ele poderia ter sido esquecido ou ofuscado – tenha sido a obra de Marcião, o esquecido, mas fundamental, evangelista do segundo século. Marcião foi um bem-sucedido magnata da navegação. Ele foi a Roma, em 138 d. C., e, após cinco anos de reflexão, publicou dois livros.

Um deles era uma reinterpretação da mensagem de Paulo, contrastando o Deus do Antigo Testamento – um Deus da ira – com o Deus supremo e "Desconhecido" – um Deus do amor. Este que, disse Marcião, revelou-se pela primeira vez ao enviar Jesus à Terra.

O outro trabalho de Marcião foi um cânone – uma compilação – de suas escrituras "aprovadas": o primeiro "Novo Testamento". Este compreende apenas dez cartas de Paulo e um evangelho, uma versão de Lucas[232]. Embora outros livros tenham sido admitidos posteriormente no Novo Testamento, a predominância de Paulo em suas páginas permaneceu. Marcião garantiu que a mensagem

---

[232] JONAS, Hans. *The Gnostic Religion: The Message of the Alien God and the Beginnings of Christianity* [A Religião Gnóstica: A Mensagem do Deus Alienígena e os Princípios do Cristanismo]. Boston: Beacon Press, 1958, 1963, p. 145; BeDUHN. *The First New Testament: Marcion's Scriptural Canon* [O Primeiro Novo Testamento: Cânon Escriturístico de Marcião]. Salem, Oregon: Polebridge Press, 2013, que reconstrói todo o cânone de Marcião.

de Paulo, e a de Jesus, encapsulada e reinterpretada por Paulo[233], fossem o cerne da nova religião. Sem Marcião, o Cristianismo teria se tornado uma religião diferente, muito provavelmente a Reforma e o Protestantismo nunca teriam acontecido[234].

A sobrevivência e propagação de livros importantes – contendo a filosofia e a visão de pessoas como Aristóteles, Platão e Sócrates, bem como a de Jesus e Paulo – foi, provavelmente, o veículo mais importante da civilização ocidental como a conhecemos hoje. Como disse Churchill, a única coisa que sobrevive por longos séculos são os livros.

Jogador Veículos Criados

Bain: a *Bain & Co.*; a fórmula de consultoria exclusiva da Bain; recomendações de CEOs de clientes para outros CEOs; Bain Capital.

Bezos: a Amazon e a fórmula de negócios de Bezos para a Amazon.

Bismarck: o Estado e o exército prussianos; Confederação da Alemanha do Norte; Estado e forças armadas alemãs; guerras bem-sucedidas contra Dinamarca, Áustria e França.

Churchill: sua oposição a Hitler; Estado e Império Britânico; seus exércitos e pessoas.

Curie: Rádio.

---

233 Muitas vezes não é percebido, exceto por estudiosos da Bíblia e historiadores, que a versão de Jesus apresentada nos Evangelhos foi fortemente influenciada pelo que Paulo escreveu sobre Jesus e seu significado. As cartas de Paulo foram quase certamente escritas antes de qualquer um dos quatro evangelhos do Novo Testamento.

234 As melhores apresentações a Marcião são JONAS, Hans, op. cit., p. 137-46, HARNACK, Adolf. Marcion: The Gospel *of the Alien God [Marcião: o Evangelho do De*us Alienígena]. Eugene, Oregon: Wipf and Stock, 1923, 1924, e WILSON, Robert Smith. Marcion: A Study of a Seco*nd-Century Heretic [Marcião: um Estudo de um Herege do Se*gundo Século]. Londres: James Clarke, 1933. Ver também PAGELS, Elaine. The gnostic Paul: gnostic exegesis of the Pauline *letters* [O gnóstico Paulo: exegese gnóstica das cartas Paulinas]. Londres: Continuum, 1975, 1992.

Disney: Disney Studio; desenhos animados, filmes e televisão; Mickey Mouse e personagens posteriores da Disney; a corporação pessoal WED, de Walt; Disneylândia.

Dylan: o movimento popular; Columbia Records; canções e álbuns; fãs.

Einstein: Teoria da relatividade; Universidades de Zurique, Praga, Berlim, Caltech, Berkeley e Princeton; meios de comunicação.

Henderson: Boston Consulting Group (BCG); os conceitos de Curva de Experiência e Matriz BCG; Perspectivas (pequenas ideias enviadas aos gerentes seniores); Conferências BCG.

Frankl: *Em Busca de Sentido*; palestras; prêmios; escola de seguidores.

Jobs: Apple, NeXT + Pixar; computadores Macintosh; dispositivos digitais Apple; lojas Apple; aplicativos Apple.

Keynes: *As Consequências Econômicas da Paz*; Kings College, em Cambridge; A Teoria Geral.

Lenin: *Iskra* (jornal revolucionário russo); *O Que Fazer?*; partido Bolchevique; Estado russo; polícia militar e secreta.

Leonardo: seu estúdio em Florença; suas pinturas, esculturas.

Madonna: gravadoras; álbuns, vídeos, filmes; meios de comunicação; empreendimentos de negócios pessoais.

Mandela: ANC; prisão de Robben Island; estado Sul Africano.

Rowling: Harry Potter.

Rubinstein: império de cosméticos homônimo; publicidade e mídia; marketing de personalidade e rede pessoal.

Paulo de Tarso: igrejas da cidade que ele fundou; suas *cartas (epístolas)* a eles, *Atos dos Apóstolos*; Marcião e seu cânone pioneiro do Novo Testamento

Thatcher: Partido Conservador; Estado britânico e militar; Guerra das Malvinas; programa "thatcherista" em favor da livre iniciativa, contra monopólios estatais de negócios e abusos do poder sindical.

Veículos particulares dos participantes por categoria

Categoria: Veículos Particulares Típicos.

Negócios: Empresa fundada; fórmula de negócios.

Política: Partidos políticos; o Estado; guerras; foco claro em objetivo estreito.

Pensadores: Descobertas ou novos conceitos; livros e periódicos; universidades; obras de arte.

Música: Gravadoras; canções; álbuns; shows; vídeos; mídia e publicidade.

Religião: Um herói/profeta; credo pessoal; conceito simples; habilidade organizacional; cânone de escritos aprovados (e. g. Novo Testamento).

Agora, você pode estar pensando: "Não é tudo tão óbvio? Naturalmente, um empresário precisa abrir uma empresa. Claro, um músico de *rock* precisará de uma gravadora e canções de alcance mundial para gravar, e assim por diante. Como isso me ajuda a turbinar minha carreira?"

Bem, *é* óbvio – mas se você é um cantor, você já tem uma gravadora de prestígio e acesso a grandes músicas? Se está no mercado, já abriu uma empresa que seja suficientemente diferente de qualquer outra, com uma ótima fórmula de negócios, como Amazon ou Apple, ou Boston Consulting Group, ou Bain & Company, ou Helena Rubinstein, ou Walt Disney?

Se não o fez, você está obcecado com a necessidade de fazê-lo?

Sumário e conclusão

Um "veículo de *pool*" já existente é um começo útil – algo em que podemos montar para galgar e usar a nossos próprios fins. Se não há nada no ambiente que desejemos usar, como veículo ou "antiveículo", devemos mudar nosso ambiente a um mais fértil.

Para um sucesso extraordinário, você precisa possuir seu próprio veículo particular. Você não pode simplesmente rumar a um sucesso extraordinário. Nenhum de nossos participantes fez isso.

Qual deve ser o seu veículo?

7

PROSPERE COM CONTRATEMPOS

"Sucesso significa seguir de fracasso em fracasso sem perder o entusiasmo".
WINSTON CHURCHILL[235]

"Os políticos se erguem por meio de labutas e lutas. Eles esperam cair; eles esperam se levantar novamente".
WINSTON CHURCHILL[236]

"O excesso de energia liberado da reação exagerada aos contratempos é o que inova!"
NASSIM NICHOLAS TALEB[237]

Não basta ser resiliente e superar contratempos; para ter um sucesso extraordinário, você deve aprender a prosperar com eles.

Esta é uma arte que todos os participantes aperfeiçoaram. Considere três casos em destaque.

---

235. http://quotivee.com/2013/articles/quote-explained-winston-churchill-success/
236. Citado em ROBERTS, Andrew, *op. cit.*, p. 207.
237. TALEB, Nassim Nicholas. *Antifrágil: Coisas que se Beneficiam com o Caos*. Nova York, Random House, 2012, p. 185.

O Rei dos Contratempos – Winston Churchill

Como seu pai, Randolph Churchill (1849-1895), Winston parecia fadado a um glorioso fracasso. Seus contratempos foram tão numerosos que devemos nos limitar aos realmente graves.

Sua energia, maníaca e transbordante, poderia suprimir o bom senso, com resultados graves. Isso é ilustrado pela aventura de Winston na Antuérpia, de 3 a 7 de outubro de 1914, e na Grande Guerra, de 1914 a 18. Quando os alemães avançaram pela Bélgica, seu objetivo era tomar os grandes portos da costa da França e da Bélgica. Seu primeiro porto de escala, por assim dizer, era avançar sobre a Antuérpia. Se Antuérpia caísse, isso significaria o fim da Bélgica como um país livre e colocaria em risco os outros portos: Ostende, Dunquerque, Calais e Boulogne, que os franceses corriam para fortalecer contra os alemães.

Churchill propôs ao Gabinete Britânico ir à Antuérpia para reunir as tropas belgas e trazer reforços britânicos. "Uma vez na Antuérpia", diz o biógrafo Roy Jenkins, Churchill "se lançou, com uma mistura de energia galvânica, total indiferença por sua própria segurança, e considerável preocupação com seu próprio conforto, para organizar a resistência da Bélgica"[238]. Ele estava se divertindo tanto que sugeriu que deveria renunciar ao cargo de gabinete e assumir como comandante militar por lá.

Foi um fiasco total. Antuérpia resistiu ao avanço alemão por apenas cinco dias, tempo suficiente para ajudar a proteger os outros portos, mas com grande custo humano. Churchill, disse o jornal *Morning Post*, um apoiador do governo conservador, "deve ter ficado louco, por ter pensado que poderia socorrer a Antuérpia... colocando 8.000 soldados mal treinados nela". A maior parte do exército belga foi perdida, e cerca de 2.500 soldados britânicos – muitos deles a

---

[238] JENKINS, Roy, *op. cit.*, p. 249.

Divisão Naval não treinada de Churchill – morreram ou foram capturados e aprisionados[239].

Muito pior estava por vir. Crítico, e com razão, do impasse na Frente Ocidental – "enviando nossos exércitos para mastigar arame farpado em Flandres", como ele disse –, Churchill propôs o que pensava ser uma operação naval e militar conjunta com poucas baixas, em Dardanelos (parte do Império Otomano, na atual Turquia), com o objetivo de ameaçar Constantinopla (Istambul), forçar a Turquia a se retirar da guerra e trazer a Grécia, a Bulgária e a Romênia à guerra ao lado da Grã-Bretanha e da França. A campanha, também conhecida como Gallipoli, não funcionou. Em março de 1915, as tropas desembarcaram, mas a maioria foi massacrada logo depois, com mais de 114.000 baixas britânicas[240].

A reputação de Churchill como estrategista militar nunca se recuperou totalmente. Em pouco tempo, ele foi totalmente afastado do governo. Aos quarenta anos, Churchill disse a Lord Riddell (1865-1934): "Estou acabado". A valente e sempre solidária Clementine ("Clemmie" [1885-1977]), esposa de Churchill, confidenciou a um amigo: "Pensei que ele morreria de tristeza"[241].

Mesmo assim, Churchill se recuperou. Ele foi para o exército britânico na França como major, por seis meses, incluindo um período nas trincheiras – uma nova vida, à qual ele se adaptou bem, fortalecido por suprimentos extras de sardinhas, chocolate, carnes em conserva, carne enlatada, queijo Stilton, creme, presuntos, frutas secas, torta de carne, conhaque vintage e conhaque de pêssego enviados por Clemmie. Ele apreciou a camaradagem e as relativas dificuldades, seu bom humor habitual retornou. "Encontrei felicidade e contentamento como não conhecia há muitos meses", escreveu ele a Clemmie, "nunca estive com melhor saúde e ânimo"[242].

---

239 *Ibid.*, p. 250-51.
240 ROBERTS, Andrew, *op. cit.*, p. 208, 228.
241 JENKINS, Roy, *op. cit.*, p. 277.
242 *Ibid.*, p. 293.

Churchill teria muitos outros contratempos. Em 1925, como Chanceler do Tesouro, ele cometeu o erro terrível de devolver a libra esterlina ao padrão ouro, no altíssimo nível pré-guerra que a indústria britânica — especialmente a indústria do carvão, que já estava perdendo as exportações — não poderia sustentar. Keynes escreveu um panfleto influente, culpando Churchill, chamado *The Economic Consequences of Mr. Churchill* [As Consequências Econômicas do Senhor Churchill]. Isso era injusto, pois todo o sistema financeiro, os líderes conservadores e a oposição trabalhista impingiram a política a Churchill, que tinha fortes dúvidas sobre sua sabedoria. No entanto, Churchill foi o responsável pela decisão, o que terminou por atolá-lo na lama.

O que piorou as coisas foi a Greve Geral de 1926. Ela foi liderada por milhões de mineiros, que sofreram com alto desemprego como resultado do retorno ao padrão ouro. Churchill forçou os grevistas à submissão.

Ele sempre quis se tornar primeiro-ministro. Em 1928, este prêmio parecia estar ao seu alcance. Porém, em 1929, seu partido perdeu o cargo. Quando voltou, dois anos depois, como a vertente dominante no governo nacional, Churchill era uma figura muito contenciosa para ser incluída na coalizão.

Sua resposta inicial foi se desligar de sua obsessão política. Assim como Churchill havia se afastado da política ao se alistar no exército, após seus erros de 1914 e 1915, em 1929, ele deixou a política ativa e mergulhou em um frenesi de escrita altamente lucrativo durante dois anos, para, em seguida, sair em uma punitiva turnê de palestras pela América.

Porém, enquanto em 1916, uma pequena pausa na política fez maravilhas à psique de Churchill. Entre 1929 e 1931, um Nêmesis o perseguiu implacavelmente. Ele quase faliu após a queda de Wall Street, em 1929. Ainda assim, Churchill era resistente: redobrou seus esforços de escrita para ficar à frente de seus credores. Então, em dezembro de 1931, ele foi atropelado por um carro ao atravessar a

Quinta Avenida, tendo sofrido um ferimento grave no couro cabeludo e duas costelas quebradas. Mesmo assim, Churchill continuou. Em pouco tempo, retomou sua onerosa turnê de palestras, retornando a Londres em 1932, maltratado e machucado.

Churchill piorou as coisas ao se atirar de cabeça em uma nova obsessão política: a oposição a uma medida moderada de autogoverno para a Índia. "Foi em grande parte por causa da hostilidade que Churchill despertou, por essa campanha feroz e fútil", escreveu o historiador David Cannadine, "que seus discursos, rigorosamente argumentados e poderosamente documentados, contra a ameaça nazista atraíram muito menos atenção do que mereciam"[243]. Na verdade, Churchill sabia muito pouco sobre a Índia.

Em 1936, Churchill estava mal, ocasionalmente deprimido e bebendo demais, mesmo para seus padrões liberais. Ele tinha, diz Roy Jenkins, "uma sensação de impotência política, de seu talento desperdiçado, do tempo passando por ele"[244].

No entanto, foi também nessa época que Churchill acertou em cheio com avisos cada vez mais apocalípticos sobre Hitler. E, milagre dos milagres, à medida que Winston seguia mais e mais além, Hitler emprestava credibilidade e vingança crescentes a seu inimigo mais determinado. Depois que Hitler enganou o primeiro-ministro britânico, Neville Chamberlain (1869-1940), com promessas de paz em Munique, em outubro de 1938 e, em seguida, rompeu seus compromissos invadindo a Tchecoslováquia, em março de 1939, Churchill estava cada vez mais em alta, e quando a guerra com a Alemanha sobreveio em setembro de 1939, ele se tornou quase imparável. Naquela época, ele disse em suas memórias, "um forte senso de calma" e "serenidade de espírito" cresceu nele, juntamente com um "elevado distanciamento dos assuntos humanos e pessoais"[245].

---

243 CANNADINE, David, *op. cit.*, p. 103.
244 JENKINS, Roy, *op. cit.*, p. 466.
245 Citado em GILBERT, Martin, 1981, *op. cit.*, p. 267.

Como podemos explicar a capacidade desse homem notável não apenas de sobreviver a todo um catálogo de desastres pessoais e políticos, mas de prosperar com eles e emergir em sua melhor forma no momento da maior crise de sua nação?

Em 18 de maio de 1940, Churchill esperava uma invasão alemã iminente da Grã-Bretanha. Naquela noite, seu amigo John "Jock" Colville (1915-1987) estava com Churchill na Sala de Guerra Superior da Casa do Almirantado. "Winston estava de excelente humor", registrou Colville, porque "está cheio de luta e prospera em crises e adversidades"[246].

Churchill, impulsionado por sua autoconfiança e expectativas gigantescas, teve ao longo de sua carreira um grave senso de drama pessoal, não apesar de, mas *por causa de* seus reveses. Sua carreira era importante, e se subia e descia como um ioiô, apenas alimentava seu senso de auto importância. O que Winston fazia, o que Winston dizia, importava. Ele estava "fora" ou "dentro", e se um fosse o prelúdio do outro, estar por baixo seria seguido por estar por cima – e estar *realmente* por baixo era talvez a condição e a preparação para estar *realmente* por cima. Churchill sabia da história que a vida não segue em linha reta e fazer parte de grandes eventos que tornam todos os dias vitais.

Os reveses fornecem *feedback*, de modo que mudamos totalmente o curso – uma mudança de estratégia – ou redobramos a convicção de que estamos certos, mas percebemos que devemos mudar de tática para triunfar. Podemos ver essa experiência de aprendizado com Churchill. Depois que sua hostilidade ao trabalho organizado, na Greve Geral, criou ferozes inimigos, ele interrompeu sua aguda cruzada pró-capitalista. Na década de 1930, ele cortejou o apoio trabalhista e liberal para se opor a Hitler e exigir o rearmamento. Ele sabia que estava certo sobre a ameaça ao mundo e, por dez anos, concentrou todas as suas energias e seu ser em derrotar Hitler.

---

246 ROBERTS, Andrew, *op. cit.*, p. 534.

Paradoxalmente, contratempos podem validar visões não convencionais e contribuir para uma sensação de grandeza. Se você seguir o rebanho, não será nada de notável. Mas se for controverso, o será. Retrocessos acontecem com mais frequência a pessoas que assumem grandes riscos. Quem assume riscos desafia a opinião da maioria – por isso, é um risco. Os riscos têm alta desvantagem, mas grande vantagem. E se pudermos sobreviver às derrotas não apenas por meio da resiliência inerente, mas também porque as derrotas nos fornecem *feedback e* validação, e continuarmos a correr altos riscos, preservaremos a possibilidade de um sucesso futuro notável.

Churchill estava errado sobre a Antuérpia, desastrosamente errado sobre Gallipoli, equivocado sobre o padrão ouro, foi imprudente ao lidar com a Greve Geral, errou sobre a Índia, mas, então, absolutamente certo sobre a ameaça existencial de Hitler. Sobreviver a uma derrota torna a sobrevivência à próxima derrota mais suportável, mais fácil e mais provável. Eventualmente, se você continuar puxando a alavanca do caça-níqueis, pode alcançar seu tesouro – contanto que não fique sem dinheiro, a moeda da autoconfiança e da convicção.

Nassim Nicholas Taleb escreveu um excelente livro – na minha opinião, o melhor dele –, chamado *Antifrágil*, termo cunhado por ele. Ele abre o livro assim:

> O vento apaga uma vela e energiza o fogo.
>
> Da mesma forma com a aleatoriedade, a incerteza, o caos: você quer usá-los, não se esconder deles. Você quer ser o fogo, e desejar o vento [...].
>
> A missão é como domesticar, até mesmo dominar e conquistar o invisível, o opaco e o inexplicável[247].

Ser antifrágil não significa ser resiliente – pelo contrário, significa beneficiar-se positivamente de choques, contratempos, riscos e incertezas. Para inovar, ele diz, primeiro tenha problemas.

---

247 TALEB, Nassim Nicholas, *op. cit.*, p. 3.

Os reveses são um mecanismo de descoberta. Eles também liberam excesso de energia, motivação e força de vontade. A exposição ao fracasso é essencial ao sucesso. Precisamos "da luz da experiência adquirida com o desastre"[248]. Por meio da imaginação, da coragem e da ação, é possível obter, em sua maravilhosa frase, "a melhor metade da sorte"[249].

Isso descreve eloquentemente as ações de nossos participantes. Não está claro, no entanto, se essa atitude em relação a riscos, contratempos e desastres é uma propriedade natural do ser humano. Em vez disso, parece que a resiliência é o máximo que a grande maioria das pessoas espera de si mesma – a capacidade de resistir às falhas, não a capacidade de procurá-las e triunfar sobre elas.

Mesmo assim, nossos participantes, exemplificados por Churchill, eram antifrágeis. Não é que eles quisessem, consciente ou inconscientemente, experimentar enormes problemas. Em vez disso, eles assumiram riscos, que as pessoas comuns tendem a não assumir, e foram capazes de se beneficiar de contratempos que teriam derrubado a maioria das pessoas.

Eles tinham o espírito antifrágil. Foram e são bucaneiros, piratas e exploradores, com uma noção gravemente desenvolvida de seu próprio potencial e fortes opiniões anticonvencionais – eles exibem, não apenas um ego forte, mas também uma capacidade de enfrentar e desorientar a adversidade munidos de uma curiosidade sobre si mesmos e o mundo, além de um grau de estoicismo que os diferencia de pessoas meramente cabeças-duras e alheias ao risco e à aleatoriedade. Nossos participantes buscaram os riscos *sabendo que eram riscos*, concientes de estarem nadando contra a maré, seguros de que poderiam vencer, mas cientes da possibilidade do fracasso e capazes não apenas de enfrentá-lo, mas de contorná-lo. Eles tiveram, e têm, a coragem de se beneficiar da adversidade.

---

248 *Ibid.*, p. 185.
249 *Ibid.*, nota de rodapé na p. 181; ver também texto nas p. 180-81.

O mesmo, talvez, para nós. A capacidade de prosperar em reveses, de reformulá-los sob a luz mais favorável e corajosa, de fechar os olhos às próprias vulnerabilidades, é uma condição necessária ao sucesso extraordinário. Os estilingues e flechas da fortuna ultrajante sempre operam quando viajamos nas colinas da ambição elevada. Se quisermos vencer, devemos considerá-los nossos amigos, e aproveitar a oportunidade para aguçar nosso caráter e torná-lo imune a contratempos futuros. Depois de termos sobrevivido e prosperado após o equivalente aos Dardanelos de Churchill, ou às Malvinas de Thatcher, ficamos confiantes de que podemos transformar qualquer choque desagradável em vantagem para nós.

Jobs Prospera com o Fracasso

Em 1985, Steve Jobs foi brutalmente despedido da empresa que havia fundado. "A melhor coisa que já aconteceu a Steve", disse o rabugento Arthur Rock, capitalista de risco do conselho da Apple, "foi quando o despedimos. Dissemos a ele para ir embora"[250].

Jobs não via dessa forma. Ele havia cortejado John Sculley, o executivo da Pepsi, e o trouxe à empresa. Agora, ele havia forçado Jobs a sair de sua amada empresa. Jobs tinha uma foto bonitinha dele e de Sculley conversando alegremente em seu escritório. Ele a atirou no chão, quebrando o vidro. Jobs vendeu todas as suas ações – 11% da Apple –, exceto uma única. Este não foi o ato de um homem planejando uma volta. Ele estava fora, parecia, para sempre.

Você pode imaginar o que isso deve ter feito ao homem que pensava ser um gênio, um dos iluminados caminhando pela terra – criador do Macintosh, possivelmente o maior salto de produto à frente de seu tempo já feito pelo Vale do Silício, apesar de suas falhas –, agora, era excluído da Apple? Para piorar a situação, as ações da Apple dispararam quase 7% quando sua saída foi anunciada.

---

250 ISAACSON, Walter. Steve Jobs, *op. cit.*, p. 219.

No entanto, Arthur Rock estava certo. Apesar do trauma, Jobs era realmente antifrágil. O choque da dispensa o energizou poderosamente. Como Churchill, ele mergulhou em outras atividades. Jobs fundou um novo empreendimento e assumiu outro.

O primeiro foi o NeXT. O produto era uma estação de trabalho de ponta, vendida apenas para faculdades e universidades. O NeXT era uma caricatura da busca de Jobs por um produto espetacular, junto com todas as suas piores indulgências e hábitos. Ele começou pagando $ 100.000 por um logotipo, um cubo preto perfeito. Como o logotipo era tão bonito, Jobs insistiu que o computador também deveria ser um cubo perfeito, e isso era caro de fabricar. Jobs construiu uma fábrica futurista chique, completa, com paredes brancas, cadeiras de couro preto de US$ 20.000 e uma escadaria incrivelmente grandiosa, que parecia flutuar no espaço – a sede também tinha uma destas.

O produto foi colocado no mercado em meados de 1989, com cerca de dois anos de atraso. Ele tinha alguns recursos excelentes, como o dicionário Oxford, e obras completas de Shakespeare – "o que fizemos", disse Jobs no lançamento, "foi fazer os primeiros livros digitais reais", o primeiro avanço no "estado da arte da tecnologia do livro impresso, desde Gutenberg"[251].

Houve alguns problemas. O computador tinha um disco ótico de leitura / gravação, mas nenhum disquete de *backup*. O disco óptico tinha alta capacidade, mas era lento. Bill Gates foi pouco objetivo, mas infelizmente preciso: "Esta máquina é uma porcaria. O disco óptico tem latência muito baixa e a porra da caixa é muito cara. Essa coisa é ridícula"[252]. Jobs havia prometido a seu mercado acadêmico que custaria entre US$ 2.000 e US$ 3.000. Porém, saía por US$ 6.500 – se você quisesse uma impressora, custaria mais US$ 2.000, e outros US$ 2.500 por um disco rígido externo.

---

251 *Ibid.*, p. 234.
252 *Ibid.*, p. 229.

A NeXT esperava vender sua capacidade de fábrica de dez mil computadores por mês. Apenas quatrocentos mensais foram vendidos. A NeXT foi um fracasso magnífico – Jobs em sua forma mais expansiva, e menos comercial. No entanto, o empreendimento teve uma função para Jobs: distraiu-o de ser demitido da Apple, manteve-o no jogo digital, preservou seu amor próprio como um jogador no admirável mundo novo, trouxe-lhe lições valiosas sobre como não criar um negócio valioso e, acima de tudo, pavimentou o caminho a seu retorno à Apple, quando ela estava em apuros ainda piores do que a NeXT.

Enquanto a NeXT avançava mancando, a obsessão de Jobs por imagens digitais, e animação por computador, puxou-o cada vez mais para dentro de outra enorme experiência de aprendizado. Depois de deixar a Apple, ele se tornou o investidor majoritário da Pixar, cujo principal produto era o Pixar Image Computer. Era vendido por US$ 125.000, principalmente para animadores digitais e *designers* gráficos – pense no Vale do Silício servindo a Hollywood. A Disney era o maior cliente da Pixar. Ao lado do *hardware*, a Pixar tinha dois outros produtos: *softwares* para o computador e um pequeno trabalho secundário fazendo filmes de animação.

Enquanto dirigia a NeXT, Jobs forneceu à Pixar ideias e a supervisão do conselho, mas nenhuma foi frutífera. Em 1991, a Pixar estava na ala de terapia intensiva. Não conseguia vender o suficiente de seu equipamento muito caro, nem inventar um novo produto, para o mercado de massa. Jobs havia investido quase US$ 50 milhões na Pixar. Todas as três divisões estavam sangrando dinheiro, e nem Jobs, nem ninguém, queria despejar mais dinheiro no poço sem fundo.

Então, o acaso interveio.

Em 1988, John Lasseter, o gênio criativo por trás dos filmes de animação da Pixar, fez *Tin Toy*, um curta-metragem sobre um brinquedo chamado Tinny e o menino que brinca com ele, visto da perspectiva deste último. Uma pequena obra brilhante, *Tin Toy* se tornou o primeiro filme gerado por computador a ganhar um Oscar. Lasseter e Jobs se tornaram amigos e almas gêmeas – Jobs adorava animação por computador e havia financiado *Tin Toy*.

Em 1991, Michael Eisner, o chefe *workaholic* da Disney, e Jeffrey Katzenberg, chefe de sua divisão de filmes, que havia ficado extremamente impressionado com *Tin Toy*, tentaram atrair Lasseter de volta à empresa. Porém, Lasseter foi leal a Jobs e disse não à Disney. Em seguida, Katzenberg tentou fazer com que a Pixar fizesse filmes à Disney, e concedesse direitos exclusivos à empresa para a tecnologia de animação 3-D da Pixar. Jobs disse não. Jobs estava jogando agressivamente, porque sabia de algo que Katzenberg não sabia: a Pixar estava prestes a quebrar. Após conversas vigorosas, um acordo foi fechado em maio de 1991: a Disney iria financiar e possuir o primeiro novo filme no qual colaborassem, junto com os personagens dele. Em troca, a Pixar receberia 12,5 por cento das receitas de bilheteria.

Eles concordaram que o novo filme seria *Toy Story*, pegando a ideia de *Tin Toy*. O filme quase não foi concluído – a Disney e a Pixar lutaram pelo controle do enredo, nenhum dos lados gostou do trabalho em andamento e os estouros de custo foram terríveis, com cada lado culpando o outro.

No entanto, quando *Toy Story* estreou, em novembro de 1991, era uma obra de arte. Jobs apostou o futuro da Pixar no sucesso do filme, tornando-a pública uma semana após seu lançamento.

Você deve saber que *Toy Story* foi um grande sucesso, adorado pela crítica, pelos frequentadores do cinema e pelos banqueiros da Pixar. Jobs insistiu em um preço extravagante às ações da Pixar, mas elas quase dobraram no primeiro dia de negociação. A participação de Jobs, praticamente sem valor no início de 1991, passou a valer $ 1,2 bilhão.

Agora, a Pixar tinha dinheiro para ir 50/50 com a Disney pelos custos e recompensas de filmes futuros. Em 2006, a Disney pagou US$ 7,4 bilhões em ações para adquirir a Pixar. As ações de Jobs passaram a valer quase $ 6 bilhões.

"O perdedor agora vencerá mais tarde". Seria possível entender se Jobs, um admirador fanático de Dylan, passasse a amar essa frase de Dylan mais do que qualquer outra. Após *Toy Story* e o *float* da Pixar, em 1995, o ano seguinte viu outro golpe de Jobs: ele persuadiu a Apple a comprar sua empresa NeXT, como preço por se envolver novamente com a Apple. Então, em 1997, enquanto a Apple encarava o abismo da falência, o Conselho implorou a Jobs que tomasse as rédeas.

Como Churchill, Jobs foi um homem transformado por uma década no deserto. Ele ainda era o visionário, ainda o *showman*, ainda em busca das estrelas, mas seus fracassos e triunfos de sorte, na NeXT e Pixar, tornaram-no muito mais realista e comercial.

Agora, ele entendia que, para cumprir seu destino, precisava da Apple tanto quanto ela precisava dele: "Toda a noção de como você constrói uma empresa", disse ele, "é fascinante. Quando tive a chance de voltar à Apple, percebi que seria inútil sem a empresa, por isso decidi ficar e reconstruí-la"[253].

Jobs havia se tornado antifrágil. Um jogador que estivera à beira do abismo duas vezes, mas voltou mais forte, pronto para a grandeza.

O maior desapontamento de Leonardo o leva a seu triunfo

É significativo e excelente que a capacidade de prosperar em contratempos não seja, enfaticamente, o resultado de um temperamento feliz e ensolarado. Churchill tinha seu "cachorro preto": momentos de desespero e até depressão. Jobs tinha sua dúvida e irritabilidade. Ele foi profundamente afetado pelo que considerou a traição de John Sculley, que levou ao banimento de Jobs da Apple, seu bebê, durante mais de uma década. Podemos ver a coexistência de um lado problemático da personalidade, com a força para superar as adversidades, ainda mais vividamente em nosso terceiro caso, o de Leonardo da Vinci.

---

253 *Ibid.*, p. 334.

Quando tinha 24 anos, Leonardo sofreu um choque agudo. Ele foi um dos quatro jovens proeminentes "denunciados" anonimamente por suposta sodomia com Jacopo Saltarelli (1459-?), de dezessete anos, aprendiz de ourives, de quem se dizia associar-se com homens "que pedem maldade dele"[254]. Nenhum acusador se apresentou, então, o caso seria encerrado, desde que não houvesse mais acusações. Entretanto, um mês depois, outra denúncia alegou que os quatro tinham grande envolvimento sexual com Saltarelli. Se condenados, as penas incluíam prisão, exílio ou morte. Novamente, nenhuma testemunha se apresentou, mas parece provável que Leonardo tenha passado pelo menos uma noite, e possivelmente até dois meses, na prisão[255]. Sem sombra de dúvida, o incidente marcou Leonardo interiormente. "Quando fiz um menino Jesus, você me colocou na prisão", escreveu ele mais tarde em seu caderno, "e se eu mostrá-lo adulto, você será ainda pior para mim [...]. Estou sem amigos. Se não houver amor, o que haverá então?"[256]. Ele se sentiu abandonado por amigos e familiares, e "tornou-se mais retraído, mais 'misterioso' do que nunca"[257]. No entanto, ao longo de sua vida, Leonardo teve vários relacionamentos prolongados com jovens[258].

Aos vinte e tantos anos, Leonardo sofreu um sério golpe em sua carreira, que parece ter surgido de, e contribuído para, o desespero e a depressão. Aparentemente, pensava ter deixado pouca impressão no mundo: "enquanto pensava que estava aprendendo a viver, fui aprendendo a morrer", anotou em seu caderno, citando também uma frase, "nossas glórias e nossos triunfos passam", e um fragmento de Dante (1265-1321), incluindo as falas: "Fama, sem a qual a vida

---

254 ISAACSON, Walter. *Leonardo da Vinci, op. cit.*, p. 68.
255 ROWSE, A. L. *Homosexuals in History: A Study of Ambivalence in Society, Literature and the Arts* [*Homossexuais na História: Um Estudo de Ambivalência na Sociedade, Literatura e nas Artes*]. Nova York: Carroll & Graf, 1977, p. 14. Rowse diz dois meses, embora nenhuma evidência disso seja citada.
256 Leonardo da Vinci Notebooks, RICHTER, J. P., p. 132, 135, citadas em ISAACSON, Walter, *op. cit.*, p. 69.
257 ROWSE, A. L., *op. cit.*, p. 14.
258 *Ibid.*, p. 14-15; ISAACSON, Walter, p. 68-72.

do homem desaparece da mente, / Não deixando na terra mais memorial / Do que espuma na água ou fumaça no vento"[259].

Em 1481, quando Leonardo tinha 29 anos, o Papa Sisto IV (1414-1484) queria decorar sua recém-construída Capela Sistina, sem poupar despesas para torná-la o mais belo monumento. O Papa, naturalmente, perguntou a Lorenzo de Medici – "Lorenzo, *o Magnífico*" (1449-1492) – quem era a nata dos artistas de Florença, para que pudesse trazer o melhor deles a Roma. Lorenzo obedeceu, enviando um contingente de talentos supremos, incluindo Botticelli (1445-1510) e muitos outros, mas excluindo Leonardo[260].

Completamente arrasado, Leonardo resolveu deixar Florença e ir para Milão. Foi a melhor decisão de sua vida, dando-lhe um novo impulso e uma definição mais ampla de seu talento. Como explica Robert Greene, o grande revés de Leonardo o levou a conceber uma nova estratégia: "ele seria mais do que um artista. Também buscaria todos os ofícios e ciências que o interessassem – arquitetura, engenharia militar, hidráulica, anatomia, escultura"[261]. Em pouco tempo, Leonardo havia se tornado parte integrante da corte de Ludovico Sforza (1452-1508), duque de Milão, inicialmente, como produtor de espetáculos, peças e outros entretenimentos extravagantes, depois, como artista e engenheiro residente. Ele tinha quartos esplêndidos na Corte Vecchia, o antigo palácio de Milão, apoiado por uma agradável variedade de alunos e assistentes. Aqui, nos últimos cinco anos do século XV, ele pintou a sua obra-prima, *A Última Ceia*.

Podemos recontar brevemente alguns dos grandes contratempos de nossos outros participantes e como eles os superaram:

Marie Curie passou por uma vida inteira de sofrimentos e golpes pessoais. Quando Marie tinha cinco anos, sua irmã Zosia morreu de tifo. Sua mãe sofria de tuberculose; ela não ousou tocar ou beijar

---

259 ISAACSON, Walter, *op. cit.*, p. 89.
260 *Ibid.*, p. 89. Ver também GREENE, Robert, *op. cit.*, p. 23.
261 GREENE, Robert, *ibid.*, p. 23.

Marie e morreu quando esta tinha dez anos. Como estudante em Paris, ela viveu uma vida de pobreza abjeta, às vezes, quase morrendo de fome. Seu adorado marido e parceiro de pesquisa, Pierre Curie, foi atropelado e morto num acidente em Paris. A pesquisa de Marie era frequentemente conduzida em galpões frios, dilapidados e totalmente inóspitos, em vez de laboratórios adequados. Sua saúde estava ainda mais ameaçada por não saber da contaminação perigosa emitida pelo rádio, resultando em quase cegueira por catarata. Ao longo de sua vida, ela sofreu discriminação como mulher e por ter nascido fora da França, em um país e família oprimidos pela Rússia czarista. Através de todos esses desastres e vários outros, Marie Curie continuou infatigável. Marchou criativamente, sem reclamar, sem autopromoção ou autoglorificação, em direção a novas descobertas e realizações humanitárias práticas, muito além de qualquer expectativa razoável, até finalmente sucumbir à morte prematura, causada por seu amado rádio. Se você está procurando por santos sofredores neste livro com um enorme impacto positivo na humanidade, três se destacam: Nelson Mandela, Paulo de Tarso e, por último, mas não menos importante, Marie Curie.

Joanne Rowling teve sua visão de Harry Potter em meados de 1990. Porém, em seus vinte e tantos anos, ela estava em uma situação sombria. Sua mãe, Anne, a quem ela amava profundamente, morreu inesperadamente cedo, aos 45 anos, de esclerose múltipla, em dezembro de 1990. Joanne estava "dilacerada"[262]. Foi para Portugal, conheceu e casou-se com Jorge Arantes, em 1992. Entretanto, a relação deteriorou-se rapidamente, com denúncias de violência contra ela. Fugiu para Edimburgo no ano seguinte, abraçando Jéssica, sua filha pequena, e também levando consigo, após três anos e meio de escrita, apenas três capítulos de seu livro. Atolada na pobreza, sentindo-se presa pela filha, que dormia mal, caiu no buraco negro da depressão. "É aquela ausência de ser

---

[262] MOSS, Caroline. *Work it, Girl: J. K. Rowling*. Londres: Quarto, 2019, p. 22.

capaz de imaginar que um dia você poderá ser alegre novamente", Rowling disse mais tarde, "aquele sentimento muito amortecido, que é muito diferente de se sentir triste"[263].

E ainda – a única coisa que Rowling realmente tinha deixado, além de Jessica, a única coisa além de sua filha muito amada, com a qual ela realmente se importava, era a história de Harry Potter. Isso provou-se potente o suficiente para tirá-la do inferno. Ela frequentava um café, o Nicolson's, onde a equipe a conhecia e permitia que fizesse um único café durar uma ou duas horas. Enquanto Jessica dormia, Jo (como ela se identificava) escrevia, furiosa e produtivamente, sobre Harry. Ela precisava terminar o livro, por causa de sua sanidade. E ela o fez. No final de 1995, *Harry Potter e a Pedra Filosofal* estava pronto para ser enviado a agentes e editores.

Nós sabemos o resultado. Da mesma forma como a vida de Rowling até aquele momento tinha sido absurdamente horrível, ela então se tornou um sucesso extraordinário. Para o bem dos outros, ela generosamente colocou um brilho alegre sobre isso: "O conhecimento de que você saiu mais sábio e mais forte de contratempos, significa que você está, para sempre, seguro de sua capacidade de sobreviver"[264]. Embora isso seja verdade, também podemos tirar essa conclusão do início de Miss Jo Rowling: a crença em seu destino e em seu projeto pode superar até a pobreza, uma vida pessoal triste, e depressão séria, e não há terapia mais segura para o lado negro da vida. Assim como aconteceu com Churchill, Jobs e Leonardo, contratempos horríveis podem ser superados, por uma mudança de cenário e por atividades criativas, focadas em uma única conquista revolucionária.

Walt Disney foi à falência quando tinha 20 anos, e quase repetiu esse evento ao tentar financiar seu primeiro filme com Mickey Mouse. Também vimos como ele ficou desiludido com o conselho

---

263 SMITH, Sean, *op. cit.*, p. 108.
264 MOSS, Caroline, *op. cit.*, p. 28-29.

da Disney, no final dos anos 1940 e 1950, e precisava recuperar, a seu ver, sua criatividade e entusiasmo anteriores. Sua insatisfação beirava a depressão, mas levou ao maior salto de todos os tempos: a Disneylândia, que ele conquistou enfrentando a oposição de seu irmão Roy e do conselho da Disney, e somente após contrair dívidas pessoais pesadas e encontrar fontes de financiamento fora de sua empresa original, a Disney Productions. Walt abriu uma nova empresa para financiar a Disney com a enorme soma de US$ 20 milhões, na época. Ele recebeu de todos os seus seguros e vendeu sua segunda casa. Roy Disney ameaçou Walt com uma ação legal, caso ele usasse o nome Disney para o novo parque temático. Como Roy e Walt sempre haviam sido próximos e ficado ombro a ombro em todas as crises anteriores, isso deve ter sido traumático para os dois irmãos. Walt teria perdido tudo, se a Disneylândia não tivesse funcionado[265].

Margaret Thatcher descreveu a invasão das Malvinas como o pior momento de sua vida. No entanto, esse evento levou ao seu maior triunfo e transformação pessoal e, como ela o percebeu, à reversão do declínio nacional da Grã-Bretanha.

Bruce Henderson foi demitido da Westinghouse e da Arthur D. Little, tornando-se desempregado, e aparentemente não empregável, quando se aproximava dos cinquenta anos. Ele fundou uma empresa de consultoria, mas seguiu firme, até que Bill Bain, um não-conformista contratado por Henderson, contra o conselho de seus sócios mais antigos, inventou a Matriz BCG e a Curva de Experiência. Então, quando o Boston Consulting Group parecia destinado à glória, Bill Bain, diretor da maior e mais lucrativa parte do BCG, de repente, tirou de Henderson seus consultores e clientes de maior sucesso ao fundar sua própria empresa. Henderson pensava que Bain devia tudo a ele e ficou chocado com a deserção de Bill. "Foi uma guerra", disse Bruce, "o bombardeio japonês de Pearl Harbor. Eu me senti mais traído, roubado e profanado

---

265 CANNON, Tom, *op. cit.*, p. 220-26.

do que nunca em minha vida"[266]. No entanto, reconstruir o BCG posteriormente acabou sendo o melhor momento de Henderson, e o BCG acabou eclipsando até mesmo o extraordinário currículo da Bain & Company.

Lembre-se também de como uma sentença de prisão perpétua para Nelson Mandela o transformou no mais renomado líder do CNA e, por fim, no salvador da África do Sul. A esposa de Viktor Frankl e outros membros da família morreram nos campos de concentração de Hitler. Porém, o próprio Frankl acabou se tornando um dos mais influentes terapeutas e filósofos, do século XX. *Paulo de Tarso* sofreu pelo menos três naufrágios, e várias prisões e espancamentos, antes de desaparecer de vista, por volta de 62 d. C. Não sabemos como ele morreu. Uma tradição é que ele foi decapitado, por ordem do imperador Nero (37-68). Outra história é que ele terminou seus dias como missionário na Espanha. No entanto, Paulo foi, indiscutivelmente, o modelador mais influente da civilização ocidental, escrevendo a frase profundamente subversiva e profética – "Não há grego, nem judeu, escravo, nem livre, homem ou mulher, pois todos vocês são um, em Jesus Cristo"[267]. Em grande parte, foi por causa de Paulo que *Jesus Cristo*, cujo ministério aparentemente terminou em fracasso e crucificação, tornou-se o personagem mais famoso e reverenciado da história.

Sumário e Conclusão

Existe um modelo para transformar revezes repetidos, finalmente, em triunfo supremo:
- Assuma grandes riscos;
- Não se desanime caso eles não funcionem;

---

[266] "Counselor to the King" [Conselheiro do Rei], *The New York Times Magazine*, 24/set/1989, Seção 6, p. 18.
[267] **Carta de Paulo aos Gálatas 3:28.**

- Após um desastre, continue andando, mas mude de marcha;
- Expresse o desastre diferentemente – negue que a falha era inevitável ou culpa sua – "sempre foi um risco alto, então não surpreende que tenha falhado";
- A menos que mantenha seu objetivo original, mergulhe em algo diferente;
- Os contratempos dão *feedback*. Você precisa de reveses e irá obtê-los de qualquer maneira. Use-os para se tornar mais forte, mais robusto contra falhas futuras, e para obter novas experiências. Os desastres também tornam o triunfo final mais doce;
- Nunca desista da esperança. Você não pode saber o futuro, mas deve *confiar* nele. Permaneça realizado e friamente confiante. Quando a grande oportunidade acenar, mergulhe;
- Alimente um intenso sentimento de drama pessoal. O que você vai conseguir *importa* não apenas pessoalmente, mas ao mundo;
- Espere que as catástrofes sejam seguidas por uma grande alegria, para melhor, pelo que aconteceu antes. Um romance que termina em fracasso, fracasso, fracasso, fracasso, fracasso... fracasso final, não é uma história muito boa. Rejeite o *script*: melhore-o, transcenda-o. Pode ser feito. *Deve* ser feito. O público espera isso.

Prospere com contratempos. É uma forma de pensar, uma filosofia de vida e uma autoconfiança essencial ao sucesso extraordinário.

Se os reveses são uma fonte dolorosa, mas necessária, de sucesso extraordinário, agora, faremos a transição para uma causa mais feliz de triunfos pessoais e coletivos.

8
ADQUIRA UMA INTUIÇÃO ÚNICA

*"Um palpite pode ser confiável se puder ser explicado...
é uma informação que você não sabe que possui".*
Max Gunther[268]

*"Um palpite é tão bom quanto a soma
da experiência passada que o produz".*
Dr. Natalie Shainess[269]

*"O pensamento empresarial começa com uma escolha intuitiva de
suposições. Seu progresso como análise está entrelaçado com a intuição.
A escolha final é sempre intuitiva. Se isso não fosse verdade, todos os
problemas seriam resolvidos por matemáticos".*
Bruce Henderson[270]

---

268 GUNTHER, Mas. *The Zurich Axioms* [Os Axiomas de Zurique]. Londres: Souvenir Press, 1985, p 97-98. Ênfase no original.
269 GUNTHER, Max. *The Luck Factor: Why Some People Are Luckier Than Others and How You Can Become One of Them* [O Fator Sorte: Por Que Algumas Pessoas Têm Mais Sorte do que Outras e Como Você Pode se Tornar Uma Delas]. Petersfield, Reino Unido: Harriman House, 1977, 2009, p. 146.
270 STERN, Carl W. e STALK, JR., George, *op. cit.*, p. 260.

A intuição é a vantagem matadora – a vantagem biológica que os humanos têm sobre outras formas de vida. Podemos ser criaturas racionais. Na verdade, toda a ciência, civilização e riqueza sem precedentes dos tempos modernos parecem brotar do conhecimento e do cálculo racional. Porém, isso está errado.

Podemos enviar foguetes ao espaço e trazê-los de volta à Terra em segurança. Podemos destruir doenças devastadoras que causaram imenso sofrimento. Podemos criar novos produtos digitais emocionantes com base em conhecimentos que não existiam há uma geração. Podemos cultivar alimentos por uma fração minúscula de seu custo real no passado, resolvendo, assim, o problema aparentemente insolúvel da fome e da desnutrição. Podemos fazer tudo isso por causa de conhecimentos, alguns deles antigos, mas principalmente modernos.

De onde, por exemplo, veio a energia ou comida baratas? Da ciência, com certeza: de teorias que se mostraram corretas na prática; da ciência moderna da agricultura, da mecânica quântica, das teorias da relatividade de Einstein e muitas outras descobertas e invenções maravilhosamente racionais. Há duzentos anos, não tínhamos nenhum desses e, agora, os temos. Então, de onde vieram esses grandes saltos?

Do novo conhecimento, você dirá, e está certo. Entretanto, essa não é a verdade mais importante.

Antes de haver conhecimento, há outra coisa que o cria. Esse "algo mais" pode ser chamado de muitas coisas: teorias, hipóteses, imaginação, intuição, curiosidade, a constatação de anomalias em teorias anteriores – que não funcionam tão bem na prática quanto deveriam na teoria um novo paradigma da ciência – e muitos outros nomes.

Essa "outra coisa" é a peculiaridade e a glória da humanidade. Não é conhecimento, mas está relacionado a ele, e resulta em novos e melhores conhecimentos. Porém, não há como um computador ou – apesar de todo o seu alarde – a inteligência artificial gerar esse novo e maravilhoso conhecimento. Podemos chamar isso de "não exatamente conhecimento", "conhecimento implícito" ou, talvez o melhor de todos, "conhecimento oculto".

A maneira mágica como o conhecimento oculto se transforma em conhecimento incrivelmente valioso – a maneira pela qual a impureza se transforma em ouro, a alquimia do conhecimento – é através de um processo prévio. E vou chamar isso pelo nome mais simples e familiar. É a intuição que transforma o conhecimento oculto em um conhecimento incrivelmente valioso.

O sucesso extraordinário flui da intuição. A intuição converte o conhecimento oculto, que adquirimos ao longo da vida, a partir de nossas experiências únicas, criando um conhecimento incrivelmente valioso.

Desenvolver uma intuição única – transformando seu conhecimento oculto em um conhecimento incrivelmente valioso – é a coisa mais divertida que você pode fazer na sua vida.

Entretanto, há um porém.

Boas Intuições Requerem Conhecimento Profundo

"Uma nova ideia", disse Albert Einstein, "surge de repente, e de uma forma bastante intuitiva. Porém, a intuição nada mais é do que o resultado de uma experiência intelectual anterior"[271].

A intuição não é aleatória. Quanto mais você é um especialista em um campo estreito e tem profundos poços de conhecimento e experiência nele, quanto mais você pensa sobre isso com frequência, clareza e curiosidade, melhores serão seus palpites. A intuição não é o oposto do conhecimento – é adjacente a ele, sustentada por ele, a extensão dele.

A boa intuição é a articulação do conhecimento oculto.

É um salto de imaginação e capta a verdade que você, de certa forma, já conhecia. Recebemos grandes quantidades de informações, não processadas ou semiprocessadas, o tempo todo – não podemos

---

271 ISAACSON, Walter. *Einstein, op. cit.*, p. 113.

arquivar todas, mas elas não desaparecem. Se você realmente precisa, e quer, resolver uma lacuna em seu conhecimento explícito, você pode retirá-lo miraculosamente das profundezas de sua mente.

Podemos definir algumas diretrizes a respeito da intuição:

- Confie na sua intuição apenas nas áreas que compreende de trás para frente ou sobre pessoas que conhece muito bem, há muito tempo;
- O autor e investidor Max Gunther diz:

    > Nunca confunda uma esperança com um palpite [...]. Estou muito mais inclinado a confiar em uma intuição que aponte para algum resultado indesejado [...]. Fique especialmente atento a qualquer *flash* intuitivo que pareça prometer algum resultado que você quer muito[272];

- Aprimore sua intuição nas áreas de foco especial. Seus palpites mais valiosos estarão onde você já desenvolveu um conhecimento único e está usando a intuição para estendê-lo.

Aqui estão três exemplos marcantes.

A Intuição Única de Churchill

Winston Churchill foi um dos maiores estadistas da história moderna e um dos mais intuitivos. Agora, isso não é tão maravilhoso quanto parece, porque sua intuição estava frequentemente – na verdade, geralmente – errada. Porém, novamente, uma das coisas mais maravilhosas sobre a intuição é que dez intuições provadas erradas na prática não podem, de forma alguma, cancelar, ou mesmo diminuir, a décima primeira intuição, aquela que se mostra gloriosamente correta.

Tendo se enganado sobre a Antuérpia, Dardanelos, o padrão-ouro, a Greve Geral de 1926, a força de Wall Street no final da

---

[272] GUNTHER, Max. *Os Axiomas de Zurique*, op. cit., p. 103-04.

década de 1920, o autogoverno da Índia, e muito mais, Churchill, quando se aproximava dos 65, mostrou-se estar correto sobre uma grande intuição. Ele estava certo sobre Hitler. Ele estava certo ao dizer que Hitler, apesar das aparências fatalmente enganosas, não era um homem comum.

Hitler foi subestimado e mal compreendido, porque era muito fácil de subestimar e interpretar mal. Em 1938, o primeiro-ministro Neville Chamberlain tomou os dois primeiros voos de sua vida para concluir o acordo de Munique com Hitler. O que Neville pensava dele? Chamberlain não disse que ele era mau, nem mesmo agressivo, extremista ou astuto. Não. Seu veredicto foi que Hitler era muito comum, "totalmente indistinto", como ele disse[273]. Um homem que você não convidaria para jantar ou a seu gabinete, mas alguém em quem poderia confiar para manter uma barganha.

Sabemos, é claro, em retrospectiva, o monstro e mentiroso patológico – bem como um inimigo habilidoso e terrível – que Hitler era decidido a conquistar o mundo, exterminar os judeus e a reduzir o planeta à escravidão.

Poucas pessoas na década de 1930 compartilhavam dessa visão!

Muitos britânicos grandes e bons foram ver Hitler, em 1936, para descobrir o que ele "realmente" queria. Como diz o historiador Robert Tombs,

> Arnold Toynbee (o distinto teórico histórico) declarou-o "sincero" e transmitiu sua oferta de enviar tropas para ajudar a defender Cingapura. Lloyd George (o líder britânico da guerra e primeiro-ministro durante a Primeira Guerra Mundial) ficou muito impressionado com "o maior alemão da época". (O líder trabalhista George) Lansbury ficou encantado ao perceber que Hitler era "um abstêmio total, não fumante e vegetariano amante da paz": – "A Alemanha precisa de paz

---

273 Cf. TOMBS, Robert. *The English and Their History* [Os Ingleses e sua História]. Londres: Allen Lane/Penguin, 2014, 2015, p. 679.

[...]. Ninguém entende isso melhor do que Herr Hitler" [...]. Anthony Eden, Secretário de Relações Exteriores, achou Hitler "sincero" em querer o desarmamento. Os trabalhistas favoreciam uma "política construtiva de apaziguamento". Poucos na Grã-Bretanha podiam levar a sério a ideologia nazista, presumindo que *Mein Kampf* era exagero retórico [...] uma mistura de decência (britânica), preconceito, medo e autonegação tapou a maioria dos ouvidos[274].

Dois surdos poderosos eram Neville Chamberlain e o piedoso e cavalheiresco Lord Halifax (1881-1959), que se tornou Secretário do Exterior, em fevereiro de 1938. "Chamberlain [...] estava convencido de que deveria e poderia fazer negócios com Hitler e Mussolini"[275].

Tendo visto Chamberlain e Halifax em Munique, em 1938, Hitler chegou à conclusão óbvia: "nossos inimigos são pequenos vermes". Ele sabia que poderia fazer o que quisesse[276].

Churchill foi a grande exceção. Ele havia alertado contra Hitler e a nova Alemanha nazista de 1932. Quando Hitler marchou com suas tropas na Renânia, em 7 de março de 1936, ele disse: "A luta pela igualdade de direitos da Alemanha pode ser considerada encerrada [...]. Não temos reivindicações territoriais a fazer na Europa"[277]. Só Churchill deu a resposta certa: "Vamos libertar o mundo da aproximação de uma catástrofe, levando consigo calamidades e tribulações além da capacidade da língua dos homens"[278]. Churchill disse que Hitler estava mentindo – "Este negócio da Renânia é apenas um passo, um estágio, somente um incidente neste processo de preparação para novas agressões"[279].

---

274 *Ibid.*, p. 677.
275 *Ibid* , p. 677-78.
276 *Ibid.*, p. 680.
277 ROBERTS, Andrew, *Churchill, op. cit.*, p. 397.
278 Churchill para a Câmara dos Comuns, abril de 1936, citado em *ibid.*, p. 397.
279 *Ibid.*, p. 399.

Em 24 de março de 1938, Churchill avisou que Hitler inevitavelmente invadiria a Tchecoslováquia e que a resposta britânica, de desarmamento e tentativa de apaziguamento, fracassaria terrivelmente:

> Eu assisti a esta famosa ilha descer, incontinentemente, sem controle, a escadaria que leva a um golfo escuro. É uma bela e larga escada no início, mas, depois de um tempo, o carpete acaba. Um pouco mais adiante, só existem lajes. E, um pouco mais à frente, elas se quebram sob seus pés[280].

Compare as reações de Churchill com as de quase todos os outros ao Acordo de Munique, entre Hitler e Chamberlain, em 1938. "Chamberlain voltou à Inglaterra", diz Robert Tombs,

> [...] talvez como o homem mais popular do mundo, cercado por multidões e recebendo 40.000 cartas, principalmente de felicitações, e centenas de presentes. Ele foi sugerido para o Prêmio Nobel da Paz[281].

O que disse Churchill? "Este é apenas o primeiro passo, a primeira prova de uma bebida amarga"[282]. E assim foi. Churchill foi nomeado primeiro-ministro em 1940, porque suas advertências apocalípticas sobre Hitler haviam se provado terrivelmente precisas.

Como Churchill entendeu Hitler tão corretamente, quando quase todo mundo o entendeu tão errado? Um dos motivos foi sua compreensão da Alemanha. Churchill viu, com seus próprios olhos, os bandidos nazistas com a luz da devoção fanática a Hitler e à expansão alemã em seus olhos, em sua viagem para lá, em 1932.

Churchill viu como Hitler era popular, o quanto ele era extremo, como o ditador marcou o fim da civilização cristã na Alemanha e na Europa, e como nada além da força poderia detê-lo. Churchill compreendeu os perigos de apaziguar Hitler, porque havia estudado

---

280 *Ibid.*, p. 426.
281 TOMBS, Robert, *op. cit.*, p. 681.
282 *Ibid.*, p. 681.

história, a história da paz e da guerra ao longo dos séculos, com muito cuidado – na verdade, ele havia escrito centenas de milhares de palavras sobre o assunto. "Toda a história do mundo", disse Churchill, "resume-se ao fato de que, quando as nações são fortes, nem sempre são justas e, quando desejam ser justas, muitas vezes não são mais fortes"[283].

Churchill tinha conhecimentos ocultos e os transformou em conhecimentos incrivelmente valiosos. Ele entendeu a natureza da Alemanha nazista, e a natureza da guerra – que a paz dependia da força e da dissuasão, ao invés de boas intenções.

A Intuição Única de Nelson Mandela

Como Mandela chegou à conclusão de que o impasse entre o CNA e o governo nacionalista da África do Sul – aquele que havia imposto o *apartheid* e o condenado à prisão perpétua – poderia ser solucionado e que ele era a pessoa a promover a ruptura, de sua cela de prisão?

Parecia improvável. Ambos os lados estavam aumentando o grau de violência – havia terror, assassinato e caos, tanto por parte do CNA quanto das forças de segurança, alimentando um círculo vicioso de amargura e ódio. Não havia instituições civis através das quais os diretores pudessem se encontrar ou estabelecer um diálogo – os líderes do CNA estavam todos escondidos, exilados ou presos.

As demandas dos dois lados não podiam ser acertadas. Passei um bom tempo, ao longo de vários anos, prestando consultoria, na África do Sul, para grandes empresas. Nunca conheci ninguém que dissesse que uma solução política pacífica poderia ser alcançada – a única questão era se uma revolução sangrenta irromperia em cinco anos ou em cinquenta.

Por que Mandela sentia o contrário?

---

283 *Ibid.*, p. 399.

A descoberta de Mandela foi emocional e intuitiva. Ela surgiu do contato e calor humanos, da confiança crescente e respeito mútuo gradualmente elaborado e surgido entre cinco pessoas: Mandela e quatro líderes do regime do *apartheid*. Isso não poderia ter acontecido a menos que Mandela estivesse na prisão e, portanto, disponível para reuniões clandestinas estranhas.

O Presidente P. W. Botha (1916-2006) – apelidado de "O Grande Crocodilo" e com fama de ser um linha-dura resoluto – era mais inteligente e flexível do que parecia. "Você sabe", disse ele ao seu implacável ministro da justiça e segurança, Koebie Coetsee (1931-2000), em 1985, "nós nos encurralamos" – ele quis dizer, tornamos as negociações com o CNA impossíveis – "Você pode nos tirar daqui?"[284]. A partir de então, Botha e Coetsee seguiram uma política de duas vias: repressão feroz, ao passo que exploravam secretamente a possibilidade de um acordo.

Negociar com Oliver Tambo ou outros líderes do CNA era inútil, eles achavam; mas talvez, apenas talvez, esse tal de Mandela pudesse ser mais pragmático. Eles ficaram intrigados com relatos vindos da Ilha Robben de que Mandela, antes um cabeça quente imaturo, havia se tornado comedido e de boa índole, cooperando com as autoridades da prisão para tornar as condições ali quase toleráveis. Ao se tornar ministro da Justiça, Coetsee havia encomendado um relatório secreto sobre Mandela:

"Não há dúvida", dizia,

> [...] que Mandela possui todas as qualidades para ser o líder negro número um da África do Sul. Seu tempo na prisão fez sua postura psicopolítica aumentar, em vez de diminuir. Com isso, ele adquiriu o carisma de prisão característico do líder de libertação contemporâneo[285].

---

284 HAIN, Peter. *Mandela: His Essential Life*. Londres: Rowman & Littlefield, 2018, p. 125.
285 *Ibid.*, p. 118.

Em abril de 1982, Botha e Coetsee decidiram transferir Mandela, da Ilha Robben à Prisão de Pollsmoor, perto da Cidade do Cabo. "Em comparação com a Ilha Robben", disse Mandela, "estávamos em um hotel cinco estrelas"[286]. Em novembro de 1985, Mandela foi levado ao hospital para uma cirurgia em uma próstata aumentada. Botha concordou em deixar Coetsee conduzir uma reunião secreta surpresa com Mandela – o início de possíveis negociações. "Para Mandela", escreve Peter Hain, ativista *antiapartheid* e amigo, "foi a oportunidade para o diálogo que ele buscou por décadas. Se desse errado, os dois homens teriam muito a perder"[287].

Coetsee e Mandela – inimigos jurados – entraram em uma competição para ver qual deles poderia ser mais agradável. "Ele era natural", relatou Coetsee, "e percebi isso no momento em que pus os olhos nele. Era um líder nato. E afável. Embora fosse um prisioneiro, "ele estava claramente no comando de seus arredores"[288]. Mandela impressionou seu visitante com seu conhecimento da história do início dos Afrikaner – a história, convenientemente, de uma luta de libertação.

Coetsee disse a Botha que isso abriu uma porta "para falar, em vez de lutar"[289]. Mandela escreveu mais tarde que seus colegas do CNA condenariam sua decisão de iniciar negociações. "Eles frustrariam *minha iniciativa* antes mesmo dela nascer. Há momentos em que um líder deve sair à frente do rebanho" (itálico do autor)[290].

Coetsee levou Neil Barnard, o temido chefe do Serviço Nacional de Inteligência, para se encontrar com Mandela, e eles se deram bem. Barnard surpreendeu a todos ao declarar que "um acordo político é a única resposta aos problemas deste país"[291].

---

286 MANDELA, Nelson, *op. cit.*, p. 611.
287 HAIN, Peter, *op. cit.*, p. 126-27.
288 *Ibid.*, p. 127.
289 Idem, *ibid.*
290 *Ibid.*, p. 127.
291 *Ibid.*, p. 131.

Finalmente, o presidente Botha mostrou coerência com seus valores ao se encontrar com Mandela, em maio de 1988. Os dois adversários se deram muito bem, cada um determinado a encantar o outro. "Fiquei tenso em conhecer o Sr. Botha", confessou Mandela. "Eu tinha ouvido muitos relatos sobre seu temperamento feroz". Porém, aconteceu de acordo com um roteiro de Hollywood.

> Do lado oposto de seu grande escritório, P. W. Botha caminhou em minha direção [...]. Ele estava com a mão estendida e sorrindo amplamente [...] ele me desarmou por completo. Ele foi impecavelmente cortês, respeitoso e amigável [...]. Agora, eu senti, não poderia voltar atrás[292].

Em 1989, o presidente Botha teve um derrame e foi substituído por F. W. de Klerk. Mandela e de Klerk formariam uma parceria formidável. Terminou com Mandela se tornando presidente, e de Klerk, seu vice-presidente e mentor.

Vamos excluir a intuição e apenas pensar em linhas convencionais e racionais, por um momento. Considere o truculento presidente Botha, seu ministro igualmente linha-dura encarregado da justiça e segurança, Coetsee, o temido chefe da força de espionagem do governo, Barnard, e o novo presidente de Klerk, considerado à imagem de seus antecessores. Essas eram as pessoas mais improváveis para Mandela confiar, e pareciam as menos propensas a ceder à demanda de Mandela por uma democracia genuína, de maioria negra.

Ainda assim, Mandela, primeiro, chegou a gostar deles, depois, a esperar que pudessem ser razoáveis e, finalmente, a confiar em sua boa vontade e desejo de um acordo. E, por sua vez, esses quatro cavaleiros do apocalipse Afrikaans, com as mãos pingando sangue, os olhos cobertos para esconder de si mesmos a visão de sua própria brutalidade, suas mentes treinadas para correr nos trilhos retos da lealdade tribal, esses quatro pacificadores mais improváveis, passaram a gostar de Mandela e a confiar nele.

---

292 MANDELA, Nelson, *op. cit.*, p. 657-60.

Isso também exigia intuição da parte deles. Eles precisavam ter a esperança de que Mandela pudesse ver sua situação, entender seus temores de que o governo negro poderia significar uma carnificina em massa, confiar que esse veterano poderia conquistar seus colegas intransigentes e unir os sul-africanos na paz. Se estivessem errados, se colocassem o trem da reforma em movimento, se Mandela caísse no esquecimento e se alimentassem as expectativas negras por sua aparente fraqueza, bem, eles teriam renunciado ao poder e descido ao inferno.

A Intuição Única de Bill Bain

Agora, um exemplo de intuição de negócios extraordinária, que estava oculta de todos os outros. Durante seu tempo no Boston Consulting Group, Bill Bain, ex-pesquisador de história, sem qualificações em engenharia ou negócios, chegou a três conclusões importantes, todas intuições baseadas em conhecimento oculto.

As novas ideias pioneiras sobre "estratégia de negócios", de Bruce Henderson e Bain, foram imensamente valiosas às empresas. Bill chamou isso de "jogar xadrez tridimensional". As três dimensões vitais eram os "três Cs": – os custos de uma empresa, seus clientes, bem como eles estavam segmentados, e seus concorrentes. Havia estratégias certas e erradas, e as certas poderiam multiplicar enormemente o valor de uma empresa.

Isso era um terreno comum entre o BCG e a Bain & Company. Entretanto, Bill foi muito mais longe a fim de tornar real o valor potencial das ideias de estratégia, para torná-las práticas, e implementá-las:

As empresas clientes não podiam ser alteradas pelo modelo BCG de "consultoria gaivota": pousar vindo de Boston, depositar uma nova estratégia em uma apresentação ou relatório e voar de volta para Boston. Os clientes simplesmente não podiam implementar uma estratégia através de exortação, seguida de deserção.

A melhor maneira de fazer uma nova estratégia acontecer era transformar a empresa, através de uma aliança pessoal entre o presidente-executivo do cliente e a Bain & Company. A Bain só trabalharia para a pessoa mais importante de uma empresa, porque somente ele ou ela tinha o poder de fazer a nova estratégia durar. Para fazer isso, os consultores da Bain precisavam trabalhar em todas as questões estratégicas importantes da empresa, e se infiltrar na organização a que seus gerentes realmente entendessem a estratégia e quisessem implementá-la.

Assim, se multiplicavam os lucros e o valor da empresa cliente – e o faturamento da Bain & Company. Se a Bain gerasse um grande valor à empresa em termos de aumento de lucros e valor de mercado, poderia cobrar milhões ou até dezenas de milhões de dólares por ano em taxas, porque essas seriam apenas uma pequena fatia do valor agregado.

Resumindo:

Winston Churchill

- Possuía profundo conhecimento oculto sobre Hitler, a Alemanha nazista e sobre o estudo da história, da importância do equilíbrio de poder e da dissuasão da agressão;
- Imaginou muito cedo o inimaginável, que Hitler poderia ser uma ameaça mortal ao Império Britânico, à América e à Civilização Ocidental;
- Foi fortemente contra o fluxo de opinião em seus círculos do *establishment* conservador;
- Tinha uma visão simples e objetiva.

Nelson Mandela

- Tinha profundo conhecimento oculto sobre seus captores e sua disposição de chegar a um meio termo;
- Imaginou desde o início o inimaginável, que poderia haver uma transição pacífica de poder para um governo da maioria negra;
- Contradisse todas as estratégias da CNA;
- Usou seu carisma com o inimigo para concretizar sua visão.

Bill Bain

- Desenvolveu uma intuição única sobre como impulsionar as fortunas das empresas e envolver os consultores no jogo;
- Imaginou o inimaginável, nomeadamente, uma relação pessoal muito próxima entre os dirigentes da Bain & Company e a pessoa de referência em cada cliente, levando a grandes mudanças nos resultados a este e a honorários elevados, sempre crescentes, à Bain & Co.;
- Contradisse a unanimidade de todos os outros consultores sobre como executar as atribuições;
- Forneceu um modelo simples de como ganhar de forma consistente.

Vamos dar uma olhada nas principais intuições de alguns outros participantes:

- A grande intuição de Vladimir Lenin foi que, precisamente *porque* a Rússia era um país atrasado, governado por uma pequena elite – os czares e seus parasitas –, o poder poderia passar para outra pequena minoria, seu grupo revolucionário, se eles fossem implacáveis e disciplinados;
- O conhecimento oculto de Otto von Bismarck era que faltava um terceiro elemento de poder político na Prússia. Antes de Bismarck se tornar chanceler, o poder era compartilhado entre o rei e o Parlamento. Depois, o inimaginável aconteceu, e Bismarck se tornou a terceira roda dominante da máquina: governou o Parlamento com o poder do monarca e seu prestígio na união da Alemanha, mas governou o rei com sua indispensabilidade e sua personalidade. "Não é fácil ser Kaiser sob um tal Chanceler", disse o rei Guilherme, com humor triste[293];
- A outra grande intuição de Bismarck foi segurar até o momento perfeito para atacar. O biógrafo Volker Ullrich diz:

---

293 ULLRICH, Volker. *Bismarck: The Iron Chancellor* [Bismarck, o Chanceler de Ferro]. Londres: Haus Publishing, 1998, 2008, p. 88.

A capacidade de esperar pelo instante decisivo, aproveitando um momento excepcionalmente favorável com determinação: esta foi uma habilidade que Bismarck levou ao ponto da perfeição[294].

- A intuição suprema de Walt Disney era imaginar e construir o inimaginável: um parque temático que resumisse o passado, o presente e o futuro dos Estados Unidos, mas de uma forma com a qual todos os patriotas americanos pudessem se relacionar;
- As teorias da relatividade de Albert Einstein são o exemplo perfeito de intuição que, embora baseada em conhecimento profundo e extremamente poderoso – o novo campo revolucionário da mecânica quântica, dos primeiros anos do século XX –, exigiu, no entanto, um salto de imaginação em oposição à teoria prevalecente;
- Uma imagem visual que teve aos dezesseis anos, de si mesmo montando um fóton viajando à velocidade da luz, foi o início de longos anos de seu pensamento sobre a relatividade. Em um lindo dia em Berna, em 1905, Einstein estava lutando com as inadequações das teorias existentes do tempo no universo. Então, como disse a sua amiga Michelle Besso, no dia seguinte: "Resolvi completamente o problema". Ocorreu-lhe, de repente, na forma de uma imagem de trens em movimento. Sua visão totalmente original do universo – de que o tempo absoluto não existe – veio em uma imagem que ele visualizou em sua mente. Era fruto da intuição, não do pensamento linear[295]. Mesmo quando começou a escrever seu artigo revolucionário, "*Sobre A Eletrodinâmica dos Corpos em Movimento*", sua mensagem estava principalmente na forma de palavras e experimentos mentais, ao invés de equações[296];

---

294 *Ibid.*, p. 116.
295 ISAACSON, Walter. *Einstein, op. cit.*, p. 122-24.
296 *Ibid.*, p. 127.

- "Intuição de alto nível", diz Robert Greene, "envolve um processo qualitativamente diferente da racionalidade, mas ainda mais preciso e perceptivo. Ela acessa partes mais profundas da realidade"[297];
- Os experimentos mentais de Einstein também ilustram algo que é comum às descobertas intuitivas de muitos dos nossos participantes: *eles se destacaram no drama que conjuraram*. Churchill se imaginou fazendo oposição a Hitler, um elogio que Hitler retribuiu condenando Churchill, no final da década de 1930, antes mesmo dele atingir qualquer cargo político. Lenin imaginou que seria o governante da Rússia, assim como os czares, se pudesse atacar no momento certo. Bismarck, da mesma forma, sonhava em colocar a Áustria em seu lugar e aproveitar o novo poder do nacionalismo à causa prussiana, muito antes de se tornar chanceler. Walt Disney participou fisicamente do projeto e da construção da Disneylândia, morando acima do corpo de bombeiros, na incipiente Main Street, e deixando pequenas anotações, como "pinte este banco" ou "plante um canteiro de flores aqui". Bill Bain imaginou-se conversando profundamente com o chefe de uma grande empresa, antes de pegá-lo como um novo cliente, com um orçamento enorme. Em sua cela de prisão, anos antes do início de negociações sérias com seus carcereiros, Nelson Mandela se via como um presidente, vestido com elegância e reunindo os sul-africanos em paz e reconciliação;
- Para nossos participantes, a intuição estava associada ao desejo e ambição pessoais. Era um amontoado de emoção, a convergência de aspiração, impulso pessoal, filosofia feita em casa, compreensão do ambiente e saltos selvagens de percepção e engenhosidade;

---

[297] GREENE, Robert, *op. cit.*, p. 257.

- Vimos anteriormente (*capítulo 5*: Faça Seu Próprio Caminho) que a descoberta de *Marie Curie* de dois novos minerais, polônio e rádio, veio de intuições únicas que se originavam unicamente dela. Em sua homenagem a Marie, após sua morte, Albert Einstein destacou sua engenhosidade e intuição como suas maiores qualidades[298]. Grande intuição, baseada em conhecimento incomparável em seus diferentes domínios, era a vantagem matadora possuída por ambos os cientistas;

- O grande trabalho de John Maynard Keynes, na *Teoria Geral do Emprego, Juros e Dinheiro*, foi expresso em lógica densa e equações. Entretanto, resumia-se a uma simples intuição, que escapou a todos os economistas respeitáveis – em uma depressão, o governo não deveria cortar seus gastos, ao contrário, deveria aumentá-los, a fim de criar empregos e evitar a contração da economia. Nos bons tempos, o governo deve sair do caminho, cortar despesas e deixar as forças do mercado fazerem sua mágica. Isso se tornou uma prática comum, mas era ainda inimaginável aos formuladores de políticas, até alguém tão respeitado como Keynes se atrever a dizê-lo;

- A intuição de Bob Dylan era que o movimento folclórico poderia fornecer o palco para desfilar seu gênio poético e artístico. Ele afastou o provincianismo do movimento e sua simbologia antiquada, arrastando-o à vanguarda da música popular e do protesto social. Feito isso, Dylan também percebeu que era multifacetado e não podia ficar preso a músicas folclóricas e ativismo de protesto: ele precisava "seguir em frente", reinventando a si mesmo e a sua arte. Ele sentia haver decadência em cada nova etapa, se esta for a etapa final. Enigma e poesia eram mais importantes do que popularidade e duravam mais;

---

[298] OGILVIE, Marilyn Bailey, *op. cit.*, p. 138.

- A primeira vez que Joanne Rowling pensou em Harry Potter, pareceu mais uma revelação do que uma invenção de sua mente consciente. Quando ela sentou em seu trem enguiçado durante horas, era como se estivesse recebendo um *download* de uma fonte externa, um vislumbre de uma realidade que já existia. Ela sentiu que estava aprendendo sobre o menino – não nomeado até mais tarde –, mas de forma visível em sua mente, como se recebesse uma foto e juntasse pedaços de informações sobre ele. "Eu simplesmente sentei e pensei por quatro horas, enquanto todos os detalhes borbulhavam em meu cérebro. Então, este menino magricela, de cabelo preto, e óculos [...] tornava-se cada vez mais real para mim". Um ar de mistério o cercava – ela sabia que ele era órfão, mas não como e por quê. Joanne imaginou a escola e muitos de seus personagens, mais tarde, chamados de Ron Weasley, Hagrid, o guarda-caça, e os fantasmas da escola, Nick Quase Sem Cabeça e Pirraça. As imagens vieram como inspiração de sua mente inconsciente[299];
- Esta é uma experiência comum a muitas pessoas altamente criativas em muitos campos diferentes, incluindo poesia, escrever peças ou romances, matemática, filosofia, ciências físicas e música. Como vimos, Albert Einstein ganhou *insights* sobre a relatividade a partir de imagens visuais que, de repente, lhe apareciam;
- Existem muitos outros casos que têm paralelos com o *download* de Harry Potter, feito por J. K. Rowling. O poeta romântico do início do século XIX, Samuel Taylor Coleridge (1772-1834), escreveu o que muitos consideram seu melhor poema, *Kubla Khan*, depois de ter uma visão de um palácio em Xanadu, em um sonho. Mais de 200 versos do poema lhe ocorreram no sonho e, quando ele

---

[299] Ver SMITH, Sean, *J. K. Rowling, op. cit.*, p. 81-82; PETERSON-HILLEQUE, Victoria. *J. K. Rowling, Extraordinary Author* [J. K. Rowling, Autora Extraordinária]. Edina, Minnesota: ABDO Publishing Company, 1971, p. 38-40; FRASER, Lindsay. *Conversations with J. K. Rowling* [Conversa com J. K. Rowling]. Nova York: Scholastic, 2000, p. 37-38.

acordou, tudo o que precisou fazer foi escrevê-los de uma vez. "Todas as imagens", disse ele, "surgiram diante de mim, como *coisas*... sem qualquer sensação de esforço consciente"[300];

- Wolfgang Amadeus Mozart teve experiências semelhantes. Uma nova peça musical, diz ele, chega repentinamente, e ele a ouve não em sequência, mas "de uma só vez":

> Toda essa invenção, essa produção, se dá em um sonho alegre e prazeroso [...] a entrega ao papel é feita rapidamente, pois tudo já está acabado[301];

Peter Ilych Tchaikovsky, o matemático e polímata Henri Poincaré, o químico Friedrich Kekulé, e muitos outros, relatam fontes de inspiração semelhantes, todas, como disse Tchaikovsky, parecendo vir "daquela força sobrenatural inexplicável que chamamos de inspiração"[302];

- Helena Rubinstein fundou uma indústria, com base na simples crença de que as mulheres poderiam ser convertidas a uma visão aprimorada de sua beleza e *status*, por meio da aplicação de cremes para a pele e outros cosméticos, além de sua convicção de que as mulheres pagariam caro por um produto de qualidade. Ela foi a primeira feminista da era do consumo moderno;

- O grande pressentimento de Margaret Thatcher foi que o declínio da Grã-Bretanha poderia ser detido, revertendo o socialismo, encorajando uma nova geração de empreendedores criativos, e renovando tudo o que havia de melhor na ilustre história da Grã-Bretanha. Ela representava uma mistura de nacionalismo britânico e forças de mercado que atravessava toda a linha da opinião política britânica – e de seu próprio partido –, mas que funcionou;

---

300 Citado em ANDREASEN, Nancy C. *The Creative Brain* [O Cérebro Criativo]. Nova York: Plume, 2005, p. 21.
301 *Ibid.*, p. 40-41.
302 *Ibid.*, p. 41-46. A parte sobre Tchaikovsky está na p. 42.

- Finalmente, Paulo de Tarso causou a maior mudança de valores no grande império romano de sua época, e durante séculos, após a queda de Roma. A visão de Paulo era simples, ardentemente intensa e, a princípio, tão grandiosa e irrealista, a ponto de caracterizá-lo como louco: a ideia de que o Cristo Vivo que encontrou poderia conquistar o império que o crucificou, e que isso poderia ser realizado pelo poder de Cristo dentro das pessoas comuns.

Sumário e Conclusão

Nós precisamos de intuição com essas características:

- *Ela precisa ser importante.* Isso poderia deixar uma marca no universo?;
- *Ela precisa ser não comprovada e original.* Caso contrário, é um fato, não uma intuição;
- *Ela precisa ser imaginativa*;
- *Ela precisa ser simples*;
- *Ela precisa contradizer os especialistas*;
- *Ela também precisa ser baseada em conhecimento aprofundado*;
- *Você precisa ser a estrela na intuição.* Sua ambição e emoção são parte do pacote, do apelo, e parte integrante da força motriz.

Sua intuição singular acabará chegando, inesperada e repentinamente. Queira que venha, e virá. Não a apresse. É a intuição de uma vida inteira que transformará e enriquecerá incomensuravelmente sua vida, seu mundo, e todos além de você.

Vale a pena desejar; vale a pena esperar, e vale a pena se comprometer totalmente.

Sua referência final está virando a esquina. É um composto soberbamente potente de todas as estratégias e atitudes que você já explorou.

9
DISTORÇA A REALIDADE

"Na presença dele, a realidade é maleável".
BUD TRIBBLE SOBRE STEVE JOBS[303]

*"O espírito agora deseja sua própria vontade,
e aquele que se perdeu para o mundo, agora, o conquista".*
FRIEDRICH NIETZSCHE[304]

"Dispare medicamentos, de qualquer maneira. Aprendemos a nos conectar com todo órgão humano exceto um: o cérebro. O cérebro é a essência da vida. Que os homens possam pensar qualquer pensamento que consigam, e amar e ter esperança e sonhar tanto quanto possamos".
DOCTOR MCCOY EM STAR TREK, "O ZOOLÓGICO"[305]

Visitando nosso marco final, descobrimos que a diferença entre o sucesso extraordinário e sua ausência é simples: repousa na crença autoexecutável de que a realidade atual pode, ou não, ser derrubada.

Star Trek tem muito a responder.

---

303 ISAACSON, Walter. *Steve Jobs*, p. 117.
304 *Ibid.*, p. 119.
305 https://en.wikiquote.org/wiki/Star_Trek:_The_Original_Series#The_Menagerie,_Parts_1-2, acesso em 14/jan/2023.

Steve Jobs foi um *trekkie*, tendo sido influenciado por dois episódios de *Menagerie*, transmitido em novembro de 1966. Neles, os Talosianos, alienígenas humanoides, lançam mão de pura força mental para criar ilusões indistinguíveis da realidade. Eu penso muito e curvo a realidade à minha vontade. *Star Trek* originou a frase *campo de distorção da realidade*, que se tornou uma das favoritas de Jobs e de seu círculo, como na explicação de Bud Tribble, de como Jobs poderia fazer sua equipe cumprir prazos impossíveis:

> Steve tem um campo de distorção da realidade. Em sua presença, ela é maleável. Ele pode convencer qualquer pessoa de praticamente qualquer coisa [...]. Era perigoso ser pego no campo de distorção de Steve, mas era o que o levava a ser capaz de mudar a realidade[306].

A terminologia de Jobs pode ter sido única, mas todos os participantes exibiram um campo de distorção da realidade. Eles mudaram a realidade, porque pensaram que poderiam. Poucas pessoas pensam assim e, portanto, muitas pessoas não o fazem. Ou, para citar o comercial da Apple, *Think Different* [Pense Diferente] de 1997, "As pessoas loucas o suficiente para pensar que podem mudar o mundo são aquelas que o fazem".

Se quisermos um sucesso extraordinário, devemos, primeiro, acreditar que podemos mudar o mundo. Realmente acredito que temos nosso próprio campo pessoal de distorção da realidade.

Nem sempre funcionará, mas em ocasiões importantes, poderá mudar a realidade, se você acreditar. Afinal, o que é uma conquista extraordinária, senão dobrar a realidade existente à sua visão e vontade, persuadindo a si mesmo e a seus principais aliados de que isso é possível? No entanto, a própria frase, "campo de distorção da realidade", como em "Eu tenho um campo de distorção da realidade", ou "Steve tem um campo de distorção da realidade",

---

[306] *Ibid.*, p. 117-18.

quando falada e reconhecida como uma força real, pode ter o poder de um encantamento mágico.

Vamos ver como funcionou para Steve.

O maior evento da Apple no século XX foi o lançamento do Macintosh, em 1984. Em 3 de outubro de 1983, a capa da *Business Week* trazia o título − "Computadores pessoais: e o vencedor é [...] IBM". "A batalha pela supremacia do mercado já acabou", dizia a matéria, no interior da revista. Jobs estava determinado a provar que isso estava errado. Para tanto, ele queria, como disse seu colega Andy Hertzfeld, "fazer a melhor coisa possível, ou até um pouco mais"[307].

Foi aí que entrou o campo de distorção da realidade de Steve. Ele disse a Larry Kenyon, um engenheiro que trabalhava no protótipo do Macintosh, que estava demorando muito para iniciar. Larry tentou explicar a Steve por que não conseguia inicializar mais rápido, mas Steve não aceitou. "Se isso pudesse salvar a vida de uma pessoa", ele interrompeu, "você encontraria uma maneira de diminuir o tempo de iniciação em dez segundos?" Então, Jobs multiplicou dez segundos pelos cinco milhões de usuários do Mac para mostrar que economizaria 300 milhões de horas, o equivalente a salvar 100 vidas por ano.

Larry ficou impressionado e voltou algumas semanas depois, tendo encontrado uma maneira de economizar 28 segundos. Como disse um colega: "Steve tinha um jeito de motivar olhando ao quadro geral"[308]. Se algo fosse definido como vital, tornava-se possível. Steve não precisava saber como fazer, apenas dizer ao seu pessoal o que era necessário e que poderiam fazê-lo. Eles acreditavam em Steve, e faziam.

O campo de distorção da realidade também funcionava com prazos. O Mac deveria ser lançado em janeiro de 1984 e era imperativo para Jobs que não houvesse deslizes. O problema era que os gênios da codificação estavam atrasados: a remessa era para 16 de

---

307 *Ibid.*, p. 160, 123.
308 *Ibid.*, p. 123.

janeiro e, uma semana antes, eles concluíram que era impossível. Eles precisavam de mais duas semanas para acertar o *software*.

Jobs estava em Nova York para as prévias da imprensa e, em uma teleconferência no domingo, os engenheiros da sede se reuniram em torno do telefone para lhe dar as más notícias. O envio poderia prosseguir, explicou o gerente, mas com *software* de "demonstração", a ser substituído pelo código real duas semanas depois.

Longa pausa. Os assistentes de *software* esperavam uma explosão de Jobs. Porém, ele estava calmo. Disse a eles como eram ótimos, para que pudessem fazer isso a tempo:

> Vocês estão trabalhando nisso há meses, outras semanas não vão fazer muita diferença. Vocês podem muito bem terminar isso. Vou enviar o código, uma semana a partir de segunda-feira, com seus nomes nele[309].

Os engenheiros fizeram o que achavam impossível. Às 8h30 daquela manhã de segunda-feira, de acordo com Isaacson, Jobs chegou à Apple para encontrar Andy Hertzfeld "esparramado no sofá, quase em coma", depois de varar três noites inteiras. Jobs autorizou o *software*, o produto foi enviado conforme o planejado e Andy levou para casa seu Volkswagen Rabbit azul, com a placa MACWIZ, para dormir[310]. O campo de distorção da realidade havia funcionado novamente.

"De vez em quando", disse Jobs, em 2007, talvez em seu maior lançamento de produto, "surge um produto revolucionário que muda tudo". O primeiro Mac, ele continuou, "mudou toda a indústria de computadores". O iPod "mudou toda a indústria musical". "Hoje", continuou ele, "estamos apresentando três produtos revolucionários dessa classe. O primeiro é um iPod *widescreen* com controles de toque. O segundo, um telefone celular revolucionário. E o terceiro,

---

309 *Ibid.*, p. 161.
310 Idem, *ibid*.

um dispositivo de comunicação de *internet* inovador". Ele repetiu a ladainha tripla. "Vocês estão entendendo?", ele desafiou o público, "estes não são três dispositivos separados, este é um dispositivo, e nós o chamamos de Iphone"[311].

Três anos depois, a Apple havia vendido 90 milhões de iPhones a preços de US$ 500 ou mais, gerando receita de mais de US$ 45 bilhões e, por causa do preço alto, lucros astronômicos também. A Apple arrecadou mais da metade de todos os lucros do setor de telefonia móvel – certamente um recorde para um novo participante de um mercado, obtido em um tempo muito curto, para um domínio total do lucro de um mercado. Desde então, foi o iPhone que, em grande parte, impulsionou o aumento incomensurável do valor da Apple.

Em termos financeiros, este deve ser o novo produto de maior sucesso de todos os tempos.

No entanto, não acho que se Jobs estivesse vivo hoje, estaria orgulhoso principalmente dos números. Ele estava sempre empenhado em fazer produtos "insanamente incríveis", tão simples e brilhantes que eram obras de arte.

O iPhone nunca teria sido possível sem o campo de distorção da realidade de Steve. Vejamos uma vinheta, apenas uma ilustração de como a distorção da realidade tornou o iPhone quase perfeito.

Uma das grandes inovações do iPhone foi sua bonita tela de vidro. O vidro é muito mais bonito do que o plástico, mas Jobs não conseguia encontrar um vidro forte o suficiente, resistente a arranhões ou quebra. Jobs abordou Wendell Weeks, o chefe da Corning Glass, e descobriu que eles haviam inventado um "vidro gorila" incrivelmente forte na década de 1960, mas nunca tinham sido capazes de vendê-lo. Quando Weeks descreveu as propriedades do "vidro gorila" para Jobs, Steve disse que o queria para o iPhone, a ser lançado em seis meses. Weeks disse que não podia, "Nenhuma de nossas fábricas produz o vidro hoje".

---

311 *Ibid.*, p. 474.

Weeks ficou surpreso quando Jobs disse a ele: "Não tenha medo. Você pode fazer isso. Pense nisso. Você pode".

Este era o campo de distorção da realidade de Jobs em operação. O que ele realmente queria, ele precisava ter e, se fosse impossível, não importava como, ele conseguiria de qualquer maneira, dizendo a Weeks que ele poderia fazer isso.

Agora, Weeks era inteligente e autoconfiante, e reagiu. "Desafios de engenharia não podem ser superados", Weeks retrucou, "por uma falsa sensação de confiança".

Mesmo assim, o campo de distorção da realidade de Jobs venceu. Ele convenceu Weeks de que realmente poderia fazê-lo. Weeks contou essa história a Walter Isaacson, biógrafo de Jobs, com uma sensação contínua de perplexidade e espanto: "Fizemos isso em menos de seis meses. Produzimos um vidro que nunca havia sido feito. Colocamos nossos melhores cientistas e engenheiros nele, e simplesmente o fizemos funcionar". Isaacson viu esta mensagem emoldurada, em lugar de destaque, na mesa de Weeks, enviada por Jobs no dia do lançamento do iPhone, "Não poderíamos ter feito isso sem você"[312].

A história deveria instruir aqueles que afirmam que o campo de distorção da realidade de Steve era apenas linguagem de ficção científica para *bullying*. Com certeza, Jobs era uma espécie de valentão, mas raro: ele intimidava os fortes, não os fracos. Seu time era de estrelas. Ele os fazia acreditar que eram tão incrivelmente, inacreditavelmente bons, quanto se tornassem. Esta é uma versão extrema do princípio de Mateus: "A todo aquele que tem, mais será dado, e ele terá em abundância"[313]. Jobs manifestava uma superabundância de talento e realizações, ou melhor, realização bastante imoderada para um mero mortal.

---

312 *Ibid.*, p. 471-72.
313 Mateus, 25:29.

DISTORÇA A REALIDADE

Claro, havia limites. Jobs não era Cristo. O campo de distorção da realidade não funcionou na NeXT, nem com o câncer de Steve. Talvez a equipe NeXT não fosse estelar o suficiente; talvez os objetivos não estivessem certos. Na Apple, porém, Jobs moveu montanhas distorcendo a realidade, tendo havido duas etapas vitais que podemos imitar – se acreditarmos:

- *Passo 1:* Projete otimismo e determinação extremos para redirecionar a realidade de acordo com sua filosofia e objetivos. Faça o que os outros acreditam ser impossível ou que nunca lhes ocorre. Derrote a visão convencional do que é realista e irrealista. Afie sua força de vontade e convença-se de seu poder em mudar a realidade;
- *Passo 2:* Faça uma lavagem cerebral em seguidores, ou colaboradores brilhantes, de modo a acreditarem na possibilidade de alcançar o impossível: porque você o diz e se reserva a um histórico de estar certo.

A distorção da realidade torna-se, progressivamente, menos impossível – eu não diria "mais fácil" – quanto mais você a pratica e demonstra seus poderes de vontade e previsão.

Lições dos Campos de Distorção da Realidade de Outros Participantes

Embora alguns tenham seguido apenas a Etapa 1 e outros tenham usado ambas as etapas, cada um dos participantes tinha, até certo ponto, um campo de distorção da realidade – e, de maneira reveladora, também de algumas formas diferentes:

- Bill Bain era capaz de persuadir seus principais assessores – incluindo Mitt Romney – de que poderiam vender orçamentos na casa dos sete e oito dígitos para empresas americanas líderes. Isso em um momento no qual a venerável *blue chip* e líder indiscutível da indústria de consultoria, McKinsey, tinha orçamentos com um décimo do tamanho. Como Jobs, ele fez

o impossível parecer lógico: a Bain & Co. poderia fazer essas empresas valerem bilhões a mais, então, o que era um orçamento de, digamos, US$ 20 milhões por ano?
- Bruce Henderson tinha um campo de força Talosiano diferente. Seu faro sobrenatural para o talento bruto e seu mapa de estratégia inovador eram complementares. Agora, as pessoas dizem, "oh, o Boston Consulting Group – eles transformaram a estratégia de negócios". Porém, não percebem que a mudança promulgada por Bruce foi, igual e necessariamente, demográfica.
- Sem GPS, sem sequer mapas de papel, ele conduziu seu povo ao Monte Sinai. Entretanto, tendo chegado lá, tornou possível, pela primeira vez, que consultores inexperientes como eu mudassem a sorte de veneráveis gigantes corporativos. É como se Moisés descesse da montanha para encontrar os anciãos de Israel, mas apenas para passar por eles e procurar os melhores e mais brilhantes entre seus filhos e netos. Bruce marcou não só um terremoto financeiro, como um terremoto de era nos negócios.
- A juventude e os "cérebros" conquistaram o capital e experiência ou, pelo menos, os fizeram perseguir melhor seu dinheiro, de maneira boa e sinérgica. Os Talosianos teriam aprovado esta vitória dramática da mente sobre a matéria. Bruce nos disse que podíamos fazê-lo, e assim o fizemos. As réplicas ressoaram muito além do mundo da consultoria, em bancos de investimento, capital de risco e, finalmente, na última fortaleza de idade e experiência, a administração geral, criando uma nova paisagem dominada por jovens brilhantes, armados com habilidades quantitativas e princípios econômicos inelutáveis.
- Jeff Bezos apresenta um campo de distorção semelhante. Ele mudou a cara do varejo, por meio da fé em suas próprias ideias e ao hipnotizar e doutrinar os jovens mais inteligentes que encontrava.

- Os seguidores do estúdio de Walt Disney também descobriram que sua magia foi transferida a eles. Repetidamente, em seus desenhos, personagens, filmes e com a Disneylândia, Disney expôs o poder da imaginação para reinterpretar e remodelar o mundo. Como disse Walt: "É divertido fazer o impossível".
- Cinco de nossos seis participantes de negócios usaram ambas as etapas de distorção da realidade. A única a usar apenas a Etapa 1 foi Helena Rubinstein, que reimaginou seu próprio passado e antecedentes, e proporcionou a seus clientes um novo rosto e confiança, mas não criou um quadro de discípulos poderosos.
- E quanto aos nossos participantes operando fora dos negócios? Todos eles violaram as regras de seu mundo, distorcendo-as ou substituindo-as por suas próprias. No entanto, a maioria deles era mais parecida com Rubinstein, do que com os outros cinco participantes de negócios, distorcendo a realidade através de seus próprios poderes mentais, sem precisar invocar os de um elenco de milhares ou milhões.
- Otto von Bismarck derrubou a hierarquia do século XIX das nações europeias, elevando a Prússia-Alemanha acima da Áustria, França e Rússia. Sua dominação mental afetou o rei Guilherme, os parlamentares alemães e os governantes das outras grandes potências. Ao contrário de Jobs, Bezos, Bain, Henderson e Disney, Bismarck não trabalhou por meio de uma equipe que ele inspirava à grandeza, mas apenas através de seu próprio intelecto e personalidade hipnotizantes. Ele mudava a realidade mudando a si mesmo e se expressando.
- O mesmo se aplica a Leonardo, Curie, Einstein, Frankl, Dylan, Rowling, Keynes, Mandela, Thatcher e, em um plano menos exaltado, provavelmente Madonna. Suas forças, que desafiavam e redefiniam a realidade, vinham de sua criatividade superlativa, às vezes, sobre-humana. Eles redefiniram a arte, a física, a psicologia, o papel da música na sociedade, a economia e a distribuição de poderes na África do Sul e na Grã-Bretanha.

- Lenin certamente exerceu um poder mental semelhante. Sua genialidade foi fazer seu pequeno quadro de revolucionários acreditar que, embora fossem poucos, poderiam tomar o poder total.
- Seus seguidores, no entanto, eram tropas disciplinadas, e não os principais responsáveis pelo drama da história. Eles deveriam obedecer, em vez de criar, e se não obedecessem, seriam eliminados. Lenin foi, em grande parte, um homem da etapa 1, com suficiente criação de crenças em seguidores na etapa 2 para levá-lo ao poder supremo.

Winston Churchill – Desafiando a Realidade em 1940

"O final da primavera e o início do verão de 1940", diz Roy Jenkins, "foi uma das fases mais extraordinárias e, em alguns aspectos, irreais, da história da nação [britânica]"[314]. Depois que a França caiu nas mãos dos nazistas, a Grã-Bretanha encarou a invasão de frente. O Secretário de Relações Exteriores, Lord Halifax, apoiava uma paz negociada com Hitler.

Apenas um homem impediu a rendição a Hitler.

Seis ou sete anos depois, aquele homem afirmou que, na noite em que se tornou primeiro-ministro, ele se sentiu enormemente confiante em seu "destino" de salvar a Grã-Bretanha. "Quando fui para a cama, por volta das 3 da manhã", escreveu Churchill, em *A Segunda Guerra Mundial,*

> [...] tive consciência de uma profunda sensação de caminhar com o destino, e de que toda a minha vida passada não passara de uma preparação a esta hora e este julgamento [...] eu tinha certeza que não deveria falhar[315].

---

314 JENKINS, Roy, *op. cit.*, p. 588.
315 CHURCHILL, Winston S. *The Gathering Storm* [A Aproximação da Tempestade], 1948, 2005, *op. cit.*, p. 526-27.

Isso só pode ter sido meia verdade. Em 1946 ou 1947, quando Churchill escreveu isso, ele sabia o resultado da guerra. Em maio de 1940, ele pode certamente ter sentido um senso de destino, mas sabia que Hitler estava planejando invadir a Inglaterra e que o resultado era incerto. Se voltarmos aos discursos de Churchill, em 1940, isso é manifestamente nítido[316]. Em uma metade de sua mente, ele estava totalmente ciente dos perigos; com a outra metade, ele se recusava a contemplar a derrota ou qualquer compromisso com os males do nazismo, e oferecia a perspectiva da vitória final após uma luta titânica. Ele removeu a todos os obstáculos, a si e ao povo britânico, para desafiar a provável invasão nazista e evitar a rendição a Hitler.

Ao se tornar primeiro-ministro, Churchill disse à Câmara dos Comuns:

> Não tenho nada a oferecer, além de sangue, labuta, lágrimas e suor. Temos diante de nós uma provação da espécie mais dolorosa [...]. Você pergunta, qual é a nossa política? Direi: é fazer a guerra – por mar, terra e ar – com todas as nossas forças e a que Deus pode nos dar: é fazer guerra contra uma tirania monstruosa, nunca superada no escuro e lamentável catálogo do crime humano. Essa é a nossa política. Você pergunta, qual é o nosso objetivo? Posso responder em uma palavra: é vitória, vitória a todo custo, vitória apesar de todo terror, vitória, por mais longa e difícil que seja a estrada; pois sem vitória, não há sobrevivência. Deixe que isso aconteça; nenhuma sobrevivência ao Império Britânico, nenhuma sobrevivência a tudo o que o Império Britânico representou, nenhuma sobrevivência ao anseio e impulso das eras de que a Humanidade avançará em direção ao seu

---

[316] Caso o leitor deseje se aprofundar no assunto, os discursos de Churchill estão analisados e comentados em SONDERMANN, Ricardo. *Churchill e a ciência por trás dos discursos*. São Paulo: LVM, 2018. (N. R.)

objetivo. Entretanto, eu assumo minha tarefa com ânimo e esperança. Tenho certeza de que nossa causa não sofrerá o fracasso entre os homens. Neste momento, sinto-me no direito de reivindicar a ajuda de todos, e digo: "Venha, vamos avançar juntos, com nossas forças unidas"[317].

Enquanto o Gabinete de Guerra contemplava os pedidos de Lord Halifax para considerar um acordo de paz com Hitler, Churchill foi a uma reunião de 25 ministros que estavam fora do Gabinete de Guerra, e disse a eles:

> É inútil pensar que, se tentássemos fazer a paz agora, conseguiríamos melhores condições da Alemanha do que se continuássemos e lutássemos [...]. Nós nos tornaríamos um estado escravo, por meio de um governo britânico fantoche de Hitler [...]. Por outro lado, temos imensos recursos e vantagens. Portanto, devemos prosseguir e lutar [...] e se, no final, a longa história acabar, seria melhor que acabasse não através da rendição, mas apenas quando estivermos rolando no chão desmaiados[318].

Churchill sabia que a derrota para Hitler era possível, até provável, e que as consequências seriam terríveis, inacreditáveis. Ele também sabia que seu destino era ajudar o povo britânico e o Império a resistir até o último homem ou mulher.

Nessa tarefa quase impossível, Churchill foi bem-sucedido. Por isso, ele é comumente considerado o melhor primeiro-ministro britânico de todos os tempos. Roy Jenkins resumiu: o clima nacional em 1940, ele diz,

---

[317] *Churchill War Papers* [Os Documentos de Guerra de Churchill], Volume II, p. 22.
[318] DALTON, Hugh & PIMLOTT, Ben. *The Second World War Diary of Hugh Dalton 1940-45* [O Diário da Segunda Guerra Mundial de Hugh Dalton 1940-45]. Londres: Jonathan Cape, 1986, p. 28.

[...] não era tão desafiador, quanto inexpugnável. As perspectivas eram terríveis, mas as pessoas afastaram as consequências da derrota de suas mentes coletivas [...] elas escolheram acreditar que o pior não aconteceria.

O que Churchill fez "foi produzir uma euforia de crença irracional na vitória final"[319].

Churchill não era o primeiro-ministro preferido do rei, do gabinete ou do Partido Conservador, com grande maioria na Câmara dos Comuns. Ele poderia facilmente ter sido destituído do cargo, logo depois de assumi-lo, e há evidências de que Lorde Halifax conspirou para que acontecesse. Entretanto, como diz Roy Jenkins, a "autoridade de Churchill derivava mais da aclamação popular"[320]. David Low (1891-1963), o principal cartunista da época, e com inclinação para a esquerda liberal, publicou um *cartoon* que refletiu e ajudou a consolidar ainda mais a opinião pública. Low se especializava em imagens satíricas e afiadas, mas esta, com a legenda "Todos atrás de você, Winston", era totalmente laudatória. Mostrava Churchill com as mangas arregaçadas e caminhando inabalavelmente para frente, seguido por todas as principais figuras políticas da época. Atrás delas, o mais importante de tudo, uma massa de pessoas comuns.

Churchill tornou-se imensamente poderoso ao desenvolver sua máquina de distorção da realidade. Sua sinceridade e determinação absolutas não podiam ser postas em dúvida, e as palavras evocavam atos. Ele fez do pior momento da Inglaterra, o melhor; e não teria acontecido sem sua convicção, coragem e confiança. Churchill seduziu toda a população com uma ilusão coletiva que, contra todas as probabilidades, criou a realidade registrada pela história.

---

319 JENKINS, Roy, *op. cit.*, p. 589-90.
320 *Ibid.*, p. 591.

A Maior Distorção da Realidade de Todos os Tempos?

Talvez a distorção da realidade mais notável de todas pertença a Paulo de Tarso. Ele forneceu uma nova maneira de ver o mundo e transmitiu esse corpo de crença a um número cada vez maior de pessoas dentro do Império Romano.

Quer acreditemos ou não que ele teve ajuda sobrenatural no processo, Paulo certamente acreditava que sim. A modernização do "Cristo Interior" provou ser incrivelmente real. De repente, Deus adquiriu uma nova localização: dentro das pessoas, dentro do eu humano. "Eu não vivo mais", Paulo ousou dizer à sua igreja, na Galícia, "mas Cristo vive em mim"[321]. Acreditando que tinham assistência divina, que todo o seu caráter e ações eram dirigidos por Jesus, os primeiros cristãos obtiveram a confiança necessária para mudar o mundo.

Não acho que seja blasfemo, desrespeitoso ou indevidamente crédulo sugerir que Paulo usou as mesmas duas etapas de distorção da realidade de nossos outros participantes, ou postular que a inspiração e o poder de todos os participantes, quaisquer fossem seus fins e meios, podem ter vindo, pelo menos, em parte, do milagre do cérebro humano e sua capacidade de se conectar, através da mente inconsciente, a forças transcendentes sobre as quais temos pouco conhecimento.

Você pode, no entanto, aproveitar essas forças, e talvez precise, se quiser obter um sucesso extraordinário. Para distorcer a realidade, você precisa realmente acreditar que pode.

---

[321] Carta de Paulo aos Gálatas 2:20.

Sumário e Conclusão

Os participantes mudaram a realidade, porque acreditaram que podiam. Eles demonstraram, conclusivamente, que a realidade é mais maleável do que comumente se acredita. No entanto, só é possível mudar o seu mundo se você acreditar sinceramente que pode.

Todos os participantes exibiram extremo otimismo e força de vontade para redirecionar a realidade de acordo com sua filosofia e aspirações.

Muitos dos participantes – provavelmente aqueles que tiveram o maior sucesso extraordinário – também fizeram uma lavagem cerebral em seus seguidores e colaboradores, fazendo-os acreditar em seu próprio poder de distorcer a realidade. Pode ser que empresários, pregadores e políticos sejam particularmente propensos a mobilizar crenças desafiadoras da realidade em seus seguidores, enquanto cientistas e artistas precisam apenas desafiar a realidade em sua própria pessoa.

Fica claro que, se deseja mudar o mundo, precisa dominar a tecnologia de distorção da realidade. A fé pode sobrepujar os fatos. Não são os mansos ou os poderosos que herdarão a terra, mas os crentes imoderados.

PARTE III

LIÇÕES APRENDIDAS

Minha jornada e como você também pode alcançar um sucesso extraordinário

1
AUTOCONFIANÇA

Eu não tinha este mapa antes de começar minha jornada. Espero que contar a você como cambaleei para chegar aos marcos permita que evite alguns dos problemas e becos sem saída que experimentei.

Como desenvolvi a autoconfiança? Tudo começou com uma experiência humilhante que acabou sendo um acidental golpe de sorte.

Quando eu tinha nove anos, meus pais e eu visitamos tia Louise, em Seaford, na Costa Sul da Inglaterra. Era uma viagem que fazíamos com a menor frequência possível, porque, embora amássemos minha tia, nós três tínhamos muito medo de sua companheira, a srta. Gates, uma mulher dominadora, dotada de inteligência demais e muito pouca bondade. Um dia, ela me questionou sobre o que eu queria ser quando crescesse.

"Eu quero ser um milionário", deixei escapar. Na verdade, não tinha ideia do que queria ser, mas foi a primeira coisa que pensei.

"Isso é bobo", ela resmungou. "É completamente irreal. Seu pai não tem dinheiro e nunca terá. Por que você não pensa em algo pelo qual possa trabalhar?"

"Eu quero ser um milionário", eu persisti com petulância.

"O menino não tem bom senso", ela anunciou para ninguém em particular, antes de sair da sala.

Sua brusca invalidação da minha ideia me fez determinado a provar que estava errada. Talvez não tenha sido o melhor objetivo para escolher, mas eu me apeguei a ele. Isso me tornou sério quanto a minha educação e vida – deu-me um sonho para perseguir. Eu acreditava que podia fazer aquilo, embora, às vezes, duvidasse de mim mesmo. Entretanto, minha decisão me concentrou no que eu considerava o primeiro degrau na escada – me sair bem em provas e exames, o que eu nunca tinha feito antes. Como eu me saí bem nesses, minha autoconfiança floresceu, junto com minha teimosia.

Primeira lição. Agora, percebo que ninguém pode realmente ter autoconfiança abstratamente, exceto como uma vaga crença em sua sorte. Portanto, nossa primeira lição é que ela só pode florescer se estivermos motivados a alcançar uma meta ou destino. O objetivo específico é menos importante do que ter um, e saber os passos necessários para chegar mais perto dele.

Meu desempenho nos exames, e minha crescente autoconfiança, me levaram a um ótimo emprego na Shell International, quando eu tinha 21 anos. Entretanto, embora a Shell prometesse uma ótima maneira de ver o mundo – ou, pelo menos, de ver suas fábricas de óleo e gás – e me aposentar mais cedo, logo percebi que não era uma maneira de ficar seriamente rico.

Perguntei às pessoas mais bem-sucedidas que conhecia o que deveria fazer. "Vá para a escola de negócios na América", disseram eles. Gostei do tempo que passei na Wharton, na Filadélfia, mas não aprendi muito sobre como ganhar dinheiro. Nem o trabalho que consegui com o Boston Consulting Group, pelo menos, não diretamente. Eu não tinha muita ideia de como atingir meu objetivo, mas minha autoconfiança havia crescido e eu ainda estava procurando.

Nossa segunda lição – realmente bastante óbvia, em retrospecto – é que a autoconfiança pode crescer, com poucas experiências de sucesso, e com experimentação, como quando fui para a América. Pode haver muitos caminhos para alcançar seu objetivo: pegue um deles.

No final dos meus vinte anos, minha autoconfiança ficou sob pressão. Eu estava falhando em meu trabalho no BCG – a empresa valorizava a análise acima de tudo, e eu não era muito bom nisso.

Redobrei meus esforços, comecei a trabalhar oitenta horas por semana, tornei-me um pouco gordinho por comer *fast food* enquanto trabalhava tarde da noite, coloquei meu relacionamento em perigo... e ainda fracassei. Passei por um ou dois anos de dúvidas crescentes, fiquei totalmente infeliz e, por fim, fui convidado a sair.

Porém, você sabe, eu não precisava ter me preocupado. Eu deveria ter desistido do BCG mais cedo e, como acabei fazendo, ingressar na Bain & Company, uma *spin-off* do BCG que valorizava os resultados e as habilidades de persuasão acima da análise e intelecto bruto. Minha dúvida foi muito útil e eu deveria tê-la ouvido antes. Mudou a rota ao meu destino e, se eu tivesse sido menos teimoso, poderia ter mudado o próprio objetivo.

Nossa terceira lição é ouvir a dúvida – quando é claramente certa – e mudar de rumo de acordo. A dúvida é construtiva e não deve ser reprimida. É amiga da autoconfiança, não sua inimiga.

Mudar de empresa, dentro do mesmo setor, levou-me a pensar profundamente sobre por que as duas empresas – BCG e Bain & Company – eram ambas bem-sucedidas, embora, em muitos aspectos, diferentes. Ter sucesso na Bain reviveu meu sonho anterior, quando entrei para o BCG – que, mais cedo ou mais tarde, eu poderia ser o fundador de um novo empreendimento de consultoria estratégica. Pode ser arriscado e difícil de fazer funcionar, mas se funcionasse, talvez eu pudesse fazer minha fortuna.

Nossa quarta lição é continuar tendo esperança, planejando e sonhando, enquanto aprendemos todo o possível sobre nosso nicho.

Sumário

- Defina uma meta para incubar a autoconfiança;
- Experimente para gerar experiências de sucesso;
- Ouça a dúvida;
- Continue sonhando e aprendendo.

2

EXPECTATIVAS OLÍMPICAS

Você deve se lembrar que Koch, de nove anos, decidiu se tornar milionário. Provavelmente foi uma reação infantil à rejeição brutal da ideia pela Srta. Gates, companheira de minha tia. Entretanto, isso me foi um "Pensar Grande"[322] que condicionou até certo ponto, toda a minha vida: a partir de então, meu objetivo era ficar rico, e eu sempre acreditei – pelo menos, pela metade – e me avaliei em relação ao progresso nisso.

Primeira lição – Não precisa haver um bom motivo para pensar grande, mas a primeira lição sobre as expectativas é que devemos adquirir o hábito de fazê-lo, de qualquer maneira – ver o quadro geral, acreditar que pertencemos a ele, e visualizar como será quando chegarmos ao grande momento. Não será bem assim, mas imaginá-lo ajudará a nos levar lá.

Meu *feedback* mais importante veio com um sucesso inesperado em exames aos dez, dezessete e vinte anos. Tendo sido admitido na Universidade de Oxford e, em seguida, recebido um diploma superior, convenci-me de que era algum tipo de pensador profundo, capaz de enxergar sob a superfície – inicialmente de minha área, história, e, posteriormente, de negócios e ideias – e ver as poucas coisas que eram significativas, além da grande maioria que não

---

[322] *Big Think*, no original. (N. E.)

era. Cada vez mais, ao longo da minha vida, tenho visto meu dom como reduzir as coisas à sua essência e simplificá-las.

Minha outra presunção sustentada é a capacidade de ganhar dinheiro, estimulada pela fé de alguns amigos, de que eu poderia fazer uma fortuna. Jim Lawrence, um dos meus sócios fundadores da LEK, rotulou-me firmemente como um "fazedor de dinheiro". Eu acreditei muito mais nisso depois que ele disse.

É estranho como as expectativas determinam o desempenho. Como esperava ganhar dinheiro em longo prazo, considerei meus muitos contratempos como aberrações e *feedback* valioso, não como desânimo.

Segunda lição – Todos nós recebemos alguns elogios e *feedback* positivo de pais, professores e colegas, desde os primeiros estágios de nossas vidas. Nossa segunda lição é que devemos levar o incentivo a sério. Deixe-o expandir nossas expectativas sobre nós mesmos: guarde cuidadosamente o elogio, e nossa resposta emocional a ele, em nosso banco de memória; revisite-o e aumente-o adicionando juros como se fosse dinheiro em um banco. O louvor genuíno abre nossos corações e mentes, e pode alargar, aprofundar e "aquecer" a parte de nosso inconsciente que lida com as expectativas.

Quando o LEK começou, perguntamo-nos com que rapidez tentaríamos expandir nosso pequeno empreendimento. Quais foram os precedentes?

Decidimos nos ver como um desdobramento de duas empresas de muito sucesso. O BCG havia crescido 25% ao ano, e a Bain & Company, incríveis 40%. Eu queria que almejássemos 100 por cento, dobrando a cada ano. As sobrancelhas de meus parceiros se arquearam, reconhecendo que, como de costume, eu tinha exagerado. Mesmo assim, percebi a importância das expectativas. "Se almejarmos 100 por cento", argumentei, "isso define o teto. Porém, se almejarmos 25 ou 40 por cento, *isso* estabeleceria o teto. Então, vamos lá rumo aos 100".

Este argumento simplista poderia não ter vencido, exceto por um problema aparente. Eu tinha o trabalho de recrutar consultores juniores que haviam acabado de se formar nas principais universidades: nós identificamos trinta excelentes candidatos. Achamos que, no máximo, cinco a dez deles aceitariam nossa oferta. Éramos uma empresa nova e, portanto, arriscada, e enfrentávamos muita concorrência de empresas de estratégia bem-sucedidas. Então, fizemos ofertas para todos os trinta.

Vinte e oito aceitaram nossa oferta.

Na época, acho que nosso número total de funcionários era de cinco e não tínhamos atribuições para alimentar as novas entradas. Deveríamos manter as ofertas e correr o risco de falência ou retirá-las e arruinar nossa reputação com os recrutas? Depois de muita frustração, aceitamos todos eles.

Nos primeiros seis anos da LEK, quando eu estava lá, nosso crescimento anual em número de funcionários, receitas e lucros foi, em média, em torno de 100 por cento.

Nossa *terceira lição* é que, quer tenhamos um novo empreendimento ou estejamos estabelecendo metas pessoais, é uma boa ideia chegar tão alto quanto podemos acreditar de forma plausível. Não há garantias, mas é surpreendente como, muitas vezes, expectativas elevadas se realizam. Por serem mais inspiradoras, e exigirem uma ação mais original e radical, as grandes expectativas podem ser mais fáceis de alcançar do que as modestas. Nas palavras dos Eagles, "leve ao limite mais uma vez"[323].

A primeira vez que conheci Bill Bain, estava desesperado para conseguir um emprego. Por isso, ouvi muito atentamente o que ele disse. Como prelúdio para uma pergunta, repeti uma das coisas que ele havia dito, vinte minutos antes. Fiquei surpreso quando ele disse: "Você é um ouvinte muito bom. Isso é muito incomum". Ninguém nunca havia me dito isso (talvez porque eu não fosse!). Depois disso, fiz questão de ouvir com atenção.

---

[323] Referência à canção "Take it to the limit". Aqui em uma gravação ao vivo em Washington, 1977: https://www.youtube.com/watch?v=sBbTJ7hPEBk, acesso em 18/jan/2023. (N. R.)

Mais tarde, o comentário de Bill Bain me levou a aconselhar os consultores da LEK a se concentrarem no que já faziam, e dei sugestões sobre o que isso poderia ser. Para uma pessoa, eu diria que era a análise, para outra, *insight*, para uma terceira, encapsulamento sucinto de um problema, e assim por diante. Eu os incentivei a aprimorar uma única habilidade – uma que pudesse produzir resultados muito maiores do que o esforço necessário –, aumentando sua expectativa do que eles poderiam se tornar e alcançar.

A *quarta lição* é que devemos ser específicos em nossas expectativas em relação às outras pessoas, sejam elas amigos, parceiros, colegas de trabalho ou pessoas que trabalham para nós. E devemos ser claros conosco também – o que mais podemos aspirar e oferecer?

Para ter sucesso, você precisa ter uma intenção séria de fazê-lo. Acorde a cada dia determinado que fará algo – qualquer coisa, grande ou pequena, mas algo específico, que almeja naquele dia – para se aproximar do seu destino.

Depois de ter essa intenção séria, sua chance de sucesso extraordinário disparará.

Entretanto, esteja avisado: a menos que você faça de seu grande sucesso a coisa mais vital em sua vida, aquilo em que você pensa mais e mais intensamente, ele escapará de você. Os participantes neste livro tiveram cônjuges que os apoiavam ou que se dedicavam ao seu próprio sucesso, ou relacionamentos difíceis ou, ainda, nenhuma outra pessoa significativa. Os participantes colocam suas próprias carreiras acima de tudo, e se você quer um sucesso extraordinário, deve fazer o mesmo.

Repito: intenção séria significa obsessão permanente com o que você pode fazer pelo mundo. Você deve pensar nisso todos os dias. Se o fizer, seu inconsciente nunca vai parar de pensar no assunto, independentemente do que esteja fazendo e até mesmo quando dormir. Cada jogador pensava continuamente em seu sucesso.

Você também deve.

Sumário

- Pense grande;
- Leve elogios a sério. Intensifique-os em sua mente;
- Defina as metas de crescimento mais altas possíveis;
- Seja explícito sobre grandes expectativas para outras pessoas.

Uma palavra final, para levantar sua autoconfiança e expectativas

A autoconfiança e as expectativas olímpicas se reforçam mutuamente. Se você acredita em si mesmo, é mais fácil ter expectativas muito altas sobre o que irá conseguir. Se suas expectativas são olímpicas, e você se vê no quadro geral, é mais fácil elevar sua autoconfiança.

O que torna tudo mais fácil é que a autoconfiança e as expectativas olímpicas derivam das mesmas quatro fontes:

- Experiência;
- Elogios;
- Crença autoproduzida;
- Experiências transformadoras.

Você não pode fazer nada sobre o seu passado. Entretanto, pode fazer algo sobre as outras três fontes de crença. (Falaremos sobre experiências transformadoras a seguir).

O elogio, e o desfrutar do elogio, geram autoconfiança. Isso também se aplica às expectativas olímpicas. Em uma medida importante, o *feedback* positivo genuíno que você recebe está sob seu controle – você precisa merecê-lo! Isso significa depositar seus esforços e inteligência na área em que pode se destacar com mais facilidade. Não é fácil, mas é muito mais fácil do que tentar ser um bom polivalente.

3
EXPERIÊNCIAS TRANSFORMADORAS

Søren Kierkegaard (1813-1855) disse: "A vida só pode ser entendida olhando para trás, mas deve ser vivida para frente"[324]. Isso é verdadeiro para experiências transformadoras. Não podemos saber com antecedência se uma determinada experiência realmente nos transformará. Nós só saberemos depois, se houver transformação.

Aqui estão algumas das experiências que tive até os quarenta anos que *podem* ter sido transformadoras:

- Atravessei em torno de onze países europeus sozinho, durante quatorze semanas, pedindo carona, quando tinha dezessete anos;
- Universidade – dos dezoito aos vinte anos;
- Meus dois primeiros empregos "adequados" no mundo dos negócios – dos vinte e um aos vinte e quatro anos;
- Escola de negócios na Wharton, pela primeira vez morando no exterior – entre vinte e quatro a vinte e cinco anos;
- Consultor do Boston Consulting Group (BCG) – entre vinte e cinco a vinte e nove anos;

---

324 Brainyquote.com, acesso em 14/jan/2023.

- Consultor e sócio da Bain & Company – entre vinte e nove e trinta e dois anos;
- Cofundador da LEK – dos trinta e três aos trinta e nove anos.

Todas essas experiências deixaram uma marca em mim. Entretanto, há um alto padrão para uma "experiência transformadora":

O que torna uma experiência transformadora?
- Deve fazer de você uma pessoa diferente de quem você era antes da experiência;
- Deve fornecer a você um conhecimento novo, raro e profundo, que será usado em sua futura carreira;
- Deve lhe conceder uma ordem de maior magnitude quanto à autoridade, confiança, eficácia e valor para outras pessoas.

Por essa definição exigente, minha primeira experiência de transformação foi a Bain & Company, e a segunda, foi a LEK. Aprendi muito no BCG, que se revelaria útil na Bain e no LEK, mas não encontrei sucesso por lá. Foi apenas na Bain e na LEK que vendi e administrei projetos muito grandes e eficazes para chefes corporativos. Como fundador da LEK, pude dar rédea solta às minhas ideias e teorias.

A *primeira lição* é que uma experiência transformadora é um evento raro e, bem... totalmente transformador. Devemos nos perguntar se isso aconteceu conosco ou não. De que modo fomos mudados como resultado?

Agora que temos o conceito de uma experiência transformadora, o segundo benefício é que podemos especular sobre o tipo de experiência que poderia nos tornar muito mais bem-sucedidos. Podemos considerar, por exemplo, os seguintes tipos de experiências potencialmente transformadoras:

- Educacional: vá à(s) melhor(es) faculdade(s) por o que você quer aprender e fazer;

- Experiência única e autodefinida: torne-se o especialista em um assunto restrito e definido por você;
- More em um país e cultura diferentes;
- Trabalhe como aprendiz a um especialista em sua área de interesse;
- Encontre um emprego em uma empresa excepcional e inovadora que:
  > Saiba algo único – como o BCG para Bill Bain, o BCG e Bain & Company para mim, ou a DESCO para Bezos;
  > Opere em um mercado diferente de qualquer outra empresa e definido por clientes, produtos, preço ou tecnologia (ou combinações dessas diferenças);
  > Projete crescimento muito rápido: 30 por cento, pelo menos, idealmente dobrando, ou mais, a cada ano;
  > Sejam pessoas "A": curiosas, exigentes e inovadoras;
- Comece uma empresa, clube ou rede como esta.

Escrever este livro me fez perguntar se devo buscar outra experiência transformadora. É uma pergunta inspiradora e provocadora, mas não sei a resposta. No entanto, para me ajudar a responder a essa pergunta, eu me perguntei:

- Eu quero mais sucesso extraordinário?;
- Que tipo de nova experiência poderia me tornar muitas vezes mais útil ao mundo?;
- O que a nova entidade faria e que me interessaria muito, e poderia ter um impacto enorme em relação ao esforço e custo de iniciá-la? O que poderia recarregar meu sentido de propósito e destino na vida?

A *última lição* é que a maioria das pessoas de sucesso não se contenta em descansar sobre os louros. Quando chegarmos ao nosso destino, pode ser a hora de nos fazermos esse tipo de perguntas, o que pode nos levar a mais uma aventura.

Sumário

- Caso você não tenha tido uma experiência transformadora, posicione-se para torná-la mais provável;
- Decida que tipo de experiência tem maior probabilidade de transformá-lo;
- Depois de ter tido uma experiência transformadora e sucesso, você pode querer buscar outra experiência.

4

UMA CONQUISTA REVOLUCIONÁRIA

Q uando estava entre os vinte e os trinta e poucos anos, resolvi ser um dos fundadores de uma nova empresa de consultoria, mas não sabia quando ou com quem. Confiei que isso seria revelado a mim, no momento certo.

Quando tinha trinta e dois anos, e era sócio da Bain & Company, ouvi um estranho boato de que dois dos outros sócios tinham voado, de repente, para Boston, para ver o fundador da empresa, Bill Bain. Quando perguntei a um amigo no escritório se aquilo era verdade, ele não confirmou ou negou, mas deu a entender que era uma má notícia.

De repente, imaginei, com base em absolutamente nenhuma evidência, que eles haviam pedido demissão. E se isso fosse verdade, talvez pretendessem abrir sua própria empresa.

E se fosse realmente o caso, não era uma má notícia, pelo menos, para mim – poderia ser uma ótima notícia. Os parceiros envolvidos eram bons amigos e colegas.

Eles não haviam pedido para me juntar a eles. Poderia haver uma série de razões para isso, variando de "eles não achavam que eu era bom" – uma interpretação que, obviamente, rejeitei – a "eles queriam manter o sigilo" ou "não achavam que eu estaria interessado", o que me parecia altamente plausível!

Seus telefones estavam desligados. Bingo! Era inédito para um parceiro nem sequer receber ligações. Logo, era suspeito. Para dois deles fazerem isso ao mesmo tempo, era incrível.

Pulei na minha bicicleta para Kew, onde Iain Evans morava.

Entrar foi um problema. Toquei a campainha. Sem resposta. Bati na porta. Nada. Gritei pela caixa de correio. Vendo que eu não estava indo embora, a esposa de Iain, Zoe, finalmente apareceu. *"É melhor você entrar"*, disse ela.

Iain e Jim Lawrence estavam lá, chocados com sua provação. Bill Bain disse que eles não podiam pedir demissão, que isso acabaria com suas carreiras e ele os processaria. Bill os manteve conversando, até que um corpulento oficial de justiça de Boston entrou para aplicar uma injunção sobre eles.

Três meses depois, começamos a LEK.

Cofundar a LEK foi minha única conquista revolucionária.

Decidir nossa conquista revolucionária é a coisa mais difícil que qualquer pessoa em busca de um sucesso irracional pode fazer. Alguns de nós têm sorte, e a encontraram, muitas vezes, por acidente. Para alguns de nós, pode acontecer dentro de um ou dois anos. Para outros, ela pode se tornar aparente apenas em um futuro distante. Não podemos apressar o amor e não podemos apressar esta decisão.

Entretanto, a grandeza requer que sejamos claros como cristal – no momento certo – sobre qual será o nosso avanço.

A *primeira lição* é: a melhor maneira de chegar mais perto de conhecer sua Conquista é pensar profundamente sobre o que pode inventar ou personificar.

É extraordinário que pelo menos dezessete dos vinte participantes eram inventores.

Você poderia inventar um novo conceito ou teoria valiosa, produto ou serviço, empresa, caridade, movimento social, político, filosófico ou religioso, forma de arte, ou outra invenção?

O que você poderia se tornar exclusivamente qualificado para inventar, talvez como resultado de suas experiências transformadoras?

O que sua personalidade, experiência, habilidades práticas, intelecto, conhecimento raro, curiosidade, contatos, oportunidades, valores, ambição, imaginação, criatividade e todas as suas outras características pessoais o tornam adequado para ser um pioneiro?

A *segunda lição* é esta: se sua conquista transformadora não for uma forma de invenção, ela poderia surgir de uma missão para impedir algo ruim ou para promover algo bom que já exista?

Você tem uma paixão profunda e visceral por começar algo que seja ótimo a nossa comunidade ou sociedade ou por impedir algo?

Em que você acredita que o torna incomum ou diferente?

Você poderia desenvolver uma missão única a partir do que ama ou não gosta?

A *terceira lição* é que a oportunidade geralmente surge de forma discreta. Mantenha seu objetivo fixo em mente e aguarde os eventos que lhe darão a chance de que precisa.

Bismarck disse: "O homem não pode criar a corrente dos eventos. Ele pode somente flutuar com ela, e manobrar".

Deseje profundamente.

Espere.

Ataque.

Você pode levar anos ou mesmo décadas.

Entretanto, você precisa estar pronto quando o chamado vier.

Desde então, usei o capital ganho com a LEK para iniciar, ou acelerar o crescimento de algumas empresas notáveis e escrevi uma série de livros que tiveram alguma influência. Tenho orgulho dessas conquistas. Entretanto, elas não teriam acontecido sem meu crescimento pessoal e o privilégio de ajudar a iniciar e moldar a LEK e sua comunidade[325].

---

[325] A referência a Bismarck é de TAYLOR, A. J. P. *Bismarck*, p. 70.

Sumário

- Sua grande conquista poderia ser começar uma grande empresa, movimento, escola de pensamento ou algo notável?;
- Ou poderia ser para personificar um avanço na ciência, nas artes ou na cultura popular?;
- O que gostaria de alcançar? Você está preparado para esperar e ouvir até que os passos silenciosos da providência lhe digam quando mergulhar?

5
FAÇA SEU PRÓPRIO CAMINHO

A oportunidade de fazer meu próprio caminho veio quando eu era o "K" da LEK. Não encontramos nosso próprio caminho imediatamente – na verdade, não vimos necessidade. Acreditávamos no estilo Bain e enxergávamos a LEK como uma variante mais gentil, e mais britânica-europeia, de nossa antiga empresa. Entretanto, imitações esquálidas nunca funcionam.

Eu era o parceiro mais preocupado em desenvolver nossa própria estratégia. Quase por acidente, começamos a forjar nosso próprio DNA. Contratamos vários consultores juniores, demos a eles um computador, e os treinamos para coletar dados e produzir análises quantitativas.

Tropeçamos em nossos primeiros meses ao tentarmos copiar uma fórmula vencedora. Tivemos sucesso quando criamos nosso próprio caminho, inventando nossos próprios conceitos e maneiras de aumentar os lucros.

A *primeira lição* é encontrar uma causa que seja original ou impopular.

No início de minha carreira como consultor de estratégia, decidi diferenciar minhas apresentações, tornando-as extravagantes. Embora eu mesmo diga isso, tornei-me um palestrante empolgante.

Isso não funcionou totalmente a meu favor no BCG – eles pensaram que eu estava sendo *muito* original e, às vezes, fugindo da mensagem – mas funcionou na Bain e na LEK.

A *segunda lição* é que você precisa ser diferente.

Na LEK, e em todos os meus interesses comerciais posteriores, percebi que tínhamos sucesso quando as seguintes condições se aplicavam, e falhávamos quando não o faziam:

- Quando éramos os primeiros em nosso mercado ou nicho e, portanto, tínhamos custos mais baixos;
- Quando nos concentrávamos nos clientes mais lucrativos;
- Quando optávamos pela simplicidade – quando nossos produtos eram mais fáceis de usar, mais úteis ou mais divertidos de usar.

A *terceira lição* é que nos negócios não basta ser diferente: você deve ser lucrativamente diferente.

Sumário

- Seja original;
- Seja diferente;
- Seja *lucrativamente* diferente.

6

ESCOLHA E DIRIJA SEU VEÍCULO PARTICULAR

Quando eu tinha 25 anos, e era recém saído da faculdade de administração, entrei para o BCG. Em poucas semanas, soube que este era um grande negócio – impulsionado por ideias, altamente prestigiado, mas administrado por jovens e pelo ocasional velhinho com cabelos prateados, que era o adulto "simbólico" capaz de falar em termos de igualdade com nossos clientes.

O BCG não era apenas uma empresa. Era a vanguarda de um novo movimento, uma nova maneira de pensar sobre a batalha entre empresas opostas, uma cruzada que acabaria gerando todo um novo segmento – a consultoria de estratégia – e alteraria todo o mundo dos negócios, investimento e consumo.

A *primeira lição* é começar se adaptando, ou se opondo, a um "veículo de *pool*" (consulte a *Parte 2, capítulo 6*). Coloque-se no turbilhão de um movimento, de uma cruzada ou de uma nova maneira de seguir em seu campo, e torne-se especialista nisso.

Levei pouco tempo para descobrir que o BCG era um negócio extremamente lucrativo, crescendo muito rápido, mas sem exigir capital externo. Infelizmente, eu não poderia possuir o BCG. Então, o jovem Koch decidiu, naquele momento, tornar-se dono de uma empresa de consultoria estratégica, no futuro – esse seria o meu veículo.

A *segunda lição* é identificar como deve ser o seu veículo particular. Se você realmente deseja o veículo, se sabe como será e se mantiver seu desejo próximo ao topo de sua mente inconsciente, ele chegará.

Quando eu tinha trinta e três anos, e meu veículo apareceu na forma da LEK, perguntei-me se estava pronto para me tornar cofundador de uma empresa global séria – era essa a nossa pretensão – para rivalizar com os gigantes BCG, Bain e McKinsey.

Eu ponderei a questão e finalmente decidi que *estava* pronto, porque:

- Eu realmente entendia os conceitos de consultoria estratégica e de como vendê-la;
- Eu podia ver uma lacuna no mercado para nossa primeira fase de sucesso. Poderíamos construir uma empresa, com sede no Reino Unido, capaz de empacotar e vender conceitos "americanos" de maneira amigável a chefes britânicos e europeus;
- Não apenas havia uma lacuna no mercado, mas também havia um mercado na lacuna – um grande mercado-alvo que estava sendo mal atendido. Podíamos ver algo que nossos principais concorrentes não conseguiam, que os tomadores de decisão em empresas britânicas e europeias ficavam, muitas vezes, desanimados com o jargão e o "poder de vendas" dos americanos, pela falta de sutileza intelectual e a falha em entender as nuances locais. Nosso objetivo era capitalizar sobre isso;
- Embora fôssemos uma empresa nova, a LEK tinha sócios que haviam trabalhado para duas de nossas principais empresas rivais em um nível sênior. Calculamos que seríamos, pelo menos, os pares dos consultores contra os quais venderíamos;
- Estávamos muito entusiasmados por estar no negócio por conta própria, assumindo todos os riscos que quiséssemos, escolhendo quem trabalharia em nosso empreendimento e colhendo as recompensas para nós mesmos e nosso pessoal;
- Estávamos confiantes quanto à economia de nosso novo negócio, se pudéssemos vender grandes porções de negócios. Sabíamos que a consultoria de estratégia era altamente lucrativa, que não

exigia nenhum investimento de capital e que poderia entrar no azul muito rapidamente.

A *terceira lição* é se fazer perguntas semelhantes para decidir se está pronto:
- Você entende o nicho de mercado de trás para frente?
- Você consegue ver uma lacuna no mercado e qual ela é?
- Existe um mercado grande o suficiente nessa lacuna?
- Você já trabalhou para um ou mais concorrentes importantes em um nível sênior?
- Você pode ver alguma coisa que seus rivais não podem?
- Isso lhe entusiasma?
- O novo veículo pode entrar no azul, e se tornar lucrativo rapidamente, e você tem capital suficiente para atingir o ponto de equilíbrio (tendo em mente que isso quase sempre leva mais tempo do que o esperado)?

Você só deve lançar seu novo veículo quando tiver certeza de que está pronto.

Havia três sócios na LEK – nossos sobrenomes eram Lawrence, Evans e Koch. Tivemos a sorte de ter uma história anterior, em que trabalhamos bem juntos em outra empresa, e éramos amigos.

Por que, então, muitas vezes tínhamos desentendimentos, às vezes até conflitos, carregados de fortes emoções?

Agora, percebo que não éramos incomuns. Cada grupo de fundadores que conheci tem problemas e conflitos semelhantes. Elas acontecem, porque os fundadores são apaixonados por seus negócios e, depois de anos trabalhando para outras pessoas, querem fazer as coisas do seu jeito. Isso geralmente não é possível se os fundadores não concordam.

Agora sei que, assim como duas ou três pessoas não podem dirigir um carro, elas também não podem dirigir um veículo comercial.

A *quarta lição* é que é melhor o veículo ter um motorista: a pessoa dominante, escolhida pelos fundadores para conduzi-lo.

Por fim, deixei a LEK, porque queria transformá-la em uma empresa de consultoria de "fusões e aquisições", mas meus sócios não queriam. Tendo falhado em seguir meu ponto de vista, após seis anos, pedi demissão, levei um monte de dinheiro comigo e busquei alegremente uma nova carreira.

Entretanto, para ser honesto, em retrospectiva, cometi um erro ao deixar a LEK, quando o fiz. Os veículos são preciosos. Eu tinha perdido o meu. Os parceiros que permaneceram continuaram a fazer um grande sucesso com a LEK. Obviamente sou tendencioso, mas acredito que minha visão para a LEK a teria tornado uma empresa ainda mais bem-sucedida.

A *quinta lição* é que, se estivermos superconfiantes de que nossa proposta é a melhor para o veículo, devemos lutar tenazmente por ela, além de mostrar a coragem da liderança que eu estava acanhado demais para assumir. Se o veículo estiver em boas condições de uso e tiver grande potencial futuro, não devemos vendê-lo ou entregá-lo tão prontamente.

Acho que isso se aplica além dos negócios, a outras organizações, cruzadas ou movimentos sociais. Por isso, eles estão sempre se fragmentando, muitas vezes, de forma positiva. A divergência é o princípio organizador da evolução e da vida em geral.

Na época, não percebi o quanto era importante para mim ter um veículo particular que pudesse multiplicar meus próprios poderes pessoais. Levei muito tempo para encontrar um novo veículo particular, porque não percebi o quanto era necessário.

A *sexta lição* é que desentendimentos entre fundadores são endêmicos e não devem ser uma surpresa, uma afronta ou motivo para ficar estressado e romper amizades. Os fundadores são personalidades poderosas e independentes. Se os desacordos forem profundos, eles devem, feliz e amigavelmente, seguir seus próprios caminhos.

A *sétima lição* é que, caso você desista de seu veículo particular, comece imediatamente a procurar pelo próximo. Você deve isso a si mesmo e ao mundo.

Depois de deixar a LEK munido de algum capital útil, acabei decidindo usar os conceitos de estratégia, não para consultar, mas para fazer – investi em empresas novas ou jovens e usar a estratégia para torná-las mais valiosas.

Comprei participações, frequentemente assumindo o controle, em vários pequenos empreendimentos. Acreditava que eles poderiam se beneficiar dos conceitos de estratégia. Alguns desses empreendimentos fracassaram, outros deram retornos modestos, mas houve também aqueles que multiplicaram meu capital prodigiosamente. Cada novo empreendimento era uma nova aventura para mim e meus colaboradores.

A *lição final* é que uma boa maneira de definir nosso próximo veículo é estender nossa experiência e conhecimento a um campo novo, porém adjacente, onde você possa ser um pioneiro.

Sumário

- Ande em um veículo de *pool* – alguma tendência em seu ambiente – ao qual você possa adaptar ou se opor para ganhar impulso;
- Encontre um veículo particular que só você possa dirigir;
- Certifique-se de que esteja pronto para dirigir o veículo ao sucesso;
- Mesmo que haja vários fundadores, apenas uma pessoa pode dirigir o veículo. Escolha com sabedoria e, caso não funcione, troque o condutor;
- Espere desentendimentos e não se deixe intimidar por eles;
- Não se renda, nem venda seu veículo muito cedo ou facilmente;
- Ao sair de seu veículo particular, adquira outro;
- Um novo veículo pode surgir aplicando sua experiência a uma nova área de alguma forma semelhante ao seu antigo campo, mas distintamente diferente dele em outros aspectos.

7

PROSPERE COM CONTRATEMPOS

Como mencionei antes, meu revés mais traumático veio aos 29 anos, quando precisei me despedir do Boston Consulting Group. Por três anos, adorei trabalhar lá. Apreciei o desafio intelectual, a exposição aos triunfos e segredos culpados de nossos clientes, a chance de ganhar a confiança e os ouvidos de pessoas importantes, e a emoção de trabalhar com algumas das pessoas mais brilhantes no planeta.

Entretanto, no meu quarto e último ano, eu estava falhando. Falhando em ganhar a confiança dos líderes do BCG ou em elaborar a análise pesada que os impressionava, falhando em ser promovido, falhando em explicar por que a maioria dos meus clientes realmente gostava de mim por motivos não relacionados à análise, e não conseguindo chegar a um acordo com meu próprio fracasso.

Até então, eu nunca tinha realmente falhado. Eu não esperava e senti que não merecia. Um de meus chefes disse que eu era como um vulcão, trabalhando de maneira construtiva, mas explodindo quando menos se esperava. Ele também disse que eu deixava meus chefes nervosos, porque eles nunca sabiam o que eu diria em reuniões com clientes.

Reestruturei isso como estando preparado a uma posição superior no BCG, mas não a uma inferior.

A *primeira lição* é que o fracasso pode, e frequentemente deve, ser reformulado – visto sob uma nova luz. Sem diminuir o *feedback* que você recebeu, que pode fazer você mudar de rumo, a reformulação pode aumentar sua autoestima ao dizer que o fracasso pode ser honroso.

Nunca fui feito para ser um funcionário leal e obediente. Mesmo uma equipe bastante tolerante e livre como o BCG tinha sua hierarquia e seus limites.

A maneira de progredir em qualquer organização é agradar nossos chefes, não aterrorizá-los ou deixá-los ansiosos. Seja previsível, entregue exatamente o que eles querem (não o que você acha que eles deveriam querer) e, quando você não puder concordar com eles, fique de boca fechada.

Lembrei-me do chefe que disse: "Eu não quero homens servis ao meu redor, mas que falem o que pensam, mesmo que lhes custe o emprego".

Se eu quisesse permanecer na consultoria de estratégia, precisaria me comportar de maneira diferente.

A *segunda lição* é que, após qualquer falha, você pode optar por interpretá-la negativamente, positivamente ou de maneira neutra; e pode decidir mudar suas ações, talvez até mesmo parte de sua personalidade, ou mudar o contexto em que você as implementa.

Limitei minhas apostas e fui entrevistado por duas empresas em meu território existente de consultoria de estratégia, junto com uma fora dela, no lucrativo e, então, em rápido crescimento, campo de busca de executivos – também conhecido como *headhunting*.

Na sala de reuniões da Empresa de consultoria *blue-chip* McKinsey – sempre com E maiúsculo, porque Marvin Bower, seu verdadeiro fundador, achava que deveria se comportar com a ética profissional de um escritório de advocacia, numa época em que os consultores eram *cowboys*, e os advogados eram honestos e genuinamente atendiam aos interesses de seus clientes, e não aos seus próprios – deparei-me com um personagem atraente chamado Brigadeiro, um ex-militar que lidava com o recrutamento de altos funcionários. Ele me avaliou, dizendo que eu poderia ir longe, mas não era adequado para consultoria. "Você não quer aconselhar", disse ele, "você quer fazer, tomar decisões por si mesmo. Você deveria se tornar um empreendedor ou, na sua falta, um capitalista de risco".

Em seguida, voei para Zurique, para uma entrevista com Egon Zehnder, chefe da empresa de *headhunting* de mesmo nome. Gostei dele, ele gostou de mim, e me ofereceu um emprego. Quase aceitei na hora. Afinal, *headhunting* tem a ver com decisões e era muito mais fácil do que consultoria estratégica.

Porém, buscando em meu coração, percebi que queria permanecer em consultoria de estratégia, trabalhar para outra empresa lá e, então, tornar-me o fundador de um novo negócio no setor. Minhas expectativas continuavam muito altas e eu não queria me contentar com nada menos. Tive a sorte de conhecer Bill Bain e entrar em sua equipe.

Muito mais do que o BCG, a Bain & Co. era uma empresa disciplinada, com uma hierarquia oculta, mas muito real, talvez até stalinista, em termos de controle. Pela primeira vez na vida, decidi me comportar. No início, era um jogo, mas, depois, gostei muito de jogar. Achava que manter meus pontos de vista para mim mesmo, e me juntar ao culto Bain, me mataria, mas foi surpreendentemente fácil e gratificante.

A *terceira lição* é a facilidade com a qual alguém, às vezes, pode adotar uma atitude diferente e fazer com que ela se torne uma segunda natureza. Se a motivação for grande o suficiente, você pode ser muito mais maleável do que imagina. Você pode vir a gostar de exibir um lado diferente de você, assim como eu fiz.

Quando saí da LEK, comecei a Strategy Ventures Plc, uma pequena empresa de investimentos. Era muito divertida, mas tinha capital limitado e fez apenas um (muito bem-sucedido) investimento, a Filofax. Quando decidimos sacar nossas fichas na SVP, eu não sabia mais o que fazer, acalmei as coisas, fiquei um pouco à deriva e me senti insatisfeito. Foi estúpido. Eu tinha muitos interesses e deveria ter perseguido um deles, mas não conseguia decidir qual. Teria sido melhor me jogar em qualquer um deles.

Depois de três anos, decidi me concentrar em escrever e investir, o que funcionou em conjunto. Eu me tornei mais feliz e mais produtivo.

A *quarta lição* é manter-se ocupado e feliz após um contratempo ou mudança de vida, resistir à deriva e à brincadeira, e encontrar um ou dois interesses que o absorvam.

Com o tempo, e particularmente ao escrever este livro, percebi que o sucesso e o fracasso são complementares, não opostos. O fracasso nos dá tanto *feedback* valioso quanto o sucesso – às vezes, muito mais; e aprender com o fracasso é, muitas vezes, o prelúdio e a pré-condição para um grande sucesso.

A *lição final* é que, para alcançar um sucesso irracional, você deve prosperar no fracasso. Com a mentalidade certa, contratempos virão, mas você pode se recuperar, maior e melhor. Se correr riscos inteligentes, o universo o derrubará, mas o levantará mais forte do que nunca.

Sumário

- Reestruture a falha, em uma luz nova e mais positiva;
- Você pode, então, mudar seu comportamento ou mudar o ambiente em que atua;
- As atitudes podem ser mudadas através da mudança deliberada de suas ações em um novo contexto;
- Mantenha-se ocupado após um contratempo;
- Saborear o fracasso leva ao sucesso.

8
ADQUIRA INTUIÇÃO ÚNICA

Minha primeira intuição-chave foi que talvez fosse possível iniciar uma nova consultoria de estratégia, sediada em Londres. Isso surgiu do meu conhecimento de uma área altamente especializada, que eu sabia ser relativamente fácil de operar e extremamente lucrativa.

A *primeira lição* é construir experiência em uma área de especialização de rápido crescimento, mas pequena e estreita, onde poucas pessoas operem atualmente. Sem compreender profundamente uma área especializada e relativamente desconhecida, é improvável que nossa intuição nos impulsione para frente de forma decisiva.

Minha segunda descoberta foi que os conceitos incrivelmente poderosos de estratégia de negócios poderiam ser usados para vencer as probabilidades, ao investir em empresas novas e jovens. Meu capital inicial era pequeno, então, demorou muito para ter um impacto substancial. Ainda assim, minha percepção estava certa. Estou incentivando outros empreendedores e investidores a fazerem o mesmo, a que o resultado afete toda a economia.

A *segunda lição* é o valor extraordinariamente alto, de um conhecimento raro sobre um setor ou ideia, que esteja começando a se espalhar como um incêndio. Se você tem uma apreciação profunda de uma área de alto crescimento, você está a meio caminho do sucesso.

Nas últimas três décadas, tenho gostado cada vez mais de fertilizar minha mente inconsciente: estabelecendo quebra-cabeças imaginativos antes de sair para uma caminhada, andar de bicicleta, fazer exercícios na academia ou antes de dormir.

A *terceira lição* é aumentar sua criatividade e o poder de seu inconsciente. Seu inconsciente é como um enorme arquivo de tudo que aprendeu em sua vida – tudo! –, e com a capacidade de cruzar qualquer coisa, de qualquer arquivo para outro, alguns trilhões de pedaços de dados, que podem estar relacionados entre si, gerando assim um número incontável de permutações possíveis, qualquer uma das quais podendo ser vital para o seu sucesso. Para mudar a metáfora, seu inconsciente também é como um poço sem fundo, do qual, se você lançar o balde com habilidade, poderá desenterrar baldes infinitos de ouro. Portanto, alimente sua mente inconsciente todos os dias e aprenda como utilizá-la todos os dias. Não posso enfatizar demais o quanto isso é importante para ajudá-lo a gerar um sucesso irracional.

Veja a seção de Leitura Adicional para aprender mais.

Meu hábito de adivinhar os resultados de investimentos e eventos construiu minha fortuna pessoal. Eu penso em termos de probabilidades e "valor esperado". Por exemplo, se eu acho que investir na Venture X tem 30 por cento de chance de multiplicar o meu dinheiro 50 vezes, eu preferiria isso à Venture Y, onde teria 80 por cento de chance de multiplicar o capital 10 vezes. O valor esperado do empreendimento X é 0,3 x 50 = 15, que é superior ao empreendimento Y, onde 0,8 x 10 = 8. Claro, precisamos investir dinheiro que possamos perder e estar dispostos a assumir riscos elevados.

A *lição final* é que, se você puder pagar e tolerar o risco, beneficie-se adivinhando os resultados e monitorando a frequência com que está certo. Se o resultado for bom o suficiente, você só precisa acertar uma vez na vida.

Sumário

- Construa experiência em um pequeno nicho que esteja crescendo rapidamente;
- Acesse seu inconsciente diariamente;
- A vida é um livro de apostas. Faça apostas astutas em probabilidades baixas.

9
DISTORÇA A REALIDADE

Meus primeiros três anos como executivo júnior não foram muito agradáveis ou bem-sucedidos. Então, decidi ir da Inglaterra à escola de negócios na América – para começar de novo. Foi um estratagema deliberado para desenvolver ampla experiência e uma personalidade nova e aprimorada – mais extrovertida, aberta, amigável, capaz; menos pedante, sombria e crítica. Adquiri pouquíssimos conhecimentos úteis na Wharton. Porém, como escola de aperfeiçoamento, dificilmente poderia ter sido melhor.

Primeira lição: é possível mudar sua realidade atual mudando a si mesmo. Provavelmente, isso é melhor feito quando sua personalidade é mais angular, plástica, indefinida – certamente, na casa dos vinte anos, embora eu tenha visto pessoas mudarem para melhor em qualquer idade. Para se reinventar, você precisa ir embora: para longe de casa, longe dos amigos, longe dos colegas de trabalho, longe de seu trabalho, longe de seu estado ou região e de seu país.

A reinvenção da personalidade é o máximo em distorção da realidade. Mudar a si mesmo é mais fácil, e com maior probabilidade de mudar suas perspectivas, do que mudar o mundo ao seu redor. Não é uma boa ideia levar a mudança de personalidade longe demais, mas o autoaperfeiçoamento é sempre possível, e mais fácil, se você se mudar para um lugar mais positivo, expansivo e dinâmico.

Aprendi algo valioso quando estava viajando para a África do Sul, para um longo projeto na LEK. Adorei o país, a flora e a fauna, o sol, as vinhas, as montanhas, o gosto pela vida manifestado por muitos sul-africanos, as caminhadas, o esporte, e quase tudo o mais.

Claro, desejava que o projeto fosse um grande sucesso, mas também queria aproveitar meu tempo por lá. Minha equipe e eu nos divertimos muito: conversando, jogando, viajando, bebendo, apostando e tomando banho de sol, ao mesmo tempo em que obtínhamos resultados excepcionais. Meu plano era que deveríamos trabalhar apenas nas poucas questões vitais, lidar com elas de uma forma profunda, e ter muito tempo para lazer e formação de equipe.

Acredito que sempre podemos fazer isso, se tivermos as pessoas certas ao nosso lado e quisermos diversão *e* grandes conquistas. A vida geralmente não é assim, mas torná-la é a melhor maneira de distorcer a realidade.

A *segunda lição* é que nem sempre é preciso trabalhar de forma monótona e repetitiva para progredir. A realidade muitas vezes é desagradável, mas você pode distorcer e derrotar a ética de trabalho sombria.

Quando começamos a LEK, éramos claros sobre uma realidade que queríamos mudar. Até então, as únicas empresas de estratégia que haviam se destacado eram as americanas. Disseram-nos que era tarde demais para uma nova empresa entrar no seleto clube de consultores de alto nível confiáveis, e impossível para uma empresa europeia. Na realidade, ninguém havia feito isso. Nós mudamos essa realidade.

A *terceira lição* é que, se você quiser desafiar a realidade – transformá-la em outra coisa –, precisa ser muito claro sobre o que é essa realidade e como torná-la temporária.

Que realidade você mudará a seguir?

Sumário

- A realidade existe para ser desafiada e distorcida;
- Acelere o progresso tornando-se melhor e mais útil;
- O trabalho pode ser muito apreciado enquanto se muda o mundo.

CONCLUSÃO

POSICIONANDO-SE PARA UM SUCESSO EXTRAORDINÁRIO

POSICIONANDO-SE PARA UM SUCESSO EXTRAORDINÁRIO

*"Deus joga dados com o universo.
Porém, eles são dados viciados.
E o principal objetivo é descobrir por quais regras
eles foram viciados, e como podemos usá-los
para nossos próprios fins".*
JOSEPH FORD

Chegamos ao fim de nossa viagem na montanha-russa. Vimos que o sucesso não requer genialidade, consistência, habilidade geral, um par de mãos seguro ou mesmo competência básica. Se assim fosse, a maioria dos participantes neste livro não teria impactado o mundo como o fez.

O que todos os participantes exibiram foi um conjunto de atitudes e estratégias inusitadas e fortemente eficazes: autoconfiança supercarregada, expectativas elevadas de si próprios e de seus colaboradores, uma experiência que lhes deu um conhecimento raro, um objetivo único, que mudaria suas vidas e aquelas de uma miríade de outras pessoas, a "maldade" de abrir seu próprio caminho na vida, um veículo particular que aumentava seus poderes prodigiosamente, a capacidade de aprender com o fracasso e saboreá-lo, a intuição bem ajustada, que alimentavam, em vez de estrangular, e a confiança de que poderiam fazer suas próprias regras, desafiando as realidades e obstáculos que as pessoas normais aceitam como fatos da vida. Eles eram imoderados de uma forma altamente criativa. Portanto, eram imoderadamente bem-sucedidos.

Podemos resumir o que aprendemos em dois pontos:

1. É tudo uma questão de se posicionar para o sucesso, não de melhorar seu desempenho

Os participantes que conhecemos tiveram um sucesso imoderado, porque "visitaram" os nove marcos e não, na maioria dos casos, porque seu desempenho era excelente em outros aspectos. Na verdade, em muitos casos, não era nada de excepcional.

Esta é uma notícia muito boa. Se você conseguir obter o posicionamento correto, suas chances de sucesso aumentarão. Você pode gastar uma energia enorme tentando se tornar melhor no que faz – e, ainda assim, falhar. É preciso muito menos esforço para se posicionar corretamente, e os resultados serão muito mais impressionantes.

2. Não se trata apenas de suas habilidades – trata-se de ter as atitudes e estratégias de sucesso certas

Os nove marcos podem ser reduzidos a dois mega atributos: atitudes e estratégias.

Atitude é a minha abreviatura para as seguintes qualidades: autoconfiança, expectativas olímpicas, prosperar com contratempos e distorcer a realidade. Essas não são formas convencionais de pensar e agir. Poucas pessoas veem o mundo através dessas lentes e se comportam da maneira que nossos participantes fizeram. Entretanto, o que esses quatro marcos baseados na atitude têm em comum é que aumentam muito as chances de sucesso.

Inicialmente, aprender a ver o mundo nesses termos e agir dessa forma não é fácil. É natural para algumas pessoas, mas não à maioria de nós. No entanto, se você realmente deseja vencer, está longe de ser impossível aprender essas características e torná-las hábitos.

Essas atitudes são uma forma de determinação inteligente. Mais do que somente determinação, elas treinam você para impactar o mundo da forma que deseja.

O mundo funciona dessa maneira: ele responde às pessoas que detêm uma grande autoconfiança, voltada para um objetivo importante. Ele atende às mais altas expectativas. O mundo responde à crença de que o fracasso é funcional e o ajudará a ter sucesso. Ele responde à convicção de que a realidade é maleável e que você pode inspirar outras pessoas a vê-la dessa maneira.

Atitudes como essas são muito mais importantes do que habilidade. Competir em habilidade é entrar em uma corrida onde os prêmios são pequenos e há muitos competidores. Competir nesse tipo de atitude é entrar em uma corrida onde o prêmio é enorme e há poucas pessoas competindo contra você.

As *estratégias de sucesso* são experiências transformadoras, fazer seu próprio caminho, encontrar e dirigir seu veículo particular, adquirir intuição única e, acima de tudo, alcançar uma conquista revolucionária.

Uma experiência transformadora o tornará muito mais eficaz, porque você aprenderá algo raro e valioso. A maneira de encontrar essa experiência é ingressar em uma empresa ou grupo que esteja crescendo muito rápido e conheça algo único.

Seu próprio caminho deve ser original, diferente e *lucrativamente* diferente.

Seu veículo particular deve alavancar seu tempo e habilidades muito, muito, mais do que são aproveitadas agora.

GRÁFICO: Posicionando-se para um Sucesso Imoderado

		Atitude	Estratégia
1	Autoconfiança	✓✓	
2	Expectativas Olímpicas	✓✓	
3	Experiências Transformadoras		✓✓
4	Uma conquista revolucionária		✓✓
5	Faça seu próprio caminho		✓✓
6	Dirija seu veículo particular		✓✓
7	Prospere com contratempos	✓✓	
8	Adquira intuição única		✓✓
9	Distorça a realidade	✓✓	

A intuição única depende de saber mais sobre um campo estreito do que qualquer outra pessoa.

O mais vital de tudo – e com base em todas as outras estratégias e atitudes – é uma conquista revolucionária na qual você inventa algo que muda o mundo profundamente ou sua parcela nele.

Agora que você sabe que o sucesso não é essencialmente sobre desempenho, mas sobre posicionamento – ou seja, suas atitudes e estratégias –, você está totalmente equipado para a jornada em direção ao sucesso extraordinário.

A sorte sempre desempenha um papel importante no sucesso. Porém, onde há vida, a sorte pode mudar. Não podemos controlar tudo na vida, mas o sucesso também não é misterioso. Com as atitudes e estratégias corretas, qualquer pessoa pode ter esperança realista de ser bem-sucedida, mesmo imoderadamente. Você está jogando com dados viciados, mas agora sabe como eles são viciados e pode ajustar suas ações de acordo.

A falta de justiça no jogo do sucesso é mais motivo de alegria do que de arrependimento. Se entende como as probabilidades são manipuladas, e joga de forma inteligente, alegre e frequente, quem sabe o quanto poderá escalar rumo ao topo e vencer?

É hora de você desenhar seu próprio mapa. Boa Viagem!

LEITURAS ADICIONAIS

～

Consultei muitas centenas de livros e várias outras fontes ao escrever este livro. Aqui, incluo apenas livros (e o artigo ocasional) que considero altamente relevantes ou agradáveis. Recomendo a você todos, nas áreas em que estiver particularmente interessado. Se houver mais de um livro em um determinado título, eles serão apresentados em ordem de interesse. Feliz leitura!

Bill Bain

1. *Os Mestres da Estratégia*, de Walter Kiechel III. Não posso recomendar esse o suficiente: é brilhante e acertado em relação a Bill Bain e Bruce Henderon e seu impacto no mundo corporativo.
2. *Counselor to the King* ["Conselheiro do Rei"], de Liz Roman Gallese, *The New York Times Magazine*, 24/set/1989, Seção 6, p. 18. Entrevista fantástica com Bill Bain.

Jeff Bezos

3. *A Loja de Tudo*, de Brad Stone. Fantástica pesquisa e percepção.
4. *Jeff Bezos*, de J. R. MacGregor. Peculiar e curto, mas não desinteressante.
5. *O Efeito Facebook*, de David Kirkpatrick. Bom relato dos tempos iniciais.

Otto von Bismarck

6. *Bismarck*, de Volker Ullrich. Excelente. Agora, disponível em uma tradução muito boa para o inglês, por Timothy Beech.
7. *Bismarck: o Homem e o Estadista*, de A. J. P. Taylor. Publicado pela primeira vez em 1955, mas envelheceu muito bem. Como todos os livros de Alan Taylor, é provocador, perspicaz, e uma alegria de ler.

Winston Churchill

8. *Churchill, Caminhando com o Destino*, de Andrew Roberts. Definitivo.
9. *Churchill*, de Roy Jenkins. Se você estiver interessado em Churchill, deve ler esta biografia, bem como a de Roberts. Maravilhosa.
10. *Minha Mocidade*, de Winston Churchill. Fascinante e lindamente escrito.
11. *In Churchill's Shadow* [À Sombra de Churchill], de David Cannadine. Uma coleção maravilhosa de ensaios, não apenas sobre Churchill. Veja especialmente as p. 26-37 e 45-113.
12. *The English & Their History* [*Os Ingleses e sua História*], de Robert Tombs. Um livro brilhante e espirituoso, que atravessa a história da Inglaterra, desde os anglo-saxões até o passado recente. Perspicaz a respeito de Churchill: veja especialmente as p. 668-756.
13. *The War Lords* [*Os Senhores da Guerra*], de A. J. P. Taylor. Capítulo sobre Churchill é muito bom: p. 72-98.
14. *The Origins of the Second World War* [*As Origens da Segunda Guerra Mundial*], de A. J. P. Taylor. Tese não convencional, e não estou convencido, mas definitivamente vale a pena ler: emocionante, com ritmo rápido e vai fazer você pensar.
15. *Winston Churchill*, de Martin Gilbert. Sobre os anos de isolamento de Churchill na década de 1930. Boa.
16. *Churchill: uma Vida*, de Martin Gilbert. Sobre toda a sua vida. Exaustivo.

Leonardo da Vinci

17. *Leonardo da Vinci*, de Walter Isaacson. Muito bom. Não deixe de comprar a edição impressa, com suas lindas ilustrações.

Walt Disney

18. *Walt Disney: o Triunfo da Imaginação Americana*, de Neal Gabler. Acadêmico, com acesso aos arquivos da Disney, mas animado e muito bem escrito. Altamente recomendado.
19. *The Ultimate Book of Business Breakthroughs* [*O Livro Definitivo das Revoluções nos Negócios*], de Tom Cannon. O capítulo sobre a Disneylândia, p. 221-33, é uma verdadeira joia. O resto do livro é um bônus.
20. *O Reino Mágico*, de Steven Watts. Com o subtítulo *Walt Disney e o American Way of Life*, esta é uma análise cultural muito boa do impacto da Disney, além de adicionar muitos detalhes biográficos, especialmente sobre sua vida privada.
21. *The Real Walt Disney* [*O Verdadeiro Walt Disney*], de Leonard Mosley. A biografia de Gabler é melhor, na minha opinião, mas também vale a pena ler.

Bob Dylan

22. *Once Upon A Time: The Lives of Bob Dylan* [*Era Uma Vez: As Vidas de Bob Dylan*], de Ian Bell. Excelente biografia. Não deve ser confundido com *Time Out of Mind: The Lives of Bob Dylan* [*Time Out of Mind: As Vidas de Bob Dylan*], do mesmo autor, que é sobre a carreira posterior de Dylan.
23. *Crônicas*, de Bob Dylan. Comovente e poético, embora não confiável, e altamente revelador, mesmo quando se suspeita que Dylan está mentindo.

Albert Einstein

24. *Einstein: Sua Vida, Seu Universo*, de Walter Isaacson. Competente. Muito forte na ciência, mas também captura o caráter evasivo e paradoxal do homem.

25. *A Estrutura das Revoluções Científicas*, de Thomas S. Kuhn. Este é um dos livros mais brilhantes e importantes sobre ciência que já li, e é divertido de ler também. É sobre como a ciência muda de um paradigma para outro, e destaca dois temas. Um é que um novo paradigma "surge de repente, às vezes, no meio da noite, na mente de um homem profundamente mergulhado em crise". Novos paradigmas surgem, porque novos fatos são percebidos como anomalias; eles não se encaixam no paradigma existente. Há uma forte sugestão de que eles emergem da mente inconsciente de cientistas criativos. O segundo tema é que os criadores de novos paradigmas são quase sempre "muito jovens ou muito novos no campo" que transformam – eles não são dominados e cegados pelo paradigma existente. Einstein se encaixa claramente neste modelo, e muitas passagens do livro o usam como um exemplo de como surge uma nova maneira de ver o mundo. Se você quiser entender as descobertas de Einstein, este livro é um complemento maravilhoso à biografia de Isaacson. Use o índice para seguir as passagens. (Ambas as citações são da p. 90).

Viktor Frankl

26. *Em Busca de Sentido: Um Psicólogo no Campo de Concentração*, de Viktor E. Frankl. Autobiográfico e analítico, este livro comovente é uma obra de arte e ciência.

Bruce Henderson

27. *Estratégia em Perspectiva – The Boston Consulting Group*, de Carl W. Stern e George Stalk, Jr.
Veja também o nº 1 acima – *Os Mestres da Estratégia – para um excelente perfil de Bruce Henderson.*

Steve Jobs

28. *Steve Jobs*, de Walter Isaacson. Possivelmente a melhor biografia de negócios de todos os tempos. Detalhado e meticuloso, mas também enxerga o quadro geral.

John Maynard Keynes

29. *John Maynard Keynes: Volume Two, The Economist as Saviour, 1920-1937* [*John Maynard Keynes: Volume Dois, O Economista como Salvador*], de Robert Skidelsky. História intelectual e pessoal, em sua forma mais elegante e lúcida. Este é o volume mais relevante para o meu livro. Também há:

30. *John Maynard Keynes: Volume One, Hopes Betrayed, 1883-1920* [*John Maynard Keynes: Volume Um, Esperanças Traídas*], de Robert Skidelsky.

Lenin

31. *Lenin, um Retrato Íntimo*, de Victor Sebestyen. Excelente.

32. *O Que Fazer?*, de V. I. Lenin. É difícil ler isso, mas ilumina a crueldade de Lenin.

Madonna

33. *Madonna, uma Biografia Íntima*, de J. Randy Taraborrelli. De tirar o fôlego, fofoqueiro, abrangente e baseado em pesquisas exaustivas. Se você é fã de Madonna, vai adorar este livro. Se não, aqui estão três outros de que gosto, muito melhores do que a massa de livros sobre Madonna:

34. *A Vida com Minha Irmã Madonna*, de Christopher Ciccone. Divertido, amargo, mas tem o toque da verdade.

35. *Madonna*, de Lucy O'Brien. Um pouco ácido, mas melhor ainda por isso.

36. *Madonna as Postmodern Myth* [*Madonna como Mito Pós Moderno*], de Georges-Claude Guilbert. Não sei por que gostei tanto deste livro acadêmico. Talvez seja porque revela como ela deliberadamente se constrói e reconstrói. No final, isso me fez respeitá-la, apesar dos meus preconceitos.

Nelson Mandela

37. *Longa Caminhada até a Liberdade*, de Nelson Mandela. Uma autobiografia muito longa, mas com uma leitura emocionante e essencial, se você quiser entender a Revolução Sul-Africana de 1994 e a evolução de um terrorista virtuoso e, tão importante quanto, como e por que os homens maus que dirigiam a África do Sul, antes de Mandela assumir, planejaram um acordo com ele. É um livro fantástico, edificante e extraordinariamente bem escrito.

38. *Mandela*, de Peter Hain. Um pequeno guia para Mandela, de um amigo, simpatizante e estadista subestimado. Eu amo esse livro também.

39. *Os Caminhos de Mandela: Lições de Vida, Amor e Coragem*, de Richard Stengel. O jornalista que colaborou com Mandela em sua autobiografia fornece o melhor relato da personalidade, charme e pontos cegos de Mandela.

40. *Nelson Mandela: O Homem e o Movimento*, de Mary Benson. Outra boa biografia, mas a melhor parte é o breve, mas muito importante e comovente prefácio, do Arcebispo Desmond Tutu.

J. K. Rowling

41. *J. K. Rowling: Uma Biografia. O Gênio por Detrás de Harry Potter*, de Sean Smith. O mais próximo de uma biografia adequada.

42. *J. K. Rowling*, de Victoria Peterson-Hilleque. Brilhante livro ilustrado. Biografia americana resumida para estudantes. Bem escrito e apresentado, contém um cronograma e fontes claras.

43. *Work it, Girl: Boss the Bestseller List like J. K. Rowling* [*Trabalhe, Garota: Domine a Lista de Mais Vendidos como J. K. Rowling*], um livro de autoajuda para crianças bastante charmoso e divertido, embora não totalmente preciso.

Helena Rubinstein

44. *War Paint: Elizabeth Arden and Helena Rubinstein* [*Pintura de Guerra: Elizabeth Arden e Helena Rubinstein*], de Lindy Woodhead. Primoroso.

45. *A Mulher que Inventou a Beleza: a Vida de Helena Rubinstein*, de Michèle Fitoussi. Quase igualmente bom.

Paulo de Tarso

46. *Paul* [*Paulo*], de A. N. Wilson. Urbano, acadêmico e imaginativo. Difícil elogiar suficientemente. Nada mais escrito sobre Paulo chega perto disso. Exceto:

47. *As Origens do Cristianismo*, de Andrew Welburn. Não especialmente sobre Paulo, mas Welburn define o cenário e fornece uma nova interpretação brilhante de Paulo. De acordo com Welburn, Paulo tem mais em comum com seus contemporâneos gnósticos do que com a ortodoxia cristã posterior – e seu Evangelho do Amor apresenta "uma visão extraordinariamente exigente do eu". Qualquer pessoa que queira pensar profundamente sobre Paulo e a razão dele ter tanto sucesso, deve ler o capítulo de Welburn, "An Unfamiliar Paul" ["Um Paulo Desconhecido"], p. 196-238.

48. *A Religião Gnóstica*, de Hans Jonas. Com o subtítulo *A mensagem do Deus alienígena e os primórdios do cristianismo*. Para qualquer pessoa intrigada com a formação intelectual de Paulo e Jesus, isso é absolutamente fascinante. Certifique-se de obter a edição ampliada, de 1963.

49. *Marcion* [*Marcião*], de Adolf von Harnack. Um livro antigo, de 1923, mas ainda o melhor guia, junto com o livro acima, para uma perspectiva sobre Marcião, sem o qual a versão do Cristianismo de Paulo poderia não ter se tornado tão influente.

50. *Jesus, o Maior Homem do Mundo, uma Biografia*, de A. N. Wilson. Escrito antes da biografia de Paulo por Wilson, o capítulo de Jesus referindo-se a Paulo (p. 17-43) é uma obra-prima de

concisão, e pode ser visto como um primeiro estudo para o último livro. Se você quer se aprofundar um pouco mais em Paulo, mas não quer ler uma biografia completa, este é o livro para você. Alternativamente, se quiser ver como Wilson mudou sutilmente sua visão de Paulo, você pode comparar e contrastar os dois livros. Pessoalmente, adoro os dois trabalhos.

51. *The Gnostic Paul* [*O Gnóstico Paulo*], de Elaine Pagels. Acadêmico; não é para o leitor em geral, mas é informativo.

Margaret Thatcher

52. *The Iron Lady* [*A Dama de Ferro*], de John Campbell. Obtenha a edição de volume único (2012). A melhor e mais equilibrada das dezenas de biografias de Thatcher que li.
53. *Margaret Thatcher*, de David Cannadine é meu vice-campeão nas apostas Thatcher. Com 136 páginas do texto principal, esta é uma obra-prima de brevidade. Ela atinge todas as notas certas e é um prazer lê-la.
54. *Margaret Thatcher*, de Charles Moore. A biografia autorizada, mas ainda muito boa!
55. *The Downing Street Years* [*Os Anos de Downing Street*], de Margaret Thatcher. Algumas memórias parecem fabricadas, mas esta parece autenticamente Thatcher. Eu gostei muito e achei revelador sobre sua obsessão em reverter o declínio nacional da Grã-Bretanha.

Veja também # 11 acima – *In Churchill's Shadow* [*À Sombra de Churchill*] – p. 26-44. Um ensaio particularmente perspicaz sobre "The Haunting Fear of National Decline" ["O Medo Assombroso do Declínio Nacional"], comparando Churchill e Thatcher.

Adquira *Intuição Única – A Mente Inconsciente*

56. *O Cérebro Criativo*, de Nancy C. Andreasen. Um psiquiatra talentoso, com interesse em gênios literários e científicos, exalta a mente inconsciente e nos diz como ser mais criativos. Agradável e muito instrutivo.

57. *Strangers to Ourselves* [*Estranhos para Nós Mesmos*], de Timothy D. Wilson. Excelente. Talvez o livro mais útil de um neurocientista sobre como usar o poder da mente inconsciente.
58. *Subliminar – Como o Inconsciente Influencia Nossas Vidas*, de Leonard Mlodinow. Espirituoso e sábio: o que o novo inconsciente nos ensina.
59. *Incógnito – As Vidas Secretas do Cérebro*, de David Eagleman. Também excelente.
60. *Cérebro – Uma Biografia*, de David Eagleman. Uma versão mais popular do livro acima, mas não me atrai tanto.
61. *O Poder da Intuição*, de Gerd Gigerenzer. Como tomar decisões com mais facilidade e melhor. Uma celebração brilhante da simplicidade.
62. *Os Axiomas de Zurique*, de Max Gunther, p. 97-104. Coisas esplêndidas sobre intuição. O resto do livro é fascinante também.
63. *O Fator Sorte*, de Max Gunther, p. 133-55. Alguma sobreposição ao livro acima, mas também excelente. O subtítulo resume a mensagem – *Por que algumas pessoas têm mais sorte do que outras, e como você pode se tornar uma delas*.
64. *The Genie Within* [*O Gênio Interior*], de Harry W. Carpenter. Não é cientificamente atualizado, mas é mais útil do que muitos dos livros de neurocientistas especialistas.
65. *O Poder do Subconsciente*, de Joseph Murphy. Como acima: muito útil.
66. *The New Unconscious* [*O Novo Inconsciente*], editado por Ran R. Hassin, James S. Uleman e John A. Bargh. Uma coleção de artigos acadêmicos. Na minha opinião, os números 11, 12, 17, 18 e 19 são os mais interessantes e úteis.
67. *Blink*, de Malcolm Gladwell. Muito boas histórias e alguns pontos excelentes.

AGRADECIMENTOS
(E PORQUE EU ESCREVI ESSE LIVRO)

Este livro não teria sido escrito, se não fosse por meu amigo Marx Acosta-Rubio, que me bombardeou com sugestões de leitura de biografias específicas de pessoas famosas. Os temas e autores foram escolhidos de forma brilhante, e fiquei intrigado com o motivo do sucesso dos autores quando, na verdade, muitos deles haviam sido grandes fracassos ao longo de grande parte de suas carreiras. Parecia improvável que realizassem seus sonhos e, quando o fizeram, muitas vezes pareciam não merecer suas realizações. Meu diploma de graduação foi em história, e alguns dos meus tutores recomendaram que fizesse uma pesquisa de pós-graduação. Entretanto, conquanto adorasse história, gostava muito mais da perspectiva de ganhar muito dinheiro no suposto "mundo real".

Porém, à medida que o tempo passa, tenho me tornado cada vez mais curioso sobre o enigma do sucesso: por que algumas pessoas se dão bem, quando muitas vezes seus colegas mais talentosos e trabalhadores não o fazem? Este livro tem sido minha desculpa para combinar minhas duas maiores curiosidades da vida: as regras estranhas, perversas, porém *universais*, que parecem governar realizações excepcionais, além de um estudo de *indivíduos* que conseguem desafiar as probabilidades de fazer tantas coisas inesperadas e ultra importantes. Eu poderia não ter encontrado a resposta, se não fosse pela insistência constante de Marx para ler uma grande coleção de biografias. Desde então, ele tem sido um grande entusiasta deste livro e generosamente forneceu excelentes conselhos, visão e encorajamento.

Albert Einstein disse que o segredo da originalidade é ocultar suas fontes. Entretanto, quero prestar homenagem a algumas de minhas fontes mais importantes. Então, obrigado por escrever ótimos livros a (sem ordem específica) A. J. P. Taylor, Brad Stone, Andrew Roberts, Roy Jenkins, Winston Churchill (o autor), David Cannadine, Robert Tombs, Walter Isaacson, Neal Gabler, Tom Cannon, Bob Dylan (o autor), Ian Bell, Thomas Kuhn, Viktor Frankl, Robert Skidelsky, Victor Sebestyen, Nelson Mandela (o autor), Peter Hain, Lindy Woodhead, A. N. Wilson, Andrew Welburn, John Campbell, Nancy Andreasen, Timothy Wilson e Max Gunther.

Além de Marx, gostaria de agradecer aos meus amigos, que leram vários rascunhos do manuscrito e fizeram sugestões valiosas – notavelmente John Hewitt, Jamie Reeve, Jamie Sirrat, Matthew Grimsdale, Peter Cadwallader, Nicholas Ladd e Perry Marshall. Jamie Reeve também forneceu o título, e a estrutura da Parte Três – Lições Aprendidas –, bem como percepções únicas sobre a vida e o caráter de Bob Dylan; e John Hewitt forneceu conselhos sábios e ideias práticas sobre a estrutura do livro, além de *feedback* inestimável durante todo o processo.

Devo também prestar homenagem aos meus mentores desavisados, Bruce Henderson e Bill Bain, por terem sido modelos tão maravilhosos, homens que alcançaram muito, muito mais do que quase qualquer pessoa imagina, e que foram ainda maiores por suas falhas e fraquezas enormes, mas curiosamente adoráveis. Embora não percebesse, Bruce era infinitamente cômico, enquanto Bill era genuína e acidamente divertido.

Minha sincera gratidão vai, como sempre, a Sally Holloway, minha maravilhosa agente. Ela geralmente joga não um balde, mas um lava-rápido inteiro de água fria sobre a maioria das minhas sugestões de livros. Então, fiquei surpreso e feliz por ela ter ficado louca por esse projeto desde o início. Michele Topham, Carole Robinson e toda a equipe da Felicity Bryan Associates também são um prazer em trabalhar.

Minha editora americana, Jennifer Dorsey, também ficou entusiasmada desde o início, e é um prazer trabalhar com ela. Quanto ao pessoal da Piatkus and Little, Brown, seu trabalho, como sempre, tem sido magnífico. Tim Whiting e Tom Asker demonstraram um interesse extraordinário pelo livro e fiquei impressionado com seu entusiasmo, e a profunda reflexão que forneceram, para torná-lo o melhor e mais bem-sucedido possível. Também gostaria de agradecer a Clara Diaz, a publicista, Hannah Methuen e Hermione Ireland, os diretores de vendas e suas equipes, Aimee Kitson, minha guru de *marketing*, e a equipe de direitos, especialmente Andy Hine, Kate Hibbert, e Helena Doree. Minha editora, Alison Griffiths, também foi excelente. Fazer um livro de impacto máximo envolve muitas pessoas talentosas e tenho estado em boas mãos em todas as frentes.

Meus amigos e assistentes, Ricardo Santos, Pedro Santos e David Rautenbach, ajudaram-me brilhantemente na preparação do manuscrito. Pedro e eu trabalhamos juntos no "mapa secreto", tendo Pedro desenhado o rascunho das ilustrações com grande criatividade. Tenho muita sorte de ter David Andrassy como ilustrador.

Finalmente, muito obrigado a Matthew, Sooty e Nick, por me manterem são e feliz durante todo o processo de escrita.

A LVM também recomenda

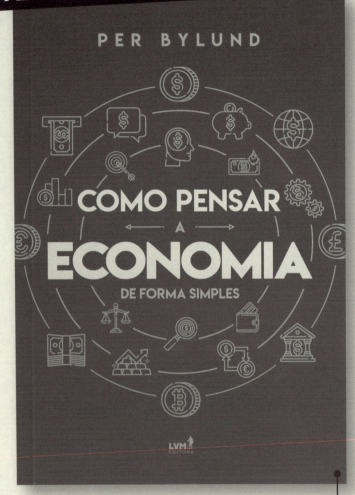

Como Pensar a Economia de Forma Simples é definitivamente o livro que irá explicar os principais conceitos econômicos e desmistificar as mais recorrentes dúvidas e críticas sobre as ciências econômicas, sem se apegar a chavões acadêmicos e terminologias eruditas. Per Bylund conseguiu alcançar o raro limiar entre o acessível e a profundidade, e assim entregar um livro de economia para leigos e entusiastas, estudantes e curiosos, ou seja, para todos.

A LVM também recomenda

Hoje o estoicismo invade os consultórios médicos oferecendo resiliência, os altos escritórios business de São Paulo, ensinando constância e organização, e também a casa simples de um operário, convidando-o à prática virtuosa da abnegação moral e social. Assim como o estoicismo, este é um livro para todos, do imperador Marco Aurélio ao servo Epiteto, do dono de indústrias aos seus empregados; todos deviam ler o que se encontra aqui.

A LVM também recomenda

Investimento: A Última Arte Liberal, do famoso autor best-seller Robert G. Hagstrom, examina os principais modelos mentais em Física, Biologia, Ciências Sociais, Psicologia, Filosofia, Literatura e Matemática e como conhecê-los pode ajudar a ser um melhor investidor. O objetivo é apresentar uma nova forma de pensar e um entendimento mais claro de como mercados e a economia funcionam. Hagstrom é um dos maiores especialistas na área dos investimentos, seu livro "O Jeito Warren Buffett de Investir", é um best-seller do The New York Times, com mais de um milhão de cópias vendidas e sucesso mundial.

A LVM também recomenda

Liderança segundo Margaret Thatcher é o exemplo crucial de como as ideias liberais e conservadoras são matérias efetivas e sustentos reais de práticas de sucesso no cotidiano. Na era onde a representatividade feminina se tornou o mantra progressista, com certeza vale lembrar como uma conservadora inglesa, a primeira primeira-ministra da história do Reino Unido, tornou-se um dos líderes ocidentais mais fortes e imponentes do século XX e como isso pode ajudar a pensar questões de liderança e empreendedorismo nos dias de hoje.

A LVM também recomenda

BESTSELLER DO NEW YORK TIMES

TIME DE TIMES
LIDERANDO EQUIPES em um MUNDO em TRANSFORMAÇÃO

GENERAL STANLEY McCHRYSTAL

"A eficiência continua a ser importante, mas a capacidade de adaptar-se à complexidade e à mudança tornou-se um imperativo". Com base na experiência do General Stanley McChrystal, combatendo a Al Qaeda e liderando tropas de vários países, *Time de Times* adapta as táticas de guerra ao mundo dos negócios, demonstrando como a vivência combatendo grupos terroristas é perfeitamente adaptada aos negócios e a todas as áreas onde a gestão de pessoas é vital. Um livro imprescindível para gestores, diretores e empreendedores em geral.

A LVM também recomenda

"A análise mais brilhante e lúcida sobre virtude e bem-estar em toda a literatura da psicologia positiva."

MARTIN E.P. SELIGMAN
autor de *Authentic Happiness*

a hipótese da FELICIDADE

encontrando a VERDADE MODERNA na SABEDORIA ANTIGA

JONATHAN HAIDT

Vivemos momentos tensos, sobretudo após a Covid-19, e mais do que nunca as pessoas estão atrás de um estado mental: a felicidade. Mas o que é felicidade? Qual é a razão da felicidade? Ela muda de pessoa para pessoa? Por meio de pesquisas científicas, o psicólogo social Jonathan Haidt vai nos responder com base na teoria dos fundamentos morais, que tenta explicar as origens evolucionárias do raciocínio moral humano com base em sentimentos inatos e viscerais, em vez de na razão lógica.

Acompanhe a LVM Editora nas Redes Sociais

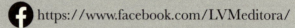 https://www.facebook.com/LVMeditora/

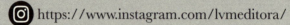 https://www.instagram.com/lvmeditora/

Esta edição foi preparada pela LVM Editora e por Décio Lopes,
com tipografia Baskerville e Minion Pro,
em março de 2023.